微型企业

创业管理实务

主　编：王丽平

副主编：王培民

PRACTICE ON THE
ENTREPRENEURIAL
MANAGEMENT OF MINI-SIZED
ENTERPRISES

经济管理出版社
ECONOMY & MANAGEMENT PUBLISHING HOUSE

图书在版编目（CIP）数据

微型企业创业管理实务/王丽平编著. —北京：经济管理出版社，2011.12
ISBN 978-7-5096-1752-6

Ⅰ.①微… Ⅱ.①王… Ⅲ.①中小企业—企业管理—研究 Ⅳ.①F276.3

中国版本图书馆 CIP 数据核字（2011）第 277118 号

组稿编辑：王光艳
责任编辑：杨国强
责任印制：黄章平
责任校对：李玉敏

出版发行：经济管理出版社
　　　　　（北京市海淀区北蜂窝 8 号中雅大厦 A 座 11 层　100038）
网　　址：www. E-mp. com. cn
电　　话：(010) 51915602
印　　刷：北京广益印刷有限公司
经　　销：新华书店
开　　本：720mm×1000mm/16
印　　张：14.75
字　　数：248 千字
版　　次：2014 年 2 月第 1 版　2014 年 2 月第 1 次印刷
书　　号：ISBN 978-7-5096-1752-6
定　　价：38.00 元

前　言

改革开放 30 多年来，中国经济得到了长足发展，创业企业如雨后春笋般涌现。到目前为止，我国民营企业数量已经超过 900 万家，个体工商户更是达到 3600 万户，民营上市公司也突破了 1000 家。创业企业为我国经济的发展创造了巨大活力，是维持我国经济高速增长动力的重要组成部分。在推动我国经济持续增长的同时，创业企业还提供了很多就业岗位，解决了我国城市化进程中的就业问题。

近年来，在我国市场经济日益发展、就业竞争趋向激烈的大环境下，以创业带动就业已成为一个引领时代发展的大方向，被全社会各方面广泛认可，党的十七大报告首次提出以创业带动就业的思想。胡锦涛同志指出，必须把增强劳动者就业和创业能力作为一项战略任务来部署落实。随着市场经济的发展，全民创业已经成为我国发展的大趋势和大战略，党的十八大提出坚持"两个毫不动摇"，特别提出保证各种所有制经济依法平等使用生产要素、公平参与市场竞争、同等受到法律保护，为全民创业开启了更为广阔的发展前景。

创业的本质是富有创业精神的个体与创业机会的契合。创业是以机会为导向，整合资源，建立企业，科学管理，以实现潜在商机价值的过程。创业是就业的另一种表现形式，创业者不仅为自己创造就业机会，也为其他人提供更多的岗位选择。创业者发挥自身能力，运用所学知识技能自主创业解决就业问题，既是国家倡导与鼓励的方向，也是实现自身价值的有效途径之一。

我国目前的创业情况为：创业活动活跃，创业动机强，创业技能低，创业环境逐渐好转但仍需改善。创业初期的企业大多属于微型企业，创业者大多为刚毕业的大学生、不愿困守乡村的农民、下岗工人以及退伍军人。而这类人群创业初

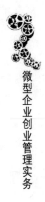

期由于自身能力或条件的限制并不具有太大优势，对创业就会产生急于求成、一蹴而就的心理。

为普及创业知识，鼓励自主创业，本书介绍了微型企业创业的基本知识，希望能弥补创业盲点，引领大家走出创业误区。本书从管理学视角对创业的一般性规律进行分析，旨在普及一般创业知识，对创业者有所帮助。主要框架分为五部分。第一章对创业领域、创业资源、创业保障以及创业者素质等进行分析与界定，阐述创业相关的概念定义，为各种类型的创业起到铺垫与统筹的作用。第二章至第五章分别针对大学生创业、新生代农民工创业、下岗职工创业以及退伍军人创业进行具体阐述。首先进行不同创业主体创业特点的描述，其次是各个群体所适用的政府政策以及文件，最后针对其具体特点剖析不同创业群体创业过程中可能遇到的问题，并提出相应的应对策略。

本书的新颖点在于：第一，结合最新时代政策分析创业背景，针对微型企业创业特定人群——大学生、新生代农民工、下岗职工、军人，以不同视角介绍创业特点及创业策略；第二，注重基本创业素质的培养，强调应用性，本书每章节内容都给出了紧密联系现代企业实际、通俗易懂的案例，由浅入深引入主题，便于读者理解掌握，并且不同的读者群体可以根据不同的章节进行自身定位，挖掘自身创业潜力，规避不足，进一步促成创业成功。

目前，我国正处于社会转型与经济迅速发展的时期，这个阶段比以往任何阶段都更需要创业精神。本书源于实践并且希望能够指导实践，在获得创业成功带来种种喜悦的同时，也深知其过程带给创业者的隐痛苦楚。若此书能帮助创业者多了解创业知识，少走些弯路，将是作者所衷心期盼的。然而，由于本书作者能力所限，观点难免有疏漏偏颇之处，希望能抛砖引玉，可以为国内创业研究提供有益的启迪和思路的拓展。

‖目　录‖

第一章
创业基本知识

美国《时代周刊》曾经有这样一段话："在 21 世纪，改变你命运的只有你自己，别期盼有人会来帮助你。从现在开始，'学习、改变、创业'是通往新世界的唯一道路。"

我国是世界上人口最多的国家，2011 年，劳动力达 7.42 亿人，相当于所有发达国家劳动力资源的总和，且如此庞大的劳动力规模将持续 20~30 年。2011 年，全国城镇新成长劳动力为 1000 多万人，下岗失业人员总量为 1300 万人左右，农民工数量将近 1 亿人。我国 16~60 岁劳动年龄人口将于 2014 年达到 9.3 亿多人的高峰，并将长期保持在这样一个极高的水平。2030 年，我国 16~60 岁劳动年龄人口还将进一步达到新高；但经济增长的就业弹性较低，劳动力需求难以大幅增长，劳动力总量仍然严重供过于求。以上基本国情决定我国将在一个较长的时间内存在着较为严重的就业压力。

创业不仅有利于缓解国家的就业压力，在解决自身就业的同时，也为社会创造了新的就业机会，而且还能在创业过程中寻找机会，发挥才干，发掘潜能，促进自我的完善。从这个意义上讲，创业者可以说是"救世主"。

创业初期的企业大多属于微型企业，创业者大多为下岗工人、失去土地或因种种原因不愿困守乡村的农民、刚刚毕业找不到工作的大学生以及退伍的军人。这是中国数量最大的一类创业人群，这一类型的创业者占中国创业者总数的90%。

针对创业者创业过程中的一系列问题，本章第一部分介绍了创业领域选择的

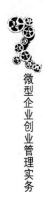

标准及方法。第二部分介绍了创业者所应具备的知识和气质，以及应培养何种性格和能力。第三部分介绍了创业资源的获取，即创业团队的组成、创业信息的获取以及创业资金的来源。第四部分则阐述了创业的流程、创业的法律保障并且介绍了创业所需的政策支持。

第一节

创业领域选择

真正想创业又想创成业，则一定要对某一行业越熟越好，不能光凭想象、冲劲、理念做事。若真立志投身一项事业，不妨在该行业工作上一年半载，摸清、摸熟行径再开业也不迟，虽然这比较花时间，但总比开业后不赚钱要好。理想情况下，在自己从事的行业领域创业是最有保障的，但要注意，不是每一行业都可小本创业，也不是每一行业都有正当的创业时机。若心中有一门事业认为可供发展，应该大胆付诸实行。而付诸实行的步骤不是立即开业，而是要先做资料搜集和各项准备工作。创业者的准备工作若做得充足，信心、冲劲自然较高，这样就迈出了创业的第一步。

但是也要谨记：创业，一定不要与大公司做同行业、同产品、同质化的竞争，一定要做适度创新，从点做起，不要盲目追求广度，而需要追求的是深度，若能够做到在细分领域中的第一品牌，不愁创业不成功。

一、创业意识与创业目标

程忻仪，大学毕业后一直留沪工作，并在当地结婚成家。2009 年，程忻仪欣喜地发现自己怀孕了，和丈夫商量后，她决定回宜昌调养，生下孩子。回来后才发现，宜昌竟没有一家孕期保养和产后恢复的专业机构。而在上海，这种机构已十分普遍。上海的很多"准妈妈"和产妇都有到专业机构进行孕期保养和产后恢复的意识。但在宜昌，孕期保养基本就是家中调养。并且，大多数人理解中的产后恢复，就等同于减肥。这种错误的认识，也凸显了宜昌的一片市场空白。在怀孕期间，程忻仪内心就涌动着创业的激情，让她不容错过这一绝佳项目。宝宝出生后程忻仪就着手开设孕期保养机构，并一举获得了成功。

资料来源：高伊洛. 创业因他们而精彩：宜昌"80后"老板的别样人生 [EB/OL]. [2011-05-03] http://hb.qq.com/a/20110503/000687.htm。

创业既不是投资，也不是有一个好的产品。创业是一项系统工程，是一环套一环的金色链条，其起点是像程忻仪一样，需要具备满腔的创业热情和超前的创业意识，加上正确的创业目标。

（一）创业意识

创业意识集中表现了创业素质中的社会性质，支配着创业者对创业活动的态度和行为，并规定着态度和行为的方向、力度，具有较强的选择性和能动性，是创业素质的重要组成部分，是人们从事创业活动的强大内驱动力，其含义、特点、影响因素及其作用如下。

1. 创业意识的定义

创业意识是一个人根据社会和个体发展的需要所引发的创业动机、创业兴趣或创业理想。

创业动机是指推动创业者从事创业实践活动的内部动因。创业动机是一种成就动机，是竭力追求获得最佳效果和优异成绩的心理动力。有了创业动机，才会有创业行为。

创业兴趣是指创业者对从事创业实践活动的情绪和态度的认识指向性。它能激活创业者的深厚情感和坚强意志，使创业意识得到进一步升华。

创业理想是指创业者对从事创业实践活动的未来奋斗目标有较为稳定和持久的向往和追求的心理品质。

2. 创业意识的特点

创业意识对创业来说是必不可少的，它具有如下的特点：

（1）自主性。创业意识源于创业者的头脑，源于创业者谋求生存与发展的意识。人力资源、人力资本专家舒尔茨说："空间、能源和耕地并不能决定人类前途，人类的前途由人类的才智进化来决定。"蒙塔佩尔说："一个人永远活在他自己的思想、信仰与哲学所创造出来的环境中。"可见创业意识源于创业者的思想、思维，并具有自主性。

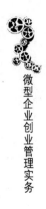

（2）客观性。创业意识不是"空穴来风"，它是创业者自身和周围客观现实在头脑中的反映。创业意识既从自身的客观条件出发，又从社会经济发展和市场需要的客观实际出发，创业意识建立在牢固的客观基础之上，若离开了客观条件的创业意识是无法变成创业行动的。

（3）超前性。当今，是一个高度信息化的时代，是一个高新技术层出不穷的时代，是一个经济发展步伐加快、产品换代周期急剧缩短的时代。如此诸多的因素孕育着一个创新的时代。创业与创新是一对孪生兄弟，是一个铜板的两面，两者谁也离不开谁。创业的核心是创新，创新是创业的灵魂，创新是创业成功的保证。因此，超前的创业意识必须以创新为基础，其具有两方面的特征：前瞻性，即预测事物的发展趋势及未来的走向；创造性，即构思新的境界和设计新的技法。

3. 创业意识的影响因素

不是所有的人都有创业意识，影响创业意识的因素主要有：

创业意愿产生的时期对以后创业的动机、愿望和行为有较大的影响。不同年龄段而产生创业意愿的人，在创业过程中会表现出不同的动机和愿望。

创业者受教育的水平对创业者的创业意识有着重要的影响。受教育水平越高，自主创业的意识就越强。美国是一个创业率水平较高的国家，这与美国的教育有着密切的联系，美国的学生从小学开始就灌输创业意识，每12个美国人中就有1个人期望开办自己的公司。

创业者的创业意识还取决于周围成功创业者创业活动的影响程度，只有那些具有可比性的成功创业者才能对潜在创业者起到示范带头作用。

创业门槛及退出门槛是创业者创业时考虑的重要因素。创业门槛及退出门槛越低，创业者就越有可能进行创业；反之，将影响创业者的创业意愿。创业门槛主要包括创业所要的资源、技术等。

政府的政策支持对创业者的创业意识有着举足轻重的影响。政府支持力度越高，创业者的创业意识就越强。许多发达国家为了促进本国的创业活动出台了一系列的支持政策，同样我国也出台了相应的政策。

4. 创业意识的作用

目前，在市场配置资源的模式下，人们除了自主择业外，更要有自主创业的意识。

首先，创业意识是创业思维和创业行动的必要准备。由于创业前期创业者普遍难以准确把握商机以及缺乏足够的创业资金，创业道路会变得艰辛。同时，人们受传统思想影响，不愿走自主创业之路，而去寻找就业机会，因此人们的创业意识需要强化。实践证明，创业意识是可以强化的，而着重进行早期强化创业意识的工作对创造力开发及增强创业能力均会产生良好的催化作用。

其次，创业意识是寻找创业机会，学会开发市场的前提。要认识创业道路的多样性，不是有钱才能创业，也不是创业高不可攀。许多创业成功者都是从零起步的，因此创业思维比金钱更重要。财富就在人的头脑之中，你的头脑就是一个金库，关键是创业思路是否恰当。创业的形式很多，有投巨资的创业，也有不花钱的创业；有团队创业，也有独立创业。人们的需求是多种多样的，这种需求达到一定数量就构成了市场。

总之，对于大学生、农民工、下岗职工和退伍军人来说，创业的机会成本往往是他们的时间和劳动的投入，实际的机会成本并不高。也就是说，如果不创业而从事其他工作，他们获得的收入和需求满足程度会比自己创业低。因此，需要培养其创业意识勇于创业。同时，随着社会保障体系的建立和健全，以及产权体制改革的深化，由于体制差别而形成的特殊利益会逐渐减少，再加上社会经济转型、技术进步，会进一步降低创业门槛，激发人们的创业意识。

【延伸阅读】

机会成本的含义

机会成本又称为择一成本、替代性成本。机会成本是指为了得到某种东西而所要放弃的另一样东西。也可以理解为把一定资源投入某一用途后所放弃的在其他用途中所能获得的利益。更加简单地讲，就是指你为了从事某件事情而放弃其他事情的价值。其实，机会成本理论并非外国人的首创，它是我们老祖宗的家传法宝。

事见孟子。孟子曰：鱼，我所欲也。熊掌，亦我所欲也。二者不可兼得，舍鱼而取熊掌者也。孟夫子会算账，鱼是家常便饭，熊掌是山珍奇馐。所以他舍不得为几条小鱼而失去吃熊掌的机会，宁可放弃鱼，而去吃轻易吃不到的熊掌。下面我们再通过一个案例加深对"机会成本"这个概念的理解。

看看山东农民刘文然的故事。年初，他叫媳妇小兰到北京一亲戚家当保姆，每个月工钱不要，只要隔三差五借亲戚家的电话往回报北京的菜价就行了。而刘文然也并不急于出击。只有等到几种菜的确销路好，并且两地差价大时，他才装上一车运往北京。真正与普通菜农不同的是，将菜运到北京后，他将菜直接批给太阳宫的菜贩，随后扭头就走。这样一来，看起来会不如自己去卖赚得多，但实际上他却省去了住宿、丢菜的损耗，而且一个月也可以多跑上两三趟。据他估算，他一次大概可以赚到 1000~1200 元，一个月可以跑上七八趟，可以比一般意义上的菜农多赚 1/3。其实，刘文然的做法就实践了"机会成本"原理。因为，在两个不同的赚钱方式面前，他丢弃了一个，以换取另一个机会获得更高的效益。

资料来源：赵勇. 三天读懂经济学 ［M］. 北京：九州出版社，2009.

（二）创业目标

创业目标是创业过程中最必要的力量源泉之一，也是创业成功的利器之一。一个人的创业目标如果不纯正，那么就有可能走上歧路，创业之路也不可能走得很远。正确的创业目标应该和正确的人生观、世界观和价值观结合在一起，要同社会道德和社会需要紧密结合在一起。同时，不仅要关注自身发展，还要为他人和社会提供服务，把个人的奋斗融入社会的奋斗之中。

1. 创业目标的四个层次

（1）满足个人的自我成长要求，实现自我价值。创业是一个人实现自我价值的途径之一，让自己不断成长，获得新的人生体验这是最基本的。

（2）创业的成功应惠及亲人和朋友。不断努力取得的创业成就，能够让父母、妻儿过上幸福安逸的生活，让他们享受生活，享受生命的快乐，这些是创业的真谛。创业能帮助朋友，帮助自己身边的人，这才是真正开心的事。

（3）创业的成功应惠及社会和大众。一个创业成功者，应该把社会责任当作自己的责任。当自己有能力的时候，应去帮助那些需要帮助的人，帮助弱势群体，通过自己的奋斗，惠及更多的人。

（4）能造福国家、民族和人类。一个创业者的目标层次定得越高，他的成就会越大，企业也会越持久。

2. 创业目标的制定

创业目标的制定应遵循以下四个原则：

（1）目标实现的时间要具体。1984 年 1 月 2 日，刚进入大学的迈克尔·戴尔凭着 1000 美元创业资本注册组建"戴尔计算机公司"，成为首家根据顾客个人需求组装电脑的企业。随着企业的发展，戴尔萌生了退学全心创业的想法，但遭到父母的坚决反对，于是他提出了折中方案：如果当年 6 月前销售额不令人满意，就继续留校学医，父母随即同意。果然，仅在"打赌"之后的第一个月戴尔就卖出了价值 18 万美元的组装个人电脑，自此开始了其正式的创业道路。对于创业初期的戴尔而言，其创业目标就是要获得销售成功以继续创业道路，他制定的目标实现时间就是在 1984 年 6 月，符合创业目标制定的时间具体性原则。

（2）目标尽量用具体的数字来描述。柳传志创立了联想，并带领联想取得了巨大的成功。在创业初期，他就为自己立下目标，要在 2000 年把联想做到 30 亿美元。有了具体的数字目标，联想人不断努力，他们做到了。后来，柳传志又为自己定下 100 亿美元的目标，世界 500 强的目标，在柳传志及其接班人杨元庆、郭为的领导下，在具体的数字目标引导下，联想一定会越来越好。

（3）制定目标一定要令自己首先相信，制定的目标慎重、认真，从内心中激发自己的渴望。史玉柱是中国最具传奇色彩的创业者之一，当初他以软件起家，公司发展壮大到涉及多个行业，到后来巨人大厦没落，重新白手起家。此后，经过慎重抉择，决定开始运作脑白金，由于资金有限，他制定短期的市场目标，从江阴开始，再到无锡，再到南京，进而扩展到更多的城市和地区。经历过大起大落的史玉柱，给自己正确的定位，制定自己相信能够实现的短期目标，抉择也更加慎重、认真，踏踏实实，一步一步，成就了新的巨人集团。

（4）阶段性修正创业目标。对于设定的目标，并非是一成不变的，每半年或者一年应该重新修正创业目标，建立自己的目标是成功的第一步。1993 年离开北大的俞敏洪开始创办北京新东方学校，俞敏洪说，"最初成立新东方，只是为了使自己能够活下去，为了每天能多挣一点钱"。甚至当时他曾对自己说：只要赚到 10 万元，就一辈子什么也不干了。而当新东方经历了高层"内乱"渡过了一个个危机，特别是在纳斯达克上市之后，新东方的目标也随着新东方自身的成长不断地壮大。截至 2013 年，新东方在全国拥有 25 所学校、111 个学习中心和 13 个书店，大约有 1700 名教师分布在 24 个城市。目前累计已有 300 万名学生参与新东方培训，已成为中国最大的私立教育服务机构。

二、机会识别与开发

创业始于创业者对创业机会的识别和把握，而创业机会来自于环境中存在的某些不足，以更好的方式提供更好的产品或服务来弥补这种不足，并获取利润的可能性就是创业机会。机会是创业的核心要素，创业离不开机会。机会是一种隐含的状态和情形，感知到机会就有可能产生创意。但不是所有的创意都适合创业而成为创业机会，不同的创业机会价值也不同。还有，同样的机会，不同的人看到的也会不同，让不同的创业者来开发，效果也会差异巨大。机会具有很强的时效性，一旦被别人把握住就会瞬间即逝。[①]

（一）创业环境分析

花了 1 个多月的时间，杨东兴走访了北京 20 多家大型的早教机构，并最终与一家达成了合作意向。此时，去沈阳考察市场的王志博、王鑫和吴畏三人也得出了沈阳的早教市场已经趋近饱和的结论。

亲子园开还是不开，开在哪里，这些问题难住了他们。四人坐在后海边的一家小饭馆，一筹莫展。然而，闲时王志博在观看《赢在中国》时，史玉柱的一句话却提醒了他："年轻人创业可以多考虑三四线的城市，那里竞争会小得多。"于是，王志博建议其他三人考虑中小城市，并因为四人的老家都在辽宁，一番讨论后，决定将亲子园开在辽宁人均收入最高的盘锦作为发展基地。

2008 年 11 月 8 日，他们的亲子园正式营业。2009 年 4 月，他们开了一家分园，报名依然火爆。将来，他们会在辽宁全省开办连锁型的亲子园。

资料来源：佚名. 四个大男孩，创业当"奶爸" [EB/OL]. [2009-12-14] http://edu.pcbaby.com.cn/center/0912/878454.html.

环境是企业生存和发展的土壤，同样亲子园的开办成功以及发展离不开盘锦这块竞争压力小的土地的孕育。对创业环境进行分析是发现创业机会的基础和前

---

① 张玉利. 创业管理 [M].北京：机械工业出版社，2011.

提，同时巨变的环境既能给创业者带来机会，也能制造威胁。因此，创业者准备创业之前需要对创业环境进行调查和分析。

创业环境分析的目的是使创业者了解环境，发现并抓住创业机会。创业环境是指与创业活动有关的所有要素，包括宏观环境和行业环境。

1. 宏观环境

宏观环境是指给企业创造市场机会或制造威胁的各种要素，包括政治法律环境、经济技术环境、社会文化环境和自然地理环境等因素。虽然宏观环境对企业的影响可能是间接的，但是影响巨大，而且企业无法控制它，只能适应它。

2. 行业环境

行业是指提供同类产品或服务的企业的总和。行业环境分析包括行业生命周期阶段、行业结构等。在行业不同的发展阶段，行业的经济特征是不同的，这些不同的经济特征直接影响创业企业所要生产的产品能否为其带来利润，也决定创业企业进入该行业的最佳时机等。行业分析的目的是：了解有吸引力的行业应具备哪些因素，行业的哪些部分最具有吸引力，以便创业者在最佳的时间选择行业最好的环节进行投资。

当然，创业者所面对的环境各不相同，有的可能局限于一条街道、一个社区，有的可能面向一个县城或一个地市，而有的可能辐射一个省区、一个国家，甚至整个世界。但无论创业者面对怎样的创业环境，都必须对宏观环境和行业环境进行考察分析，我们平常讲的"因地制宜"，其实也就是这个意思。

【延伸阅读】

宏观环境的具体含义

（1）政治法律环境：企业政治环境是指企业面临的外部政治形势、状况和制度，分为国内政治环境和国际政治环境；企业法律环境，是指企业在市场经营活动中，必须遵守各项法律、法令、法规和条例等。

（2）经济技术环境：企业经济环境是指企业面临的社会经济条件及其运行状况、发展趋势、产业结构、交通运输及资源等情况。企业技术环境，科学技术的发展，使商品的市场生命周期迅速缩短，生产的增长也越来越多地依赖科技的进步。以电子技术、信息技术、新材料技术、生物技术为主要特征的新技术革命不断改造着传统产业，使产品的数量、质量、品种和规格有了新的飞跃，同时也使一批新兴产业建立和发展了起来。新兴科技的发展，新兴产业的出现，可能给某些企业带来新的市场机会，也可能给某些企业带来环境威胁。

（3）社会文化环境：文化是一个复杂的整体概念，它通常包括价值观念、信仰、兴趣、行为方式、社会群体及相互关系、生活习惯、文化传统和社会风俗等。文化是人类后天学习而获得并为人类所共同享有。文化使一个社会的规范、观念更为系统化，文化解释着一个社会的全部价值观和规范体系。在不同国家、民族和地区之间，文化之间的区别要比其他生理特征更为深刻，它决定着人们独特的生活方式和行为规范。文化环境不仅建立了人们日常行为的准则，也形成了不同国家和地区市场消费者态度和购买动机的取向模式。

（4）自然地理环境：一个国家和地区的自然地理条件也是影响市场的重要环境因素，与企业经营活动密切相关。自然环境主要包括气候、季节、自然资源、地理位置等都从多方面对企业的市场营销活动产生着影响。一个国家和地区的海拔高度、温度、湿度等气候特征，影响着产品的功能与效果。人们的服装、食品也受气候的明显影响。地理因素也影响着人们的消费模式，还会对经济、社会发展、民族性格产生复杂的影响。企业市场营销人员必须熟悉不同市场自然地理环境的差异，才能搞好市场营销。

资料来源：MBA 智库《市场环境》词条［EB/OL］. http：//wiki.mbalib.com/wiki/%E5%B8%82%E5%9C%BA%E7%8E%AF%E5%A2%83.

（二）创业机会的识别

一般地说，创业机会的识别是创业过程的起点，正确识别创业机会是创业者应当具备的重要素质之一。如何在广阔的市场空间中发掘合适的创业机会，已经成为创业能否成功的决定性因素。

1. 创业机会的来源

大家都知道，牛仔裤的发明人是美国的李维斯。当初他跟着一大批人去西部淘金，途中一条大河拦住了去路，许多人感到愤怒，但李维斯却说"棒极了！"

他设法租了一条船给想过河的人摆渡，结果赚了不少钱。不久，摆渡的生意被人抢走了，李维斯又说"棒极了！"因为采矿出汗令很多饮用水供应紧张，于是别人采矿他卖水，又赚了不少钱。后来卖水的生意又被抢走了，李维斯又说"棒极了"，因为采矿时工人跪在地上，裤子的膝盖部分特别容易磨破，而矿区里却有许多被人扔弃的帆布帐篷，李维斯就把这些旧帐篷收集起来洗干净做成裤子，销量很好，"牛仔裤"就是这样诞生的。李维斯将问题当作机会，最终实现了致富梦想，得益于他有一种乐观、开朗的积极心态。

资料来源：飞白. 牛仔裤：李维斯的"投机"[N]. [2008-11] 山西青年（新晋商），http：//www.cnki. net/kcms/detail/detail.aspx？ filename =SXQS200811022&dbcode =CJFQ&dbname =CJFD2008&v =MDM5OTJUZ– zJYMmhzeEZyQ1VSTG1mWU9WdUZ5bmtWYnJCTmpYYWZiRzRIdG5Ocm85SFpvUitDMzg0emg0WG5EMEw=.

然而机会不是凭空产生的，它只会眷顾有准备的人，要用积极的心态去发现创业机会。

在现实生活遇到的问题中发现机会。创业的根本目的是满足顾客需求，而顾客需求在没有满足前就是问题。寻找创业机会的一个重要途径就是善于去发现和体会自己与他人在需求方面的问题或生活中的难处。比如，上海有一位大学毕业生发现，远在郊区的本校师生往返市区交通十分不便，创办了一家客运公司，这就是把问题转化为创业机会的成功案例。

在市场环境的变化中抓取机会。创业的机会大都产生于不断变化的市场环境，环境变化了，市场需求、市场结构必然发生变化。著名管理大师彼得·德鲁克将创业者定义为那些能"寻找变化，并积极反应，把它当作机会充分利用起来的人"。这种变化主要来自于产业结构的变动、消费结构升级、城市化加速、人口思想观念的变化、政府政策的变化、人口结构的变化、居民收入水平提高、全球化趋势等诸方面。比如居民收入水平提高，私人轿车的拥有量将不断增加，这就会派生出汽车销售、修理、配件、清洁、装潢以及二手车交易、陪驾等诸多创业机会。

在创造发明中搜寻机会。创造发明提供了新产品、新服务，更好地满足顾客需求，同时也带来了创业机会。比如随着电脑的诞生，电脑维修、软件开发、电脑操作的培训、图文制作、信息服务、网上商店等创业机会随之而来，即使你不发明新的东西，你也能成为销售和推广新产品的人，从而给你带来商机。

在激烈的竞争中把握机会。如果你能弥补竞争对手的缺陷和不足，这也将成

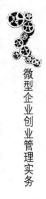

为你的创业机会。看看你周围的公司，你能比他们更快、更可靠、更便宜地提供产品或服务吗？你能做得更好吗？若能，你也许就找到了机会。

在新知识、新技术的产生中捕捉机会。例如，随着健康知识的普及和技术的进步，围绕"水"就带来了许多创业机会，上海就有不少创业者加盟"都市清泉"而走上了创业之路。

虽然通过系统研究来发现机会是重要的途径，但是创业者长期的观察和生活体验也很重要。在每个人身边都可能隐藏着许多创业机会，要看创业者有没有智慧、信心、耐心和能力识别出来，并抓住它。[1]

2. 机会识别的过程

创业机会识别是创业领域的关键问题之一。从创业过程角度来说，它是创业的起点，识别正确的创业机会是创业者应当具备的重要技能。

对个人来说，机会识别过程可分为 5 个阶段（如图 1-1 所示）。如果在某个阶段，某个人停顿下来或没有足够信息使识别过程继续下去，其最佳选择就应返回到准备阶段，以便在继续前进之前获得更多知识和经验。

图 1-1 机会识别的五个阶段

资料来源：布鲁斯·R. 巴林格，R. 杜安·爱尔兰. 创业管理成功创建新企业 [M]. 张玉林等译，北京：机械工业出版社，2010.

准备阶段。准备阶段主要做到两点：一是指创业者具有机会识别过程中的背景、经验和知识。正如运动员必须练习才能变得优秀一样，创业者需要经验以识别机会。二是对创业机会的原始市场规模进行分析。创业机会的原始市场规模是指创业机会形成之初的市场规模，这决定了创业企业在创业初期可能销售的规模，也决定了利润的多少，因此，分析创业机会的原始市场规模十分重要。一般而言，原始市场规模越大越好，因为创业企业只要占有极少的市场份额就会拥有较大的销售规模，这样创业企业就有生存下去的可能。

消化阶段。消化阶段是个人仔细考虑创意或思考问题的阶段，也是对事情进

---

[1] 陆淳鸿. 创业机会识别与开发探讨 [J]. 现代企业教育，2009（22）.

行深思熟虑的时期。有时候，消化过程中又会产生新的意识，有时又是无意识的行为并出现在人们从事其他活动的时候。

洞悉阶段。洞悉阶段会发现问题的解决办法和产生出创意，有时也被称为"灵感"体验。在商务环境中，这是创业者识别出机会的时刻。创业机会存在时间跨度，任何创业机会都有时限，超过这个时限，创业机会也将不存在。不同行业的创业机会存在的时间跨度是不一样的，同一行业不同时期的创业机会存在的时间跨度也不一样。时间跨度越长，创业企业用于抓住机会、调整自身发展的时间就越长；相反，时间跨度越短，创业企业抓住机会的可能性就越小。

评价阶段。对于创业者而言，一方面的问题是发现创业机会，另一方面的重要问题是创业机会的评价，这是关系到创业者未来创办企业的市场价值的关键环节。评价是创造过程中仔细审查创意并分析其可行性的阶段。许多创业者错误地跳过这个阶段，在确定创意可行之前就去设法实现它。评价是创造过程中特别具有挑战性的阶段，因为它要求创业者对创意的可行性采取一种公正的看法。大约有 60%~70% 的创业计划在其开始阶段就被放弃，主要是因为这些计划不符合创业者的评价准则。

实现阶段。实现阶段是创造性创意变为最终形式的过程，详细情节已构思出来，并且创意变为有价值的东西，如新产品、新服务或新的商业概念。[①]

(三) 创业机会的开发

当我们寻找到了一个好的创业机会，就必须抱定目标勇往直前。不管是创业或是梦想，必须全心投入，其中影响成败的因素极为复杂，创业者更需要有相当大的勇气及独立自主的精神才能成功。有人说"人生有梦，筑梦踏实"，做个掌握自己生活的主人，永远都不要轻言放弃。

创业机会开发是指创业者决定选择创业机会、构建创业所需的资源平台以及创造价值的过程。

创业者在发现创业机会后，必须决定是否开发机会。创业机会能否成功开发取决于机会特性和个人特点之间的相互作用。首先，机会的特性影响了创业者对

---

① 郑炳章，朱燕空，张红保. 创业研究——创业机会的发现、识别与评价 [M]. 北京：北京理工大学出版社，2009，12.

其开发的意愿。创业者必须相信创业机会带来的创业利润足够弥补其他选择的机会成本。一般而言，创业者会选择开发具有更高期望价值的机会，但开发机会的决定也取决于机会成本，在机会成本较低时才会决定开发机会，同时人们也要考虑获取开发机会所需要资源的成本问题。如创业者拥有越多的资金，开发机会的可能性就越大。其次，开发创业机会的决定受个人感知能力不同的影响，也受个人乐观程度差异的影响。以下三种人更可能开发创业机会：一是具有极强自我肯定和自我控制能力的人更有可能开发机会，因为机会开发需要面对其他人的怀疑；二是对不明确性有很大容忍力的人更有可能进行机会开发，因为机会开发涉及大量的不明确性；三是渴望成功的人比社会的其他成员更有可能开发机会，因为机会开发为那些渴望成功的人们提供了机会。

创业者决定开发创业机会后，需要建立一个资源平台来实现创业机会。创业者要成功建立资源平台，首先需要创建一个企业或组织，其次企业或组织必须聚集资源（如确定资源需求及其潜在的供应者），再次企业或组织必须参与获取必要资源的交易过程，最后是整合资源。这样创业者就把创业机会转换成可销售的产品或服务。

因此，在这个阶段成功之后，创业者拥有的不再是一个商业概念，而是一种现实的可销售的产品或服务。创业者通过创造现实的可销售的产品或服务把创业企业和消费者连接在一起。在此阶段，创业者必须思考潜在的消费者、销售价格、退出渠道等问题，用以指导企业与消费者的具体交易，从而创造出价值。因此，创业者要成功开发创业机会，就必须决定选择创业机会，根据资源的需要建立资源平台，再有效地创造产品或服务，为消费者创造价值，最后获得相应利润。

三、创业领域选择

在选择创业领域时，我们也不能单纯依靠兴趣或是看什么挣钱就选择做什么，也要对行业的内外部环境进行科学的分析，选择出适合自己的创业领域。五力分析模型和 SWOT 分析模型是现阶段比较有效率的分析模型。

（一）波特五力分析模型

1. 波特五力分析模型含义

五力分析模型是迈克尔·波特（Michael Porter）于20世纪80年代初提出的，对企业战略制定产生了全球性的深远影响，模型用于竞争战略的分析，可以有效地分析客户的竞争环境。五力（如图1-2所示）分别是：供应商的议价能力、购买者的议价能力、潜在竞争者进入的能力、替代品的替代能力、行业内竞争者现在的竞争能力。五种力量的不同组合变化，最终影响行业利润潜力变化。

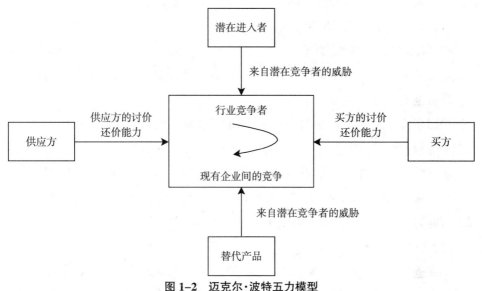

图1-2 迈克尔·波特五力模型

资料来源：迈克尔·波特. 竞争战略［M］. 上海：三联书店，1998.

2. 波特五力分析模型详解

五种力量模型将大量不同的因素汇集在一个简便的模型中，以此分析一个行业的基本竞争态势。五种力量模型确定了竞争的五种主要来源，即供应商和购买者的议价能力，潜在进入者的威胁，替代品的威胁，以及来自目前在同一行业内公司间的竞争。对创业领域的选择首先应该包括确认并评价这五种力量，不同力量的特性和重要性因行业的不同而变化。

（1）供应商的议价能力。

供方主要通过其提高投入要素价格与降低单位价值质量的能力，以影响行业

中现有企业的盈利能力与产品竞争力。供方力量的强弱主要取决于他们所提供给买主的是什么投入要素，当供方所提供的投入要素其价值构成了买主产品总成本的较大比例、对买主产品生产过程非常重要或者严重影响买主产品的质量时，供方对于买主的潜在讨价还价力量就大大增强。

一般来说，满足如下条件的供应商会具有比较强大的讨价还价力量：第一，供方行业具有比较稳固的市场地位而不受市场激烈竞争困扰的企业所控制，其产品的买主很多，以至于每一单个买主都不可能成为供方的重要客户。第二，供方各企业的产品各具有一定特色，以至于买主难以转换或转换成本太高，或者很难找到可与供方企业产品相竞争的替代品。第三，供方能够方便地实行前向联合或一体化，而买主难以进行后向联合或一体化。

（2）购买者的议价能力。

购买者主要通过其压价与要求提供较高的产品或服务质量的能力，以影响行业中现有企业的盈利能力。

一般来说，满足如下条件的购买者可能具有较强的讨价还价力量：第一，购买者的总数较少，而每个购买者的购买量较大，占了卖方销售量的很大比例。第二，卖方行业由大量相对来说规模较小的企业组成。第三，购买者所购买的基本上是一种标准化产品，同时向多个卖主购买产品在经济上也完全可行。第四，购买者有能力实现后向一体化，而卖主不可能实现前向一体化。

（3）潜在进入者的威胁。

潜在进入者在给行业带来新生产能力、新资源的同时，也希望在已被现有企业瓜分完毕的市场中赢得一席之地，这就有可能会与现有企业发生原材料与市场份额的竞争，最终导致行业中现有企业盈利水平降低，严重的话还有可能危及这些企业的生存。竞争性进入威胁的严重程度取决于两方面的因素，即进入新领域的障碍大小与预期现有企业对于进入者的反应情况。

进入障碍主要包括规模经济、产品差异、资本需要、转换成本、销售渠道开拓、政府行为与政策、自然资源、地理环境等方面，这其中有些障碍是很难借助复制或仿造的方式来突破的。预期现有企业对进入者的反应情况，主要是采取报复行动，其可能性大小则取决于有关厂商的财力情况、报复记录、固定资产规模、行业增长速度等。总之，新企业进入一个行业的可能性大小取决于进入者主观估计进入所能带来的潜在利益、所需花费的代价与所要承担的风险这三者的相对大小情况。

（4）替代品的威胁。

两个处于同行业或不同行业中的企业，可能会由于所生产的产品是互为替代品，从而在它们之间产生相互竞争行为，这种源自于替代品的竞争会以各种形式影响行业中现有企业的竞争战略。首先，现有企业产品售价以及获利潜力的提高，将由于存在着能被用户方便接受的替代品而受到限制；其次，由于替代品生产者的侵入，使得现有企业必须提高产品质量，或者通过降低成本来降低售价，或者使其产品具有特色，否则其销量与利润增长的目标就有可能受挫；最后，源自替代品生产者的竞争强度，受产品买主转换成本高低的影响。总之，替代品价格越低、质量越好、用户转换成本越低，其所能产生的竞争压力就强；而这种来自替代品生产者的竞争压力的强度，可以具体通过考察替代品销售增长率、替代品厂家生产能力与盈利扩张情况来加以描述。

（5）行业内现有竞争者的竞争程度。

大部分行业中的企业，相互之间的利益都是紧密联系在一起的，作为企业整体战略一部分的各企业竞争战略，其目标都在于使自己的企业获得比竞争对手的更多优势，所以，在实施中就必然会产生冲突与对抗现象，这些冲突与对抗构成了现有企业之间的竞争。现有企业之间的竞争常常表现在价格、广告、产品介绍、售后服务等方面，其竞争强度与许多因素有关。

一般来说，出现下述情况将意味着行业中现有企业之间竞争的加剧，即行业进入障碍较低，势均力敌竞争对手较多，竞争参与者范围广泛；市场趋于成熟，产品需求增长缓慢；竞争者企图采用降价等手段促销；竞争者提供几乎相同的产品或服务，用户转换成本很低；一个战略行动如果取得成功，其收入相当可观；行业外部实力强大的公司在接收了行业中实力薄弱企业后，发起进攻性行动，结果使得刚被接收的企业成为市场的主要竞争者；退出障碍较高，即退出竞争要比继续参与竞争代价更高。在这里，退出障碍主要受经济、战略、感情以及社会政治关系等方面的影响，具体包括资产的专用性、退出的固定费用、战略上的相互牵制、情绪上的难以接受、政府和社会的各种限制等。

行业中的每一个企业或多或少都必须应付以上各种力量构成的威胁，而且客户必须面对行业中的每一个竞争者的举动。除非认为正面交锋有必要而且有益处，例如要求得到很大的市场份额，否则客户可以通过设置进入壁垒，包括差异

化和转换成本来保护自己。当一个客户确定了其优势和劣势时（参见 SWOT 分析），客户必须进行定位，以便因势利导，而不是被预料到的环境因素变化所损害，如产品生命周期、行业增长速度等，然后保护自己并做好准备，以有效地对其他企业的举动做出反应。

根据五种竞争力量的讨论，企业可以采取尽可能地将自身的经营与竞争力量隔绝开来、努力从自身利益需要出发影响行业竞争规则、先占领有利的市场地位再发起进攻性竞争行动等手段来对付这五种竞争力量，以增强自己的市场地位与竞争实力。

（二）SWOT 分析法

SWOT 分析方法是一种企业战略分析方法，即根据企业自身的既定内在条件进行分析，找出企业的优势、劣势及核心竞争力之所在。其中，S、W 是内部因素，分别代表 Strength（优势）、Weakness（劣势）；O、T 是外部因素，分别代表 Opportunity（机会）、Threat（威胁）。

1. SWOT 分析模型含义介绍

SWOT 分析是通过对企业进行的内外部环境、资源及战略能力分析进行总结，从中找出关键性因素，系统地确认企业内部的优势（S）、劣势（W）以及企业所面临的机会（O）、威胁（T）四方面主要因素，然后依据矩阵的形态将它们相互匹配，通过进一步的分析研究从而制定相应战略的过程。

SWOT 分析可以通过 SWOT 矩阵图来反映企业的战略全景。建立 SWOT 矩阵图包括以下七个步骤：

一是进行企业外部环境分析，找出企业在外部环境中所面临的机会和威胁。

二是进行企业内部条件分析，找出企业目前所具有的优势和劣势。

三是构造一个二维矩阵，该矩阵以外部环境中的机会和威胁为一方，以企业内部条件中的优势和劣势为另一方，该矩阵有四个象限或四种 SWOT 组合，如表 1-1 所示。

四是将内部优势与外部机会相匹配，得到优势—机会组合（SO）并填入 SO 的象限里。

五是将内部劣势与外部机会相匹配，得到劣势—机会组合（WO）并填入 WO 的象限里。

表 1-1　SWOT 分析框架

		内部因素	
		优势（S）	劣势（W）
外部因素	机会（O）	SO 战略 利用优势，抓住机会	WO 战略 利用机会，克服劣势
	威胁（T）	ST 战略 利用优势，规避威胁	WT 战略 最小化劣势并规避威胁

资料来源：王方华，吕巍等.战略管理（第二版）[M].北京：机械工业出版社，2011.

六是将内部优势与外部威胁相匹配，得到优势—威胁组合（ST）并填入 ST 的象限里。

七是将内部劣势与外部威胁相匹配，得到劣势—威胁组合（WT）并填入 WT 的象限里。

上述七个步骤当中，前两步工作是信息输入工作，即将环境分析环节中的结果输入到相应的分析框架内。SWOT 分析的核心是将内部因素和外部因素进行综合考虑，匹配出合适的战略方案。然而企业面临的环境是复杂多样的，关键内部因素与关键外部因素的数量众多，如何准确熟练地进行因素分析归纳对 SWOT 分析至关重要，因此需要相关的工具引导。表 1-2 列举出外部环境和内部环境中的常见因素。

表 1-2　常见外部环境和内部环境

	潜在外部威胁（T）	潜在外部机会（O）
外部环境	市场增长较慢 竞争压力增大 政府政策不利 新的竞争者进入 替代品销售额上升 用户讨价还价能力增强 用户偏好逐渐转变 通货膨胀 其他	纵向一体化 市场增长迅速 可以增加互补产品 有新的用户群 有进入新的市场的可能性 有能力进入更好的企业集团 在同业中竞争业绩优良 扩展产品线满足用户需要 其他
	潜在内部优势（S）	潜在内部劣势（W）
内部环境	产权技术 成本优势 竞争优势 特殊能力 产品创新 具有规模经济 良好的财务资源	设备老化 战略方向不同 竞争地位恶化 产品线范围太窄 技术开发滞后 营销水平低 管理不善

内部环境	高素质的管理人员 公认的行业领先者 买主的良好印象 适应性强的经营战略 其他	战略实施的历史记录不佳 不明原因导致的利润率下降 资金拮据 成本相对于竞争对手较高 其他

资料来源：胡大利，陈明等.战略管理 [M].上海：上海财经大学出版社，2009.

2. SWOT 分析模型策略组合

在完成环境因素分析和 SWOT 矩阵的构造后，便可以制定出相应的行动计划。制定计划的基本思路：发挥优势因素，克服弱势因素；利用机会因素，化解威胁因素；考虑过去，立足当前，着眼未来。运用系统分析的综合分析方法，将排列与考虑的各种环境因素相互匹配起来加以组合，得出一系列公司未来发展的可选择战略并凭借企业的优势和资源来最大限度地利用外部环境所提供的多种发展机会。根据表 1–1 可得出如下四种 SWOT 分析模型的策略组合。

第一，优势—机会（SO）策略组合。这是一种最理想的组合，任何企业都希望凭借企业的优势和资源来最大限度地利用外部环境所提供的多种发展机会。

第二，优势—威胁（ST）策略组合。在这种情况下，企业应巧妙地利用自身的优势来应对外部环境中的威胁，其目的是发挥优势而减少威胁。但这并非意味着企业，必须以其自身的实力来正面地回击外部环境中的威胁，合适的策略应当是慎重而有限度地利用企业的优势。

第三，劣势—机会（WO）策略组合。企业已经鉴别出外部环境所提供的发展机会，但同时企业本身又存在着限制利用这些机会的劣势。在这种情况下，企业应遵循的策略原则是通过外在的方式来弥补企业的劣势以最大限度地利用外部环境中的机会。如果不采取任何行动，实际是将机会让给了竞争对手。

第四，劣势—威胁（WT）策略组合。企业应尽量避免处于这种状态。然而一旦企业处于这样的位置，在制定战略时就要减小威胁和劣势对企业的影响。事实上，这样的企业为了生存下去必须要奋斗，否则可能要选择破产。而要生存下去可以选择合并或选择缩减生产规模的战略，以期能克服劣势或使威胁随时间的推移而消失。

第二节
创业者素养

创业者是指创业活动的推动者、组织者，或者是活跃在企业创立和新创企业成长阶段的企业经营者。创业企业的持续发展关键是依靠创业者的个人素养。创业者素养是指创业者实现成功创业所具备的独特品质和能力，主要包括创业知识素养（知识、智力、技能和才能等）、创业人格品质素养（思想品质、创新意识和道德品质等）和创业能力素养（文化广度、深度和创业能力等）。本节将针对创业者三方面的素养进行具体分析。

一、创业者品质素养

创业者品质是创业行为的原动力和精神内核，主要体现在创业者性格和气质两方面。创业者对自身创业品质的正确认识在创业过程中起着至关重要的作用。性格和气质，目前已成为大家择业时普遍关注的两个个性特征要素。

(一) 气质

气质是人的天性，无好坏之分。关于气质，主要从气质的内涵、特征、类型三个方面进行分析。

1. 气质的内涵

气质是人的典型的稳定的心理特点，气质的稳定性是相对的。气质是人的个性心理特征之一，它是指在人的认识、情感、言语、行动中，心理活动发生时力量的强弱、变化的快慢和均衡程度等稳定的动力特征。主要表现在情绪体验的快慢、强弱，以及动作的灵敏或迟钝方面，因而它为人的全部心理活动表现染上了一层浓厚的色彩。它与日常生活中人们所说的"脾气"、"性格"、"性情"等含义相近。气质主要表现为人的心理活动的动力方面的特点。所谓心理活动的动力是指心理过程的速度和稳定性（例如，知觉的速度、思维的灵活程度、注意集中时间的长短）、心理过程的强度（例如，情绪的强弱、意志努力的程度）以及心理活

动的指向性特点（有的人倾向于外部事物，从外界获得新印象，有的人倾向于内部，经常体验自己的情绪，分析自己的思想和印象）等。气质仿佛使一个人的整个心理活动表现都涂上个人独特的色彩。人的气质本身无好坏之分，气质类型也无好坏之分。气质并不能决定一个人活动的社会价值和成就高低，但是气质却是影响人们职业生涯的重要因素之一，是选择职业的重要依据。因为某种气质特征，往往能为胜任某项工作提供有利的条件，而对另一些工作又表现出明显的不适应。由此可见，不同的职业对人的气质有不同的要求，而不同的气质则适合从事不同类型的职业。

2. 气质的特征

心理学上讲的气质，具有以下三个方面的特征：

一是先天性的特征。气质的生理基础是神经系统类型，它体现了人的高级神经活动类型的特征，气质类型就是高级神经活动类型在人的活动中的表现。因此，气质同遗传因素有关，具有先天性的特点。在现实中，人的身上可以看到与生俱来的秉性。有的人文静安稳；有的人生性好动；有的人则十分倔强等，这些特点反映出人的气质天生的一面。

二是典型的稳定的个性特征。每个人的气质总是表现出一定的类型特点，这些特点在人的身上是典型和稳定的。有的人总是那么聪明、伶俐、乐观、活泼，受大家喜欢；有的人总是那么威严、傲慢、厉害、暴躁，令人敬而远之；有的人总是四平八稳、反应缓慢、火烧眉毛不着急；还有的人总是马马虎虎、毛手毛脚、不能稳当办事。并且，人们常在内容很不相同的活动中显示出同样的气质类型特点，这说明人的气质具有相当的典型性和稳定性。

三是随着人的年龄和环境条件的变化而变化。气质虽然具有先天的、稳定的特点，但不是固定不变的。人的年龄、生活环境、文化教育及主观努力都是影响气质变化的因素。在人的一生中，不同的年龄常会有不同的气质表现。青少年时，血气方刚，表现出活泼、好动、敏捷、热情、积极、急躁或轻浮；壮年时，阅历渐深，表现出坚毅、机智、沉着、踏实；老年时，表现出老成持重、安详、沉稳。同时，环境变化也会引起气质的改变，热情活泼的孩子常会因家庭变故而变得冷漠孤僻。这说明人的气质是可以改变的。

3. 气质的类型

气质的类型主要由胆汁质、多血质、粘液质以及抑郁质构成。

胆汁质。胆汁质的人的神经类型属于兴奋型，即具有强烈的兴奋过程和比较弱的抑制过程。这种类型人的特点是具有很高的兴奋性，因而在行为上表现为不均衡性。

在情绪活动中，一般表现出脾气暴躁、热情开朗、刚强直率、果敢决断，但往往易于激动，不能自制。在行动方面，胆汁质的人表现出精力旺盛、反应迅速、行动敏捷、动作有力，对工作有一股烈火般的热情，能以极大的热情投身于自己所从事的事业，能够同艰难困苦作勇敢坚决的斗争。但这种人的工作特点带有周期性，当精力消耗殆尽时，便会失去信心，由狂热转为沮丧，甚至半途而废、前功尽弃。在思维方面胆汁质的人接受能力强，对知识理解得快，但粗心大意，考虑问题往往不够细致。一般来说，胆汁质的人大多是热情而性急的人。

多血质。多血质的人的神经类型是活泼型，神经过程具有强、平衡而且灵活的特点。多血质的人容易动感情，但感情体验不深刻、不稳定，情感产生之后既容易消失，也容易转变。

多血质的人一般都有很高的灵活性，容易适应变化的生活条件，在新的环境中不感到拘束，他们善于交际，能很快同别人接近并产生感情。多血质的人大多机智、聪敏、开朗、兴趣广泛，能迅速把握新事物。在行动方面，多血质的人反应迅速而灵活，在从事复杂多变和多样化的工作中往往成绩显著。但是他们的兴趣不够稳定，注意力容易转移，一旦没有足够的刺激吸引，常常会变得厌倦而怠惰，开始所具有的热情会很快冰消瓦解。在日常生活和工作中，多血质的人给予人们的印象是聪明热情、活泼好动。

粘液质。粘液质的人的神经类型属于安静型，其神经过程具有强、平衡但不灵活的特点。粘液质的人的情绪不易激动，经常表现得心平气和，不轻易发脾气，不大喜欢交际，对人不容易很快产生强烈的情感。这种人反应比较慢，行动比较迟缓，但是冷静、稳重、踏实，不论环境如何变化，都能保持心理平衡。

粘液质的人善于克制自己的冲动，能严格地遵守既定的生活秩序和工作制度，他们的情绪和兴趣都比较稳定，态度持重，具有较好的坚持性，常常表现得有耐心、有毅力，一旦对自己的力量做好了估计，选定了目标，就能一干到底，不容易受外界干扰而分心。粘液质的人不足之处是不够灵活、有惰性。惰性使他们振作精神、集中注意、把注意力转移到新的对象上，以及适应新的环境都需要有一个过程；惰性也容易使他们因循守旧、保守固执。粘液质的人大多是一些沉

静而稳重的人。

抑郁质。抑郁质的人的神经类型属于抑制型，也可称为弱型。这种人具有高度的情绪易感性，而且情感体验深刻、有力、持久。他们往往为一些微不足道的缘由而动感情，在情绪上产生波动和挫折，但却很少在外表上表现自己的情感。抑郁质的人外表温柔、恬静，在行动上表现得非常迟缓，常常显得忸怩、腼腆、优柔寡断、迟疑不决。他们尽量摆脱出头露面的活动，喜欢独处，不愿意与他人交往。在遇到困难和危险时，常常有胆怯畏缩、惊慌失措的表现。但是，抑郁质的人具有较高的敏感性，他们思想敏锐，观察细致，谨慎小心，常常能观察到别人观察不到的东西，体验到别人体验不到的东西，有的心理学家把抑郁质的人的这种特点称为艺术气质。抑郁质的人大多是一些情感深厚而沉默寡言的人。

以上是从气质典型的角度论及各种气质与职业选择的关联，实际生活中典型的气质类型比较少见，绝大多数人都是以某种气质类型为主并兼有其他类型某些特征的混合型。气质本身并没有善恶、好坏之分，在评定人的气质时不能认为一种气质类型是好的，另一种气质类型是坏的。每一种气质都有积极和消极两个方面，每一个创业者都应从自己的实际气质特征出发，认真考察职业气质要求与自身特征的对应关系，找到适合自己气质类型的创业项目。[①]

(二) 性格

哲学上讲内因与外因，一个人成功与否，客观上说，外因的作用不是很大，主要是内因。而内因又由我们的性格所决定，也就是说，个人成败很大程度上取决于我们的性格。因此，了解性格的内涵、特征、种类以及如何培养良好的性格对创业者而言是至关重要的。

1. 性格的内涵

我国心理学界一般把性格定义为：表现在人对现实的态度以及与之相适应的、习惯化的行为方式方面的个性心理特征。

对性格定义的理解应注意以下三点：首先，性格是人对现实的态度和行为方式概括化与定型化的结果；其次，性格是一个人独特的、稳定的个性心理；最后，性格是个性特征中最具核心意义的心理特征。性格在个性特征中的核心地位

---

① 吴文利. 气质与职业选择 [J]. 山西教育 (教师教学), 2008 (3).

表现在两个方面。一方面，在所有的个性心理特征中，唯有人的性格与个体需要、动机、信念和世界观联系最为密切。人对现实的态度直接构成了个体的人生观体系，人的各种行为方式也是在这种态度体系的影响和指导下逐渐形成的。因此，性格是一个人道德观和人生观的集中体现，具有直接的社会意义。人的性格受社会行为准则和价值标准的评判，所以有好坏之分，这一点是与气质有明显区别的。另一方面，性格对其他个性心理特征具有重要的影响。性格的发展规定了能力和气质的发展，影响着能力和气质的表现。

2. 性格的特征

每个人的性格各具特征，主要表现在态度、理智、情绪和意志四个方面，其中态度和意志特征是性格中最主要的方面。

态度特征，即表现个人对现实的态度的倾向性特点。例如，对社会、集体、他人的态度，对劳动、工作、学习的态度以及对自己的态度等。

理智特征，即表现心理活动过程方面的个体差异的特点。例如，在感知方面，是主动观察型还是被动感知型；在思维方面，是具体罗列型还是抽象概括型，是描绘型还是解释型；在想象力方面，是丰富型还是贫乏型；等等。

情绪特征，即表现个人受情绪影响或控制情绪程度状态的特点。例如，个人受情绪感染和支配的程度，情绪受意志控制的程度，情绪反应的强弱、快慢，情绪起伏波动的程度，主导心境的性质等。

意志特征，即表现个人自觉控制自己的行为及行为努力程度方面的特征。例如，是否具有明确的行为目标，能否自觉调适和控制自身行为，在意志行动中表现出的是独立性还是依赖性，是主动性还是被动性，是否坚定、顽强、忍耐、持久等。

3. 性格的种类

一是操作型。操作型的创业者愿意脚踏实地做事，投资的行业最好要看得见摸得着抓得住。这种创业者不太喜欢不切实际的幻想，对无形的、虚拟的东西感到心中无底。对这些人来说，创业投资的最佳领域是实业和服务业。适合的项目有加工厂、制造厂、饭店、宾馆、运输公司、超市、药店、书店、便民服务店、美容美发店、各种精品店专卖店，以及种植业和养殖业。希望集团的刘永好、刘永行兄弟就是这样，从养殖业起步，以饲料业发家，成为拥有几十亿元资产的中国民营企业首富。

二是创造型。创造型创业者乐于创造与众不同的东西，不甘平庸，求新求异，品位较高。他们投资既想赚钱，也看重实现自己的志趣和才华。适合这些人创业的项目有广告公司、影楼、研发所、杂志社、旅行社、酒吧、咖啡店、艺术设计室及各类个人工作室、各种特色店和特色中介服务机构。不少作家、艺术家、技术发明人都是走这条路发达的。如哈慈集团郭立文，原来是一个喜欢搞发明的技术人员，靠一项磁技术专利起家，借了 2 万元搞磁化杯，10 年奋斗，并最终做到公司上市，净利润达到 1.4 亿元。

三是风险型。风险型创业者喜欢挑战和刺激，对风险和失败有较强的心理承受能力。这些人志在大富大贵，对于每日辛辛苦苦赚小钱的兴趣不大。适合他们的投资创业项目有证券期货业、房地产、IT 业、影视、娱乐业、经纪人、典当行、保险代理、外商代理、基金运作人和其他投资投机行业。中国股市最早成名的"杨百万"到国内外一些著名互联网站的创立者，基本上都是进入风险投资领域而实现超高速成长的。

4. 性格的培养

性格不是先天赋予的，而是在先天素质的基础上通过家庭、教育、社会环境的影响，以及自身的积极活动才逐渐形成的。性格是可以改变的，人们通过实践活动的磨炼和自我修养，可以改变或发展自己的性格以符合职业的要求。

具有良好性格特点的人，一是具有正确的态度。热爱生活、自强不息、勤俭节约、正直朴实、谦虚谨慎、有礼貌、尊重他人、助人为乐、勤奋踏实、责任心强、开拓进取、执著追求等。二是具有坚强的意志。遇到困难坚持奋进，对自己的行为有明确的目标，有较强的纪律性和自我约束力，做事有恒心、有毅力、有胆识，能坚持不懈地完成。三是具有积极的情绪。情绪活动比较适度，经常保持愉快、乐观的心境，精神饱满地面对生活。能比较好地控制自己的情绪波动，能比较好地处理突发事件等。四是具有健全的理智。有强烈的求知欲，学习的主动性强，虚心地学习，能正确面对学习的艰苦性，又有取得成功的自信心，并能为实现目标不断地积累成果，不轻易地放弃，有进取心，能较好地处理失败所带来的问题，可以较好地克服自卑感，有责任感，还能忍辱负重等。

良好性格帮助健康人格的形成；对做好具体工作有积极作用，是事业取得成功的保证；是处理人际关系的润滑剂；能够促进身心健康发展。那么，如何塑造良好性格呢？

一是确立积极向上的人生观。人的性格归根结底要受世界观、人生观的制约与调节。人有了坚定的人生目标与生活信念，性格就会自然受到熏陶，表现出乐观、坦荡、自信等良好的性格特征。反之，如果失去了人生目标和生活的勇气，性格也会变得孤僻和古怪。

二是正确分析自己的性格特征。个人需要对自己的性格特征进行科学的分析与评价，使自己的性格得到不断的磨炼，从而形成良好的性格。分析的过程，是一个深化自我认识的过程，是性格不断完善与发展的重要环节。

三是加强性格自我教育。自省、自警、自砺是性格自我教育的三个阶段，是三种良好方法。自省是通过内心的自我检查、自我分析、自我解剖，对性格进行反思，以总结优点，改正缺点，从而不断上进；自警是经常给自己以警示、提醒，自我警戒，自我约束，如针对自己的性格弱点，选择相关的、引人向上和激人奋进的正确的名言警句，作为自己的座右铭，用以提醒和勉励自己，从而陶冶性格；自砺是有意识地进行自我磨炼，锻炼意志品质，不断提高自己、完善自己。

四是重视在实践中磨炼性格。性格体现在行动中，也要通过实践、通过实际行动来塑造。在实践中检验和判断性格，到实践中去培养磨炼性格，乃是个人完善性格的根本途径。

五是重视环境对性格的影响。个体应把自己置身于集体的监督之中，积极参加集体活动，遵守集体纪律，维护集体荣誉，利用集体教育的力量培养自己优良的性格。

六是学会扬长避短。性格的优点和缺点常常是相对而言的，这就需要在发挥性格优势的同时，注意克服性格的弱点。扬长，就是要善于发挥自己性格的优势，充分发挥它的作用；避短，就是要承认自己的性格弱点，正视自己的性格弱点，努力克服自己性格的弱点，且坚持不懈，持之以恒，从而扬长避短，塑造良好的性格，以期实现性格与职业的匹配。

小测试：饭局点菜看你是否适合创业

当你和朋友或其他人到酒店里用餐，你点菜时通常是什么状况，就能看出你是否适合创业，创业能力强弱。

当你和朋友或其他人到酒店里用餐，你点菜时通常是：

A. 不管别人，只点自己想吃的。

B. 点和别人同样的菜。

C. 先说出自己想吃的东西。

D. 先点好，再视周围情形而变动。

E. 犹犹豫豫，点菜慢吞吞的。

F. 先请店员说明菜的情况后再点菜。

测试结果：

A. 做事果断，容易跨出创业第一步，但是否正确却难说。

B. 顺从型，不适合创业。

C. 性格直爽、胸襟开阔，适合创业。

D. 小心谨慎，缺乏掌握全局意识，在创业中千万不可犹豫不决。

E. 做事一丝不苟，安全第一，较有创业优势。

F. 讨厌别人指挥，如能谦虚，将对创业更有帮助。

资料来源：创业中国心理测试 [EB/OL]. 2006. http://bs.icycn.com/201106/0235324.html.

二、创业者知识素养

股神巴菲特凭借对股票深刻的洞悉和对股票狂热的执着而致富成功，并一举成为富翁，被人誉为股神。巴菲特 8 岁的时候，他开始阅读有关股票市场方面的书籍。随着年龄的增长，他对股票市场的痴迷有增无减，他开始绘制股票市场价格升降的图表。巴菲特 10 岁的时候，他开始在他父亲的经纪人业务办公室里做些像张贴有价证券的价格及填写有关股票及债券的文件等工作。

在创业之初，巴菲特没有什么大举动，而是躲在家中埋头在资料堆里，每天只做一项工作，就是寻找低于其内在价值的廉价小股票，然后将其买进，等待价格攀升。这些股票果然为他带来了丰厚的利润。1957 年，巴菲特掌管的资金达到 30 万美元，但年末则升至 50 万美元。1964 年，巴菲特的个人财富达到 400 万美元，而此时他掌管的资金已高达 2200 万美元。

资料来源：阿凡. 从 10 万到 100 万：带你驶进财富高速路 [M]. 中国言实出版社，2007.

如果巴菲特对股票不了解或者一知半解的话，他不可能成为股神。成功的创业者的理由不在运气、资金，而是全面、务实、深刻的专业知识，它是让你立于不败之地、不受制于人的利器。创业知识是进行创业的基本要素。创业需要专业技术知识、经营管理知识和综合性知识三类知识。创业实践证明，良好的知识结构对于成功创业具有决定性的作用，创业者不仅要具备必要的专业知识，更要掌握必备的综合性知识和管理科学知识。

（一）专业技术知识

专业技术知识是指企业中与经营方向密切相关的主要岗位或岗位群所要求的知识素质。只有对本行业的供需状况、市场前景以及从事本行业的专业知识和技能了然于胸，才能避免盲目性和投机性，争取最大的成功概率。在一个自己完全不了解的行业创业或者不具备所从事行业的专业知识，要想获得成功是不可想象的。当然，创业者也可借助他人特别是雇员的知识技能来办好自己的企业，但在创办自己的第一个企业时，如果能从自己熟知的领域入手，就能避免许多"外行领导内行"的尴尬局面，大大提高创业的成功率。

做不同的生意要求有不同的专业知识，每个行业的专业知识各有不同。俗话讲一事精，百事精，一无成，百无成。而在专业知识这一方面，却不能说通了一行，就可以通百行。生意的本质运行规律是相同的，通百行，说的是生意本质。

全面、务实的专业知识不是在短时间内可以学到的，这需要耐心积累。专业知识是创业的机会。在实务中，特定的专业知识与业务联系在一起，有助于公司的发展。拥有专业性知识是每个创业者的护身符。在日趋激烈的竞争中，即使你转入一个新的行业，你也可以用原行业的规律来审视新行业，这将是可贵的经验融合，你就不会有"无处着手"的感觉了。

（二）经营管理知识

创业者在具备了专业技术知识，也需要经营管理知识才能进行顺利的创业。经营管理知识包括以下五个方面：

1. 经营目标管理

它包括经营规模、经营收入、经营利润、市场占有率、产品种类等。这就需要进行市场调查，掌握本组织所需要的经济信息，并在此基础上进行市场预测和经营决策，编制经营计划，签订经济合同，掌握企业发展的主动权。经营目标正确与否，决定企业的生死存亡。

2. 业务管理

记住，微型企业的任务只有一个，就是"活下来"。所以对业务的把握是至关重要的，创业者对其中的谈判沟通能力、为人处世能力起到决定性的作用。

3. 人员管理

企业要发展主要是靠人才，没有人才的创造，什么效益都没有。在创业之初要做好人员的管理，应在物质和精神方面实施对员工的管理。

物质方面，在薪酬体系上，要体现公平性的原则。微型企业员工的人数一般都比较少，人与人之间的接触也比较多。如果是采用平均主义，员工都会采取观望、偷懒等方式为自己省力。一旦这种风气形成，大家就都没有干活的动力，常常是事情来了才去做。这就需要对事情和人员进行很好的分配，定人定岗，收入和岗位相关。员工根据自己的能力选择合适自己的岗位，根据贡献的多少来获得报酬，能者多劳，多劳多得。

精神方面，人们的需求是多种多样的，需要的激励也是多样的。著名学者马斯洛认为，人的需求分为五个层次，即生理需求、安全需求、感情需求、尊重需求和自我实现需求。当物质激励和精神激励并行时，对员工的激励作用才是最好的效果。

4. 财务管理

创业者应树立财务管理理念：货币时间价值观念，创业者应清楚货币是有时间价值的，一定量的货币在不同时点上具有不同的经济价值；效益观念，取得并不断提高经济效益是市场经济对现代企业的最基本要求，所以在财务管理方面必须牢固确定效益观念；竞争观念，竞争是市场经济的一般规律，对现代公司创业者而言，竞争为其创造了种种机会，也形成了种种威胁；风险观念，风险是市场经济的必然产物，风险形成的原因可以归结为公司财务活动本身的复杂性、客观环境的复杂性和人们认识的局限性。创业者必须有充分的准备，要强化财务管理在资金筹集、资金投放、资金运营及收入分配中的决策作用，并在竞争中增强承受和消化冲击的应变能力，不断增强自身的竞争实力。

5. 战略管理

企业在创业之初，战略的制定要突出专业化和核心专长，也就是耳熟能详的竞争优势，创业初期由于财力、物力和人力等因素限制，不可能在多个行业都具有竞争优势。所以，这就要求企业做到"有所不为而后有所为"，专注于专业化发展，集中企业内部的优势资源，突出核心专长，借此来培育企业长期的竞争优势。要特别注意市场的深化细分，在大企业占有的销售市场和小企业占有的销售市场之间，必然存在一些空隙，即仍有一部分尚未被占领的市场。创业者只要看准机会，立即"挤"占，从而形成独特的竞争优势。要认识到策略联盟对企业成功的重要性，创业企业可以先从产业配角做起，通过与成熟企业结成某种稳定的协作关系，为企业营造一个良好的开始，降低成本和经营风险。

三、创业者能力素养

创业者能力素养是指创业者为了实现创业目标、有效地利用自己掌握的知识而需要的创业能力，它是一种高层次的能力，具有很强的综合特征，由多种特殊能力与经营管理能力综合而成。创业能力素养是创业者在创业实践中学会做事、学会做人、学会生存、学会发展、学会创造等各种能力的有机结合体，一个成功的创业者至少要具有以下六种能力：

（一）创造能力

创造能力是指善于运用前人经验并以新的内容和形式来完成工作任务的能力。创造能力是在丰富的知识经验基础上逐渐形成的，它不仅包含敏锐的观察力、精确的记忆力、创造性思维和创造性设想，而且与一个人的个性、心理品质、情感、意志特征等有密切的联系。对于创业者来说，创造能力无疑是最重要的品质之一，因为创业本身就是一个从无到有的过程，就是一个创造的过程。创业者的真正价值体现在他们能够根据社会的需要有所发现、有所发明、有所创造、有所贡献。

（二）自学能力

自学能力是人才成长、成功的一项基本能力。当今社会，知识和信息急剧膨胀，每个人要想有所作为，必须掌握大量的专业知识和信息情报，了解国内外学科发展的最新动态。而知识和信息的获得，一方面来自课堂，另一方面则主要依靠自己去掌握。因此，我们不仅要勤于学习，而且要善于学习。一个科技人员应用的知识总量，只有20%是在传统学校学习中获得的，而其余的80%则是在工作

和生活中获得的。这就要求创业者要学会不断摄取自己需要的新知识和利用相关知识的科学方法，以有效地提高自身知识能力。

（三）人际交往能力

人际交往能力是创业者不可或缺的能力之一。在美国，有句流行语：一个人能否成功，不在于你知道什么，而在于你认识谁。一个人赚的钱，12.5%依赖其掌握的知识，87.5%依赖其人际关系网，这充分说明人际交往对成功的重要性。

人际交往能力强的人，可以在关系网络中穿梭自如，解决别人难以解决的问题，大大提高工作效率，也能与周围的伙伴愉快地合作，从而产生强大的凝聚力。因此，一个成功的创业者或者将来能够成功创业的人必定是一个有着良好人际关系的人。

创业的过程就是不断熟悉社会，同时让社会熟悉自己、接纳自己的过程。为此，创业者一定要敢于面向社会，融入社会，把社会看成是自己获取支持，从而获得能量、信息与材料的源泉，即在社会实践中逐步提高自己的创业意识，从而获取创业能力。同时，扩大交往，与人合作，取信他人，取信于社会，使自己具有一个开放的创业环境。

（四）独立工作能力

独立工作能力即自立、自主、自强的能力，包括独立思考能力、组织决策能力、自我控制能力、经营管理能力、遇挫承受能力以及在市场经济条件下的竞争能力等。培养独立工作能力，要从平凡的小事入手，从学生时代做起，独立完成每一次作业，独立做好每一件工作，独立组织每一次活动，独立完成每一项任务，在实践中培养和锻炼自己的独立工作能力。

（五）公关能力

"知己知彼，百战不殆"。也就是说，作战者只有充分了解自己和对方，才能在交战中立于不败之地。对于创业者来说，道理也是一样。一个成功的创业者，首先需要学会对自己进行客观的认识，对自己的能力和潜质有一个科学定位；其次要对外部客观条件进行准确分析和判断，具有善于发现和抓住机遇的能力，从而实现自身的人生目标。

（六）创业能力

概括地说，创业能力主要是指影响创业实践活动效率，促使创业活动顺利进行，并能够创立和发展一项或多项事业的主体心理条件。这种主体心理条件虽然与其先天带来的某些性格、气质有关，但主要靠后天的学习、锻炼，特别是要靠教育和培养来获得，是具有较强综合性和创造性的心理机能，是知识、经验、技能经过类比、概括而形成的并在创业实践中表现出来的复杂而协调的行为活动。

创业能力是一种具有突出创造性的特殊的能力，其创造特征表现在创业实践活动的全过程，即从实践中提出问题，在实践中解决问题。创业能力作为一种综合性程度较高的能力，意味着思维的广阔，意味着对问题的敏锐，意味着思维流畅和变通，意味着分解和构建，意味着新颖和独创。从这个意义上说，综合就是创造。随着社会主义市场经济体制逐步建立，市场竞争将日趋激烈，要使创业实践顺利圆满，就必须要求创业者具有创造地提出问题和解决问题能力，既需要逻辑推断和抽象思维的参与，也需要集中思维，更需要发散思维。

沈阳有个以收破烂为生的人，名叫王洪怀。有一天他突发奇想：他把一个空罐剪碎，装进自行车的铃盖里，熔化成一块指甲大小的银灰色金属，然后花了600元在有色金属研究所做了化验。化验结果是一种很贵重的铝镁合金。当时市场上的铝锭价格，每吨在14000~18000元，每个空易拉罐重18.5克，54000个就是1吨，这样算下来，卖熔化后的材料比直接卖易拉罐要多赚六七倍的钱。于是他决定回收易拉罐，进行熔炼后卖材料。一念之间，不仅改变了他所做的工作的性质，也让他的人生走上另外一条轨迹。为了多收到易拉罐，他把回收价格从每个几分钱提高到每个一角四分，又将回收价格以及指定收购地点印在卡片上，向所有收破烂的同行散发。一周以后，他回收了13万多个，足足二吨半。他立即办了一个金属再生加工厂。一年内，加工厂用空易拉罐炼出了240多吨铝锭，三年内，赚了270万元。他从一个"拾荒匠"一跃而为企业家，成了百万富翁。

资料来源：于士超. 小故事大道理：有心人 [J]. 中小企业管理与科技（中旬刊），2013（4）.

王洪怀命运的改变源于他强大的创业能力素养，创业能力素养是一种能够顺利实现创业目标的特殊能力，创业能力素养的形成与发展始终与创业实践和社会

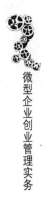

实践紧密相连。创业综合能力是创业基本素质结构的中心，直接影响着创业实践的成败。专业技术能力的人，可以完成某一职业岗位的职责，成为一名称职的从业者，但很难成为一个开创事业的创业者；而具有创业综合能力的人，可以成为成功的创业者。当客观条件具备时，他们中的一些人常常会脱颖而出，成为领导时代新潮流的成功创业者。

上述创业素养只是创业者素质能力要求的基本方面，想成功进行创业的人应对照它们，实事求是地自我评价，发现不足，并在创业实践中注意扬长避短，不断培育和提高自己的创业素养。

【延伸阅读】

创业者必学的七种动物

（1）多莉绵羊。多莉绵羊是世界上首只克隆羊，中国现今互联网的巨头们都是多莉绵羊。百度是 Google 的多莉、淘宝是 ebay 的多莉、当当是亚马逊的多莉……我们的互联网行业发展初期，有意无意中克隆了西方被证明了的成功的模式。牛顿曾说过，要站在巨人的肩膀上。

（2）土狼。比如，华为在业内一直被冠以"土狼"的称号。狼是在快速奔跑中可以思考的动物。不是在思考中高速奔跑，而是在奔跑中快速思考！首先，不是思想家，而是行动家。其次，行动要够快够狠够执着。至于什么是土狼精神，可以去看看《狼图腾》。

（3）老鹰。老鹰这种动物给人印象最深的就是有敏锐的直觉，这就很容易掌握市场的脉动进而创造奇迹。

（4）牛。在蒙牛乳业董事长牛根生的名片上写着一段对牛的评价：吃苦、勤劳、坚忍不拔。坚持和韧性是创业者最重要的两点，且具有不可替代性。

（5）鹦鹉。鹦鹉具有极强语言沟通能力。创业初期，跟团队的沟通、跟投资人的沟通、跟客户的沟通等，太重要了，为此，创业者非常有必要学习鹦鹉的能力。

（6）蜘蛛。现如今个人英雄主义的时代已经过去了。创业者应学习蜘蛛的织网精神，能够吸引比自己强大的人才。刘邦创立了著名的"三不如"理论："夫运筹帷幄之中，决胜千里之外，吾不如子房；镇国家，抚百姓，给馈饷，不绝粮道，吾不如萧何；连百万之军，战必胜，攻必取，吾不如韩信。此三人，皆人杰也，吾能用之，此吾所以取天下也。"

（7）不死鸟。最后提到的这个动物，并不是让创业者学习太多，只是一定要牢记这个名字。对于一个创业的公司，不死是最重要的。尤其是初创业者和那些已经碰到各种艰难险阻的，每天都要提醒自己：最重要的是如何活下去。

资料来源：刘兴亮. 创业者必学的七种动物 [J]. 劳动保障世界，2008（3）.

第三节
创业资源获取

雄牛资本创始人黄灌球说过："每个创业的人都想做英雄，但是，你不得不做好成为狗熊的准备，毕竟这是一场赌博，拿你最黄金的岁月和财富去激情燃烧，而成功率却不足十分之一，比豪赌还要刺激。"如果你能够发现特定资源的价值或者善于获得资源，创业机会将处处存在。否则，它永远不可能存在或出现。

对于微型创业企业而言，在创业的初始阶段，必定面临着资源尤其是资金短缺的困难局面。很多有创业想法却没有足够资金的人会问：1000元如何创业？其实创业不在于资本的多少，而在于你有没有高素质的合作者和员工；在于你对项目的正确把握和执行力，以及市场是否是比较有前景的、大众所需的、消费忠诚度比较高的行业，比如饮食、零售、生产；在于你是否有意识和能力用最少的资金和精力投入，筹集到创业所需的各种资源。

资源与创业者的关系就如同颜料和画笔与艺术家的关系，获取不到创业所需的资源，创业机会对创业者而言则毫无意义。创业资源是指在创业活动中替企业创造价值的特定的资产，包括有形与无形的资产，并通过对不同资源的整合和利用，发挥最大的效益。创业资源是创业企业从成功创建到逐步发展所不可缺少的基础，而创业企业对创业资源的获取与整合贯穿于创业过程的始终。微型企业创建过程就是一个不断整合资源的过程，因此，如何识别创业资源对于创业者至关重要。各国学者对创业资源的分类有很多种，鉴于微型企业的特点，本节将微型企业的创业资源分为以下三个方面：人力资源，即创业者与合作伙伴及员工；信息资源，即创业所需的各种宏观微观的信息；财务资源，即创业资金。

一、创业团队

美国苹果电脑公司创始人史蒂夫·贾伯曾经说过："刚创业时，最先录用的10个人将决定公司成败，而每一个人都是这家公司的 1/10。如果 10 个人中有 3 个人不是那么好，那你为什么要让你公司里 30% 的人不够好呢？小公司对于优秀人才的依赖要比大公司大得多。"创业不仅需要持续的资金技术支持，还需要出色的创业团队，而且创业投资者真正看中的往往就是创业所依赖的技术潜能以及出色的创业团队。

（一）团队建设

有七个人曾经住在一起，每天分一大桶粥。要命的是，粥每天都是不够的。一开始，他们抓阄决定谁来分粥，每天轮一个。于是每周下来，他们只有一天是饱的，就是自己分粥的那一天。后来他们开始推选出一个道德高尚的人出来分粥。强权就会产生腐败，大家开始挖空心思去讨好他、贿赂他，搞得整个小团体乌烟瘴气。然后，大家开始组成三人的分粥委员会及四人的评选委员会，互相攻击扯皮下来，粥吃到嘴里全是凉的。最后想出来一个方法：轮流分粥，但分粥的人要等其他人都挑完后拿剩下的最后一碗。为了不让自己吃到最少的，每人都尽量分得平均，就算不平，也只能认了。大家快快乐乐、和和气气，日子越过越好。

资料来源：王景露. 讲十个故事给你听 [J]. 中国供销商情投资与营销，2005 (2).

同样是七个人，在团队中不同的分配制度，就会有不同的风气。创业不是一件很轻松的事情，在创业初期，事无巨细，创业者都要自己亲力亲为，既包括对外筹集各种资源、协调各种关系、开发客户、应对各种变化，也包括对内分配资源、管理运营。但是任何组织的发展，都离不开一个优秀的团队。进行团队管理，打造优秀团队，对一个组织来说，至关重要。团队合作可以调动团队成员的所有资源和才智，自动地驱除不和谐、不公正现象，同时会给予那些真诚、大公无私的奉献者适当的回报。如果团队合作是出于自觉自愿时，它必将会产生一股强大而且持久的力量。[①]

1. 团队的构成要素

团队是指一种为了实现某一目标而由相互协作的个体所组成的正式群体，是由员工和管理层组成的一个共同体，它合理利用每一个成员的知识和技能协同工作，解决问题，达到共同的目标。团队的构成要素总结为"5P"，分别为目标"、人、定位、权限、计划。

首先，团队应该有一个既定的目标，为团队成员导航，知道要向何处去，没有目标团队就没有存在的价值。

自然界中有一种昆虫很喜欢吃三叶草（也叫鸡公叶），这种昆虫在吃食物的时候都是成群结队的，第一个趴在第二个的身上，第二个趴在第三个的身上，由一只昆虫带队去寻找食物，这些昆虫连接起来就像一节一节的火车车厢。管理学家做了一个实验，把这些像火车车厢一样的昆虫连在一起，组成一个圆圈，然后在圆圈中放了它们喜欢吃的三叶草。结果它们爬得精疲力竭也吃不到这些草。这个例子告诉我们：在团队中失去目标后，团队成员就不知道去向何处，最后的结果可能是饿死，这个团队存在的价值可能就要打折扣。团队的目标必须跟组织的目标一致，此外还可以把大目标分成小目标具体分到各个团队成员身上，大家合力实现这个共同的目标。同时，目标还应该有效地向大众传播，让团队内外的成员都知道这些目标，有时甚至可以把目标贴在团队成员的办公桌上、会议室里，以此激励所有的人为这个目标去工作。

其次，人员是构成团队最核心的力量。目标是通过人员具体实现的，所以人员的选择是团队中非常重要的部分。3个（包含3个）以上的人就可以构成团队，在一个团队中可能需要有人出主意，有人订计划，有人实施，有人协调不同的人一起去工作，还有人去监督团队工作的进展，评价团队最终的贡献。不同的人通过分工来共同完成团队的目标，在人员选择方面要考虑人员的能力如何，技能是否互补，人员的经验如何。

再次，针对团队和团队成员都应具有一个准确的定位。团队定位，即团队在发展过程中处于什么位置，由谁选择和决定团队的成员，团队最终应对谁负责，

① 该反思反省创业者自身素质了 [EB/OL]. [2006-03-08] http://www.gotoread.com/mag/11977/sarticle_18240.html.

团队采取什么方式激励成员。个体的定位，即作为成员在团队中扮演什么角色，是订计划还是具体实施或评估。

再其次，要对团队当中领导人的权力大小进行明确规定。一般来说，团队当中领导人的权力大小跟团队的发展阶段相关，团队越成熟领导者所拥有的权力相应越小，在团队发展的初期阶段领导权是相对比较集中。团队权限关系到两个方面：一方面是整个团队在组织中拥有什么样的决定权，比如说财务决定权、人事决定权、信息决定权；另一方面是组织的基本特征，比如说组织的规模多大，团队的数量是否足够多，组织对于团队的授权有多大，它的业务是什么类型。

最后，提前按计划进行可以保证团队的顺利进度。目标最终的实现，需要一系列具体的行动方案，可以把计划理解成目标的具体工作的程序。只有在计划的操作下，团队才会一步一步地贴近目标，从而最终实现目标。

2. 团队的发展阶段

团队的发展一般会经历创建期、磨合期、凝聚期和整合期四个时期。

创建期。在团队的创建期每位成员对生活的价值都有了全新的理解，对新的工作也充满激情。由于相互之间了解不足，成员之间更容易高估其他人的能力，大家可能对新生的团队寄予过高的希望。创建期的团队，经常会表现很高的士气。但这一时期，新生的团队生产力处于较低水平，团队成员之间在工作上短期内无法形成配合默契的状态，需要团队成员积极迅速地适应新环境。创建期最重要的是明确团队的目标，这对增强团队凝聚力以及形成团队的集体荣誉感至关重要。

磨合期。磨合时期的动荡是每一个团队都要经历的特殊时期。能否进行有效的磨合，并顺利地度过这段敏感的时期，对团队以及团队领袖的综合能力是一个严峻的考验。这一时期，人际关系也变得紧张起来，强大的工作压力使人焦虑不安，严重的时候甚至引发内部冲突。在这种情况下，团队前景更显扑朔迷离，士气陷入低潮，但是积极的团队成员都在适应和摸索解决问题的方法，使得团队整体的生产力水平稳步提高。连续的培训以及对工作的理解，使团队成员在实战中慢慢形成个人的风格。团队领导在这个敏感的时期，要注意以下几点：密切注意团队进步情况；建立标准的工作规范，并身体力行；积极寻求解决问题的方法，抓住一切机会鼓舞团队士气，争取用自己在工作上的突破为团队树立榜样；善于树立典型，对于取得突出成绩的队员要尽可能地予以嘉奖，号召团队成员向优秀者学习。

凝聚期。这个时期会逐渐形成独有的团队特色，成员之间以标准的流程投入工作，分配资源，团队内部无私地分享各种观点和各类信息，团队荣誉感很强。在凝聚期团队的士气高涨，即使面对极富挑战性的工作，也会表现出坚定的信心，如果个人不足以独立完成工作，会自然地寻求合适的团队成员配合，甚至在特殊的情况下能够自我激发潜能，超水平发挥，取得意想不到的成功。在凝聚期每一个团队成员都会表现出很强的主观能动性，这样的状态使生产力水平也进入巅峰时期，大家对于工作中取得的突破已没有了当初的激动，每个人都能以平和的心态面对成败。在紧张有序的工作环境中，处处都表现出一个高绩效团队的成熟魅力。

整合期。团队实现了自己的阶段性目标之后，必然要进行组织整合。整合过程其实就是组织调配力量，为下一个目标进行筹备的前奏。这个时期一般没有太大的工作压力，团队士气相对平稳。特别要说明的是，生产力水平还是一样会高位运行，团队成员继承了前一时期的工作作风，对日常工作更加游刃有余。

3. 团队管理技巧

团队毕竟由众多独立的个体组成，如果个体素质无法提高，那么，团队即使再发挥效力，其总和也无法达到期望的高度。就像我们所知道的，如果平均每一个人可以拉动85公斤重的物体，那么，对于一个由7个人组成的团队，一共能够拉动多少公斤重的东西？毫无疑问，你也许会很快地回答出应该是595公斤重的东西。原因是你运用的是协同作用原理：整体要比其个别部分的总和均等或偏大，事实果真如此吗？实际上并非如此。这7个人总共能拉动仅有450公斤重的物体。也就是说，在一个团队里，并不是每个人都会使出浑身的力量或解数去完成一项目标或任务的。那么，对于团队的管理者而言，能否将团队中每个人的力量完全地发挥出来，要从以下几点着手：

一要构建团队统一的价值观。要想发挥团队核心的力量，打造一支像大雁一样的高效能的团队，就必须在团队中建立统一的价值观，也就是具体凝结为团队中的理念和团队精神，实现的是价值共守、精神共通、情感共流、命运共担。让团队中的每一位成员清楚并明确团队这些价值观对每个人的影响，从而使团队成员全力以赴。

二要为团队设定目标。团队是团队组织成员每个人共有的集体，团队荣誉与

每个人息息相关，在明确总体目标以后，需要将团队的总体目标进行细化，细化的方法是：由年细化到季度，由季度细化到月份，由月份细化到周，再由周细化到每天，明确团队成员每天要完成的工作情况，确保人人都有目标动力，更高效地完成组成目标。

三要留住人才。管理是一门艺术，管理人更是一门艺术。留住人才，不是留住所有的人，而是"取精华，弃糟粕"、"远小人，近贤臣"，宁缺毋滥。如何留住人才，一直以来困扰着创业老板们。简单地说，短期留人靠工资，中期留人靠奖金，长期留人靠股份，永远留人靠思想；了解员工，想其所想，进行期望管理；言必行，一诺千金，承诺的必须兑现，这些都是留住人才必须要做到的。

四要激励团队士气。团队的高效能不仅来自于共同认可的价值观，更重要的是需要团队成员用一种正确的态度去对待。而如何使团队成员达成这种既能够独立高效地完成工作目标，又能够使团队间的凝聚力得到强化，那么激励团队的士气是最有效的手段。不断地以波浪式的方式去激励团队士气，就会使团队中每位成员的潜力超常发挥，团队的高效能和高业绩也就是水到渠成的事了。

五要增强团队的凝聚力。团队的战斗力来自其凝聚力，各自作战，其力甚微，小业绩靠个人，大业绩靠团队，团队作战才能发挥创业团队的积极性，燃烧团队的激情。如何增强团队的凝聚力？有以下几点建议：达成团队共识和乐意接受的文化和目标；创造和谐互助的团队工作氛围；进行一些团队拓展活动；定期组织团队成员共同参与有意义的与工作相关的活动；建立团队合作协调的工作流程。此外，提高团队的执行力，职责明确，责任到人，让每个人都知道自己应该去做哪些事情；奖惩分明，执行到位要奖励，执行不力必惩罚；重视过程控制与监督，把工作分解，分步骤去完成；限定工作完成的时间，到期必须完成；监督工作的质量，是否符合要求，避免"忽悠"执行等。①

---

① 创业管理团队〔EB/OL〕.〔2009-12-29〕http://hi.baidu.com/joonylee/blog/item/f4c96ff532a38265dcc47430.html.

【延伸阅读】

罗森塔尔效应

美国心理学家罗森塔尔考察某校，随意从每班抽3名学生共18人，并把名字写在一张表格上交给校长，极为认真地说："这18名学生经过科学测定全都是智商型人才。"事过半年，罗氏又来到该校，发现这18名学生的确超过一般，长进很大，再后来这18人全都在不同的岗位上干出了非凡的成绩。这一效应就是期望心理中的共鸣现象。

运用到人事管理中，就要求领导对下属要投入感情、希望和特别的诱导，使下属得以发挥自身的主动性、积极性和创造性。如领导在交办某一项任务时，不妨对下属说："我相信你一定能办好"、"你会有办法的"、"我想早点听到你们成功的消息。"……这样下属就会朝你期待的方向发展，人才也就在期待之中得以产生。

鲇鱼效应

挪威人在海上捕得沙丁鱼后，如果能让其活着抵港，卖价就会比死鱼高好几倍。但只有一只渔船能成功地带活鱼回港。该船长严守成功秘密，直到他死后，人们打开他的鱼槽，才发现只不过是多了一条鲇鱼。

原来当鲇鱼装入鱼槽后，由于环境陌生，就会四处游动，而沙丁鱼发现这一异己分子后，也会紧张起来，加速游动，如此一来，沙丁鱼便会活着回到港口。这就是所谓的"鲇鱼效应"。

这一效应是通过个体的"中途介入"，对群体起到竞争作用，它符合人才管理的运行机制。目前，一些单位实行的公开招考和竞争上岗，就是很好的典型。这种方法能够使人产生危机感，从而更好地工作。

资料来源：团队管理三大心理学效应［EB/OL］．［2011-12-09］http://www.mie168.com/human-resource/2011-12/342641.htm.

（二）合作伙伴选择

由于个人的能力、财力和认知水平有限，更多时候创业者需要建立自己的合作伙伴。然而，创业是件非常美妙且异常艰辛的事情，选择合作伙伴一定要非常

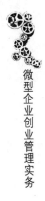

谨慎。创业伙伴必须是有激情、有斗志、不注重短期利益的人。创业初期，创业伙伴参与企业投资和企业创办，其知识、技术和经验往往都是企业中最有价值的资源。也正是由于这个原因，初始合伙人的选择就更为重要，必须考察的几个素质特征如下：

1. 自身因素

合作伙伴与创业者一起支撑起整个企业，是企业的脊梁，他们决定着企业的经营范围和发展方向。因此，选择创业合伙人时要从其自身品质、受教育程度以及创业前期经历三个主要方面考虑。[①]

对于合伙人自身品质，首先，要看清合伙人的长处。人有所长，必有所短。创业者选择创业合伙人，要与创业者自身特点达到优势互补的目的。这里说的优势互补是性格，不是价值观。所谓取长补短，是取别人的长补自己的短，此为团队的真正价值。所以要综合考虑其各方面的优缺点，再决定他是否适合做自己的创业合作者。其次，要选择一个善于沟通和交流的合作者。长城不是一人筑成，想做出点成绩，就得有做事情的开放心态，创业合作双方都有责任主动地去沟通。中国人的个性是相对含蓄谦虚，常常有话说三分，所以沟通的空间相对大。误会的产生往往是由于误认为别人应该会理解或明白我。解决误会的最佳办法是主动沟通及多沟通。观点和想法就如盲人摸象，各人有各人的点，吵架也是必然的，是好事。最后，你所选择的创业合伙人要勇于承担责任。创业是一个不断犯错、不断学习改过的过程。作为创业团队的领导者，要有准备及有责任为自己及团队成员的过错买单。创业是个破茧成蝶的过程，合伙创业可以取长补短，资源共享，共同努力，互相依靠。

受教育程度是随着科学技术的进步和产品更新换代速度的加快而加深，知识成为最重要的生产力要素。初始合伙人的受教育水平一定程度上可以反映其知识掌握的程度，受教育程度高的合伙人往往具备更多知识、经验和与创业有关的技能，在洞察力、创造力等其他方面也有更好的基础，而这些素质是创业成功的关键性因素。

有过前期创业经历的合伙人，无论他的创业成功与否，其经验都会成为新企业创业成功的有利因素。这样的创业合伙人，除了熟知创业过程，更重要的是在

---

① 李雪灵，万妮娜. 基于 Timmons 创业要素模型的创业经验作用研究［J］. 管理世界，2009（8）.

新的创业过程中，可以复制以前成功的创业模式，或者吸取曾经失败的教训。而且创业合伙人拥有相关的产业经验，有利于敏锐地理解相关产业的发展趋势，正确地把握新企业的发展方向，同时了解或熟知各种原材料和行业内的规范、惯例等。由此可见，创业合伙人创业之前的经历对之后的创业过程有重要的作用。

2. 社会网络关系

具有广泛社会关系网络的创业合伙人往往更容易获得额外的技能、资金和消费者认同。如果创业合伙人拥有良好的社会关系基础，那么在创业时就会事半功倍。

生意场是一个没有硝烟的公关战场。在这个看不见硝烟的战场上，如果没有足够的人际关系网，可以说是寸步难行。因为在人际关系这张网上网织着很多关系，如人缘关系、业务关系，甚至还网织着办事的渠道、信息的来源等。因此，它不但影响着个人的行为，而且也影响和决定着社会存在，自然也就影响和决定着你与合伙人生意的成败。明智的创业者，在创业之前，如果他已有意于从事某个行业，他就会尽自己的所能去结识这个行业里的知名人士，虚心向这些知名人士或成功人士请教，聆听他们的教诲，把这些作为重要的资源储备起来，以便在将来发挥作用，帮助自己解决许多实际问题。

（三）员工管理

员工管理是从员工个体的角度看待人力资源管理问题。如何分析员工的个性差异和需求差异，并使之与企业效率相结合，从而最大限度地激励员工的主动性和创造性，达到人与事的最佳配合，这是员工管理的中心内容。想要管理好员工，首先就要招聘到合适的员工并对其进行相应的培训，为日后顺利地进行管理打下基础。

1. 员工的招聘与培训

一旦决定创办一家新企业，就要开始招募员工。员工是微型企业不可缺少的要素，他们是工作的具体落实者，在企业运行中也起着不可替代的作用。到底要花多长时间来招募员工，需要依据新企业的具体情况而定。在有些情况下，创业者与合作伙伴要先工作一段时间，对企业的运行初步有所了解再招募员工，另一些时候，则需要立即招募员工。

招聘渠道一般有网络（综合性网站、行业性网站、地方性网站、政府性网站

和服务性网站等)、报纸(中华人才报和当地人才报)和招聘会(校园招聘会和社会招聘会等)等。

招聘的流程有两个阶段。第一阶段:准备,要做的工作有确定招聘职位和人数。第二阶段:实施招聘,要做的工作有发布招聘信息;收集和筛选应聘资料;测试与面试;录用。一般来说,招聘过程有面试与笔试,笔试中有各种不同的题型,如选择、判断、问答等,面试题目则会较多地关注个人状况。招聘中,应该注重员工的以下几个特质:第一个特质是思路清晰透彻。思路清晰的人能快速把握要点,并向客户阐述清楚所要表达的内容。第二个特质是学习能力强。学习能力强的人才能不断进步,才能使企业进步成为可能。第三个特质是激情饱满。激情能够保证员工倾注精力努力工作。之后就要根据岗位要求,选择具备相应知识与能力的人员,即因事择人。另外也要根据每个人的不同特点来安排工作岗位,使人的潜能得到最充分的发挥,即因才适用。

培训也是员工入职前不可缺少的一个环节,即使是小微企业也不能忽略这一点。入职培训可以为员工提供正确的工作岗位信息,让新员工了解企业所能为他们提供的相关工作及企业对他们的期望,使其明白自己的工作职责。在培训中,员工之间也会有一定程度的接触和了解,有利于其日后一起工作。入职培训的一个主要方面就是岗位培训,其中岗位规范、专业知识和专业能力的要求被视为岗位培训的重要内容。岗位人员上岗后也需要不断地进步、提高,参加更高层次的技术升级和职务晋升等方面的培训,使各自的专业知识、技术能力达到岗位规范的更高标准,以适应未来岗位的需要。

除了入职培训,还需要对员工进行定期培训。一个企业人才队伍建设一般有两种:一种是靠引进,另一种就是靠自己培养。所以企业应不断地进行职工培训,向职工灌输企业的价值观,培训良好的行为规范,使职工能够自觉地按惯例工作,从而形成良好融洽的工作氛围。通过培训,可以增强职工对组织的认同感,增强员工与员工、员工与管理人员之间的凝聚力及团队精神。

职工培训是一项重要的人力资源投资,同时也是一种有效的激励方式,例如,组织业绩突出的职工去外地参观先进企业,鼓励职工利用业余时间进修并予以报销费用等。进修培训是许多职工看重的一个条件,因为金钱对于有技术、知识型员工的激励是暂时的,他们更看重的是通过工作得到更好的发展和提高。

2. 管理技巧

人难管，管人难，这是企业管理中经常遇到的课题。员工文化层次参差不齐，个性千差万别，经历迥然不同，对他们的管理需要一定的管理技巧才可以高效地发挥团队力。管理人，关键是做好思想工作。可以通过各种渠道，让员工确立"个人利益与公司利益具有一致性"、"大河有水小渠满"的理念，把做员工的思想工作贯穿到整个工作内容中，高度关注员工思想动态，队伍士气。同时，要从绩效辅导、治理模式、薪酬福利等各方面入手，加强管理工作，提高工作效率。

绩效辅导是企业、部门和员工多赢的做法，作为直线主管，通过绩效辅导能及时发现员工行为和目标之间的差距，有利于整个团队绩效的提高，避免公司因员工"交学费"导致的损失，同时还能使员工有一种团队归属感，为其心理上提供必要的社会支持，反之会让员工有自生自灭的感觉。需要注意的是：工作绩效对员工的稳定性有一定的影响。工作绩效太容易完成，会被看成没有挑战性，实质上就是没有激励性。能者多劳，更能体现员工价值，设置有挑战性的目标和任务更能激励员工；工作绩效很难达成，员工压力太大，对其稳定性也没有好处。

即使很多创业者不愿承认自己的企业是家族制，但从其企业的每一个制度、每一种行为来看都有着明显的家族制痕迹。很多员工对家族制企业的管理心存抱怨，从第一天进入公司起，90%以上的员工就在开始物色下一份工作。家族管理模式的企业不单在提高企业管理水平、合理用人、科学决策、提升业绩方面存在致命的缺陷，尤其在摧毁员工忠诚度方面威力极大。所以企业应注重自身治理模式的改革，做到制度规范化，加强企业规则的透明度，做到公开、公平和公正。制度的制定应让员工或员工代表参与，如有条件最好能让工会参与。员工参与的过程实际上就是员工自我引导和自我教育的过程，这样既能加强认同感，又能为制度得到真正的执行打好基础。

薪酬福利一直是企业用于激励员工和吸引外部员工加盟的有效杠杆。在营销学里通常讲到任何人都有一个心理舒适区，低于舒适区或高于舒适区30%，都会给人带来不安，管理者必须采取适当的行为来调节，特别是薪酬问题更是如此：低于个人最低期望值30%，除了非常特殊情况外，99%的员工会选择离职，以找到新的工作来达到心理平衡；高于最高期望值的30%，员工通常又会面临压力。作为公司的薪酬政策制定者在薪酬设计时，除了要考虑划分适当职级范围、设置合理的薪酬幅宽及掌握好不同职位薪酬的适当重叠度外，还要巧妙运用"30%舒

适区"来激励和留住骨干员工，提高员工的忠诚度。

管理界通常有这样一种说法：金钱留住三流的人才，感情留住二流的人才，事业才能留住一流的人才。其实以上三种说法分别反映的是企业在不同发展阶段应采取的不同激励策略。即企业初创期，采取以结果为导向的薪酬策略符合公司发展战略需要；企业深度发展期应采取人性化为主的管理策略，同时辅之以行为为导向的薪酬策略；企业稳定期或产业突破期，则应采取长期激励的留人策略。

二、信息获取

创业是创业者在复杂环境中实现自身价值的过程，创业者面对的环境复杂而且难以理解，因多种环境因素具有动荡性和不确定性。因此，创业者需要了解并收集大量的信息，才能更好地把握机会。在创业计划尚未成熟之前，有必要收集并分析市场信息，最大限度地减少创业风险。

（一）信息沟通

信息沟通是指可解释的信息由发送者传递到接受者的过程。具体地说，它是人与人之间思想、感情、观念和态度的交流过程，是情报相互交换的过程，正确和适时的信息沟通对创业者来说是有效决策之钥。

1. 信息沟通的过程

沟通过程应包括五个要素，即沟通主体、沟通客体、沟通介体、沟通环境和沟通渠道。简单地说，沟通就是传递信息的过程。在这个过程中至少存在着一个发送者和一个接受者，即发出信息一方和接受信息一方。

信息在发送者和接受者之间的传递过程，一般经历七个环节。发送者需要向接受者传递信息或者需要接受者提供信息。这里所说的信息是一个广义的概念，它包括观点、想法及资料等内容。发送者将所要发送的信息译成接受者能够理解的一系列符号。为了有效地进行沟通，这些符号必须适应媒体的需要。例如，如果媒体是书面报告，符号的形式应选择文字、图表或照片；如果媒体是讲座，就应选择文字、投影胶片和板书。之后要将发送的符号传递给接受者。由于选择的符号种类不同，传递的方式也不同。传递的方式可以是书面的，如信、备忘录等；也可以是口头的，如交谈、演讲、电话等；甚至还可以通过肢体动作来表述，如手势、面部表情、姿态等。接受者根据发送来的符号的传递方式，选择相应的接受方式。例如，如果发送来的符号是口头传递的，接受者就必须仔细地听，否则，符号就会丢失。接受者要将接受到的符号译成具有特定含义的信息。由于发送者翻译和传递能力的差异，以及接受者接受和翻译水平的不同，信息的内容和含义经常被曲解。发送者通过反馈来了解他想传递的信息是否被对方准确地接受。一般来说，由于沟通过程中存在着许多干扰和扭曲信息传递的因素，使得沟通的效率大为降低。因此，发送者了解信息被理解的程度也是十分必要的。[①]

2. 信息沟通中的障碍

沟通障碍是指信息在传递和交换过程中，由于信息意图受到干扰或误解，而导致沟通失真的现象。在人们沟通信息的过程中，常常会受到各种因素的影响和干扰，使沟通受到阻碍。

沟通障碍主要来自三个方面：发送者的障碍、接受者的障碍和信息传播通道的障碍。在沟通过程中，信息的发送者和接受者的情绪、性格倾向、个人感受、表达能力、判断力等都会影响信息的完整传递和接受。沟通通道障碍具体表现为以下四个方面：

一是选择沟通媒介不当。比如对于重要事情而言，口头传达效果较差，因为接受者会认为"口说无凭"、"随便说说"而不加重视。

二是几种媒介相互冲突。当信息用几种形式传送时，如果相互之间不协调，会使接受者难以理解传递的信息内容。如领导表扬下属时面部表情很严肃甚至皱着眉头，就会让下属感到迷惑。

三是沟通渠道过长。组织机构庞大，内部层次多，从最高层传递信息到最低层，从低层汇总情况到最高层，中间环节太多，容易使信息损失较大。

四是外部干扰。信息沟通过程中经常会受到自然界各种物理噪声、机器故障的影响或被另外事物干扰所打扰，也会因双方距离太远而沟通不便，影响沟通效果。

(二) 信息获取来源

机会的存在是由于技术、产业结构、社会和认可趋势以及政治与制度等方面

[①] 李少兰. 浅谈沟通在思想政治工作中的重要作用 [J]. 中国电力教育，2008（7）.

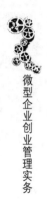

的信息发生了变化。这说明，获取信息是识别创业机会的关键所在。例如，有些人最早知道某项技术发明，可能是因为他们在产生这项发明的研究实验室里工作的缘故。在他人了解这项技术之前先行获得这些信息可以使人们在提供和销售新的产品方面比其他人做出更有利的决策。为此，获取别人难以接触到的有价值信息与具备信息处理能力共同构成创业者发现机会的条件。信息作为一种软资本，其重要性已被大部分经营者意识到，经营者收集信息的渠道主要有以下几种：

1. 媒体资料

广播、电视、报纸、杂志、统计报表等，都有很多有价值的信息，做个有心的创业者，你会从现代传媒和信息工具中发现商机。媒体资料主要指文献信息、商业信息、从官方或官方服务机构获取信息、地方政府或政府服务机构获得的信息、广播电视信息以及报纸杂志等。

文献信息是指承载着系统的知识信息的各种载体资源，包括图书、报纸、期刊和专利文献等。国家或者国际上对行业信息或者企业信息有权威的统计和分析是可供参考的重点，对企业创立和经营具有重要的指导作用。创业者应密切关注会议与论坛，留心业界头脑们的观点，这些观点对行业的发展会起到很深的影响，紧密联系提供专业信息的专业机构。

商业信息是由各类市场信息调查机构依据商业操作的原则收集整理的资料。由于各类商业机构均有各自的商业利益，其整理的资料往往代表了自身的看法和观点，具有相当的主观性，在运用过程中，要加以注意。

官方或官方服务机构以及地方政府或政府服务机构是信息的重要来源，如工商、税务、统计以及物价等部门。获取官方信息有三种方式：一是从公告或公开发布的消息获得；二是从它的信息服务中心获得或者通过查询编印的信息资料获得；三是有针对性地走访和咨询获得。查询文献获得信息的优点是其内容具有权威性和准确性，但其缺点是不易获得，需要创业者仔细阅读筛选有用信息。

广播电视信息形象生动，具有速度快、辐射广、新颖且有吸引力等特点，能够给创业者提供最为直观的信息。如中央电视台"经济半小时"、"致富经"等节目介绍了大量的创业经验和创业信息，起到良好的示范作用。央视2套的"商道"、"财富故事会"、"创业英雄会"、"生财有道"、"乡土"、"乡约"、"致富经"和"创新无限"等节目也在不断分享着不同创业者的创业经验。以"故事性、欣赏性、时尚性"作为节目制作的理念，既能引起创业者的兴趣，又能为其提供足够好的创业项目。此外，许多台都在播放一些加盟店的广告，对于小微企业的创业者来说，选择加盟连锁店也是一个不错的选择。

报纸杂志集中了大量的广告和各式各样的信息，特别是一些专业的报纸和杂志，有专门的分类信息，有利于创业者发现和寻找机会。但是，报纸和杂志的真实性需要创业者仔细辨认。了解最新最全的国家经济政策可以阅读最新的《经济日报》，了解创业的相关知识可以阅读《商界》、《成功》和《生意通》等杂志。

2. 社会活动

每一个人都是一个信息源，尤其是与你项目有关的消费者、同行业从业人员及相关企业的营销人员，往往能够提供宝贵信息。同时，社会上的不少集体活动，如联谊活动、各种交易会、博览会、报告会、讨论会以及技术推广会等，本身就是面对面进行信息交流的过程，从这些活动中获得的信息更加直观。你也可以在你生活的周围，找有创业经验的亲朋好友交流。在他们那里，可以得到最直接的创业技巧与经验，更多的时候比看书本的收获还多。你其至还可以通过电子邮件和电话拜访你崇拜的商界人士，或咨询与你的创业项目有密切联系的商业团体，你的谦逊总能得到他们的支持。

从商场及批发零售交易市场、集贸市场获得信息。每一个地区和城市，或者行业都会举办各种商品展览会、交易会、洽谈会。很多特约经销、专营、代购、代销业务都是在交易会期间接触并达成共识的。通过交易会，你会获得大量有用的产品信息、技术信息、价格信息和客户资料。这是非常难得的获取信息的渠道和机会。还可以到各类商场，批发零售市场和集贸市场获得有关商品种类、质量、价格等情况的信息。

从各类商会、行业协会等民间商业和群众团体获得信息。各类商会、协会和群众团体都会有偿或无偿地为你提供商业信息，各类商会会向你提供所属行业名录和一些活动资料。以此，最好加入一些商会或协会，将获得稳定的、固定的信息来源。各行业或者地区定期或不定期会有展览，会有很多企业参展。

依靠人际网络获得信息。在寻找创业信息的时候你千万不要忘记了你周围的亲戚、朋友，以及朋友的朋友，也许他们会给你提供一些机会。家长亲友，他们都相当关心创业者的创业问题，同时又来自社会的各个方向，与社会有多种联系，可以从不同渠道带来各种行业的创业需求信息。家长亲友提供的职业信息主要来源于其个人的社会关系，相对固定，也有相当大的局限性，一般不反映行业

市场的实际供求状况，但信息的可靠性比较大。

这些方法收集信息较为容易、花费少、来源广，收集便捷，节省时间。但也存在适应性和针对性较差，有时需要作进一步加工处理，有些资料的精确度不够不足之处，创业者可根据自身情况选择相对便利的有效的方法。

3. 网络平台

随着信息时代的到来，计算机网络的应用已经越来越普遍，动动你的手指，信息尽在指尖。网络信息的优点是信息量大，覆盖面广泛；其缺点为准确性、可参考性不高，需要经过筛选方可放心使用。从创业信息的角度来看，许多网站是专业的、免费的。各行业内部或者行业之间为了促进发展和交流，往往设立有行业网站，或者该方面技术的专业网站，这些网站以专业的眼光看行业，具有借鉴性，企业间可作对比。

【延伸阅读】

创业指导类网站推荐

创业指导类网站很多，但质量良莠不齐，有的网站人气很好，内容也非常好，有的网站内容完全是复制，而且几个月才更新一次，信息已经过时。以下推荐的网站都是更新得很快的，内容非常实用专业的几个创业网：

阿里巴巴创业频道（http://info.china.alibaba.com），国内著名的贸易财经类网站，创业频道比较出名的网站，内容丰富。

中国店网（www.koduo.com），创业类比较出名的网站，分类清晰，针对性、实用性非常强，内容丰富。

中国创业投资网（www.wineast.com），老牌创业投资网站内容很全，论坛人气不错。

财富经中国创业网（www.cfj88.cn），原创度很高的创业网站，创业分类非常清晰。

创业致富网（www.cyzf.com），今日杂志主办的一个创业网站，互动性不错。

青年创业网（www.youth.com），做的时间很长了，流量不错。

大学生创业网（www.studentboss.com），大学生创业门户网站，不多介绍。

创业招商类站提供很多项目，网站没有其他内容，清一色广告而且广告都写得很有煽动性。但风险大小不太好说，大家要多了解再决定为好。

上述推荐的网站的内容每天都会有更新，可以保证创业者得到及时的信息。

资料来源：互联网成为大学生获得信息的首要渠道 ［EB/OL］. http：//content.chinahr.com/Article（33293）ArticleInfo.view.

4. 创业实践

真正的创业实践开始于创业意识萌发之时，创业实践是学习创业知识，获得创业信息的最好途径，先就业、再创业是时下很多人的选择。刚走入社会，由于各方面阅历和经验都不够，能够到实体单位锻炼几年，积累了一定的知识和经验后再创业也不迟。而在准备创业的过程中，你可以利用与专业人士交流的机会获得更多的来自市场的创业信息。

对于在校学生来说，间接的创业实践学习主要可借助学校举办的某些课程的角色性、情景性模拟参与来完成。例如，积极参加校内外举办的各类大学生创业大赛、工业设计大赛等。而其他创业者只能通过对知名企业家成长经历、知名企业经营案例开展系统研究来间接得到创业信息。直接的创业实践学习主要可通过在外的兼职打工、试办公司、试申请专利、试办著作权登记、试办商标申请等事项来完成；也可通过举办创意项目活动、创建电子商务网站、谋划书刊出版事宜等多种方式来完成。

在信息泛滥的社会里，"去粗取精，去伪存真"也是很重要的，善于学习和总结永远是赢者的座右铭。创业信息收集后要进行归类整理，便于及时回复和节省时间，要学会挖掘提炼信息价值。总之，创业知识广泛存在于创业者的学习、生活的视野之中，只要善于学习，总能找到施展才华的途径。

三、资金来源

生意说到底就是资本的运作，在准备工作中，资金是最先决的条件，启动资金越充分越好。俗话说得好："用钱创造财富！"在众多创业失败的例子中，资金的不足经常是让创业者落下"英雄泪"的主要原因。因此，信心满满的创业者别

忘了在公司正式营运前，一定得先把资金募集充足。换言之，创业者必须明白公司在草创期的第一年内可能无法赚到钱，创业者因而要有所准备，以渡过难关。创业者募集创业资金的来源相当多，简单地说，亲戚、朋友、银行、房屋抵押、退休金，甚至是信用卡借贷也能派上用场。但是，创业者必须谨记在心的是，一位成功的创业者总是知道如何善用各种渠道去募集充足的资金，作为创业的坚强后盾，不可只从单一渠道获得资金，以免一旦资金吃紧时找不到后路来救急。

通过融资去创业或渡过难关已成为创业者的惯例，创业者常用的融资方式主要有直接融资与间接融资两种形式。

（一）直接融资

由于处在起步阶段，贷款能力有限，相当一部分资金要融资。直接融资是指没有金融机构作为中介的融通资金的方式，需要融入资金的单位与融出资金单位双方通过直接协议后进行货币资金的转移。直接融资的形式有：买卖有价证券、预付定金和赊销商品，不通过银行等金融机构的货币借贷等。这里我们主要介绍所有权融资和政府机构融资。

1. 所有权融资

所有权融资包括吸引新的拥有资金的创业同盟者加入创业团队，吸引现有企业以股东身份向新企业投资、参与创业活动，以及吸引企业孵化器或创业投资者的股权资金投入等。随着技术创新三个特点的转变，即由单一产品创新向系列产品创新，由能人创新向集体创新，由一次性创新向持续性创新，对创办高技术企业来说，常常需与他人共同创业。许多企业在创业初期，相当一部分资金靠几个或十几个创业者集资。如实达集团在创办之初，相当一部分资金是由十几个创业者凑足的。

2. 债权融资

债权融资是指企业通过借钱的方式进行融资，债权融资所获得的资金，企业首先要承担资金的利息，另外在借款到期后要向债权人偿还资金的本金。债权融资的特点决定了其用途主要是解决企业营运资金短缺的问题，而不是用于资本项下的开支。

3. 基金组织的资金支持

除了所有权和债权融资外，还有一些有关创业的基金组织可以为创业者提供资金支持。例如，与科技创业相关的话可以找类似 YBC 这样的创业组织来申请创业资金。YBC 紫竹青年科技创业扶持项目由紫竹国家高新区、上海市闵行区政府、共青团中央中国青年创业国际计划（YBC）于 2006 年 8 月发起成立，秉持扶持科技青年创业、以创业带动就业的公益理念，通过"基础扶持＋接力扶持＋创业之星扶持"三阶段实施，向青年创业者提供"创业启动资金＋导师公益辅导＋品牌宣传推广"多方位服务，以确保企业能够健康地成长和发展。①

（二）间接融资

所谓间接融资，主要指银行贷款。银行的钱不好借，对创业者更是如此。但在你拿得出抵押物或者能够获得贷款担保的情况下，银行还是很乐意将钱借给你的。

1. 银行贷款

银行贷款是最为传统的筹款方式，现在为创办中小企业提供贷款的主要有四大国有商业银行正筹建的中小企业信贷部，而民生银行主要是为民营企业提供贷款的银行。贷款有信用贷款、抵押和担保贷款。信用贷款主要针对信誉良好、偿债能力强、关系密切的大企业，刚刚创办的小企业很难取到信用贷款。保证贷款需要贷款人提供抵押或有第三者提供的担保。每一个金融机构都有自己的放款策略和方针，有的侧重于企业的资金流动，有的要求第三方的担保，有的要求资产做抵押，也有的看重一些综合指标等。

贷款是由企业申请，银行审查。企业向银行贷款，均应事前提出申请。与银行有长期业务关系的私营企业按年度、季度需款情况，在年初编制借贷计划，报给开户银行。临时性生产经营贷款的，须在 3 天前向银行申请，写明贷款数额、用途、还款期限。新开户的私营企业，以前从未发生过贷款关系的私营企业，要在 10 天前向开户银行提出申请贷款计划，并且提供申请书与证明本企业材料的文件、证件。银行根据私营企业的申请、计划，考察私营企业的贷款用途、还款能力、信用程度，确定贷款或不贷款。贷款额度确定后，私营企业向银行办理手续、订立借据。根据国家颁发的经济合同法签订契约，双方恪守执行。

---

① 创业资金筹集渠道有哪些［EB/OL］．［2005-9-5］http：//www.tech-food.com/kndata/1003/0006410.htm.

2. 政府资金

对于某些公司来说，政府机构是重要的融资来源。为了使创业者顺利创业，企业健康发展，政府部门设立了许多贷款担保项目，对中小企业来说非常有帮助，包括青年创业贷款、下岗贷款、微型企业创业贷款以及须具备特定身份的身心障碍创业贷款、特殊境遇妇女创业贷款、农村青年创业贷款，还有由部分银行所推出的加盟创业贷款。例如，广东于 2010 年起 5 年内担供 20 亿元扶持中小型企业。2012 年，广东财政扶持中小企业专项资金 2 亿元，重点用于扶持中小企业信用担保体系建设，支持民营企业的技术改造及技术创新。同时，许多政府机构不仅担供贷款援助，还为中小企业提供职业和技术上的帮助。

第四节

创业保障支持

在具体的创业过程中，创业者必然会碰到各种各样的问题，可以从经济、行政及法律等方面寻求解决的办法。我国政府对小微企业创业的支持体现在各个方面，经济手段方面有设立创业基金、发放创业贷款等；行政手段方面有相关的行政指导、行政监督等。本章主要从创业流程、创业法律支持及创业政策支持三个方面介绍创业保障的内容。

一、创业流程

想创业，创业计划书必不可少，它犹如一部功能超强的电脑，它可以帮助创业者记录许多创业的内容、创业的构想，能帮创业者规划成功的蓝图。然而有了创业计划书，还要将其中的内容付诸实践，这就涉及创业过程的问题。制定好详尽的创业计划书，又能脚踏实地地创业，使之一步一步成为现实，才能使自己在创业之路上走得更踏实，最终成为一个成功的创业者。

（一）创业计划书

创业计划书的撰写，对整个创业过程而言，不仅是必要的，而且是非常重要的。因为通过创业计划书的撰写，不仅可以让创业者自己更清楚地知道创业计划是否完整周密，对创业者或参与创业的伙伴而言，也能达成共识、集中力量，这无疑有利于创业者向成功迈进。一般来说，创业计划书的内容包括行业分析、同业竞争状况、商品介绍、设店商圈分析、投资金额分析、人力规划、获利状况预估、展店计划、中长期发展目标等，其中每一个项目，还都必须有详细分析。计划书撰写得越详尽越清楚，越容易发现将来创业的问题点，以及早修正，降低失败的风险。

1. 创业计划书的要求

简单地说，创业计划书应编写得清楚、扼要，能对所涉及的关键的假设作具体解释。具体而言，一个创业计划书必须回答清楚以下几个基本问题：

你要做什么？清楚简洁地描述你的产品或服务的名称、特点、核心优势。

你的市场在哪里？论证你的产品或服务面向的顾客群及其特点、规模；同类或者相似产品服务的市场状况以及竞争对手状况，你所拥有的差异性以及优势。

你准备和谁一起做？阐释你的团队构成、团队技能组成以及拥有的基础资源和核心资源。

你准备怎么做？说明你将采用什么生产产品或者提供服务的技术、使用什么样的市场方法寻找你的顾客以及销售你的产品。

2. 创业计划书的内容

一般来说，创业计划书的内容包括计划摘要、行业分析、产品（服务）介绍、人员及组织结构、资金规划、可能风险评估、营销策略等几个方面。

计划摘要浓缩了创业计划书的精华，其涵盖了计划的要点，以求一目了然，以使读者在最短的时间内评审计划并做出判断。计划摘要一般包括以下内容：公司介绍、管理者及其组织、主要产品和业务范围、市场概貌、营销策略、销售计划、生产管理计划、财务计划、资金需求状况等。摘要应尽量简明、生动。特别要说明自身企业的不同之处以及企业获取成功的市场因素。

在行业分析中，应该正确评价所选行业的基本特点、竞争状况以及未来的发展趋势等内容。关于行业分析的典型问题：该行业发展程度如何？现在的发展动态如何？创新和技术进步在该行业扮演着一个怎样的角色？该行业的总销售额有多少？总收入为多少？价格趋向如何？经济发展对该行业的影响程度如何？政府是如何影响该行业的？是什么因素决定着它的发展？竞争的本质是什么？你将采取什么

样的战略？进入该行业的障碍是什么？你将如何克服？该行业典型的回报率有多少？

产品介绍应包括以下内容：产品的概念、性能及特性、产品的市场竞争力、产品的研究和开发过程、发展新产品的计划和成本分析、产品的市场前景预测、产品的品牌和专利等。在产品（服务）介绍部分，企业家要对产品（服务）做出详细的说明，说明要准确，也要通俗易懂，使不是专业人员的投资者也能明白。一般地，产品介绍都要附上产品原型、照片或其他介绍。

在企业的生产活动中，存在着人力资源管理、技术管理、财务管理、作业管理、产品管理等。而人力资源管理是其中很重要的一个环节，因为，社会发展到今天，人已经成为最宝贵的资源，这是由人的主动性和创造性决定的。企业不仅要管理好这种资源，更要遵循科学的原则和方法。

在创业计划书中，必须要对主要管理人员加以阐明，介绍他们所具有的能力，他们在本企业中的职务和责任，他们过去的详细经历及背景。此外，在这部分创业计划书中，还应对公司结构做一简要介绍，包括公司的组织机构图、各部门的功能与责任、各部门的负责人及主要成员、公司的报酬体系、公司的股东名单，包括认股权、比例和特权、公司的董事会成员、各位董事的背景资料等。

资金即指创业的基金来源，应包括个人与他人出资金额比例、银行贷款等，这会影响整个事业的股份与红利分配多寡。另外，整个创业计划的资金总额的分配比例也应该清清楚楚地记载，如果是以创业计划书来申请贷款，应同时说明贷款的具体用途。

可能风险评估项目指的是在创业过程中，创业者可能遭受的挫折，例如，景气变动、竞争对手太强、客源流失等，这些风险对创业者而言，甚至会导致创业失败，因此，可能风险评估是创业计划书中不可缺少的一项。

对市场错误的认识是企业经营失败的最主要原因之一。在创业计划书中，营销策略应包括以下内容：市场机构和营销渠道的选择；营销队伍和管理；促销计划和广告策略；价格决策。

除此之外，创业计划书中还应包括制造计划、阶段目标、财务预估、市场预测等内容。

【延伸阅读】

这里给大家介绍的是一篇茶餐厅的创业计划书，希望能给大家带来帮助。即便因各种情况导致茶餐厅面临结业或转手的情况，接手方的操作余地也非常大，只需简单改变店内布局，便能将茶餐厅更新为茶楼、私房菜馆等。通观整个中小投资市场，几乎没有比茶餐厅更有伸缩性的创业模式。

(一) 市场前景

茶餐厅是一个相对高级的餐饮场所，中餐包括粥、粉、面、饭、点心、小食、炖品、烧烤、卤菜、小炒、火锅等；西餐包括韩国料理、日本料理、法国料理等，适合追求生活品位的年轻人、情侣、商务人士、大学生等。优质多元的菜品搭配，加上会员管理制度和一定的营销、推广活动，这是一个利润空间高、投资回报快的项目，目前已受到许多有意进军餐饮业投资者的高度关注。

(二) 投资标准及回报

(1) 金额预算。投资者可根据资金状况，考虑开社区店、标准店或旗舰店三种级别的茶餐厅，投资总额分别为 8 万元、10 万元和 15 万元。最好用投资总额的 70% 作为实际投资，30% 作为备用资金，以应付开业之后的后续投入以及突发状况。

按 10 万元标准店进行投资，其中店面租金，2 万元（100 平方米左右）；淡雅而不失现代气息的装修，3 万元左右；茶具和其他设备（桌椅、空调、音响），2 万元；各种茶叶、食品、水果，2 万元。

(2) 收益评估。茶餐厅每日营业 14 小时，平均日接待顾客 150 人，每人消费 25 元，日营业额可达 3750 元，按 20% 的纯利润率计算，日盈利 750 元，月盈利 2 万多元。投资者可于半年内收回成本，第一年盈利可达 10 万元以上。

（三）前期准备

（1）开业证件：消防、卫生、环保、工商、税务部门登记、注册。

（2）员工招聘：可以利用网站、餐饮培训学校、报纸广告招人或托人代招。

（3）菜谱设计：茶餐厅的菜谱设计应该根据该店的经营特色进行设计。菜谱里可以附加一张该店的宣传广告和定期的活动广告。

（4）文化理念：包括经营理念、核心价值观、服务精神、工作态度、目标责任等。

（四）选址经验

（1）拒绝商圈旺铺。不是商圈不好，而是投资成本太大，加重前期运转的负荷：东莞市雅典茶餐厅老板邱先生急于求成，在当地黄金地段重金投资了一家茶餐厅，月租金 1.5 万元，后来受到高档茶楼和先后进驻的星巴克、真功夫的冲击，不到半年便结业了。

（2）资金有限的投资者，在选址时主要考虑以下两个方面：

1）公司、写字楼相对集中的地段。此地段消费人群以白领为主，消费能力不亚于商圈附近，而租金却便宜很多。江苏的李小姐在写字楼 2 楼投资 10 万元开了一家茶餐厅，以中式套餐、糕点、冰激凌和咖啡为主营内容，人均消费为 15~20 元，相当于 3 个人吃炒菜平摊的费用。而由于茶餐厅环境优雅、就餐近，与炒菜馆相比，优势不言而喻，因此李小姐的茶餐厅生意颇好，月净利润达 4 万元。

2）住宅区或高校相对集中的地段。如果茶餐厅能在提供舒适环境的前提下，菜品价格控制在普通快餐店的 150% 以内，则能很有力地吸引情侣、不在家开火的白领人群，而这类地段又比写字楼附近的茶餐厅租金低，更大地缩减了前期投入。

（五）装修经验

（1）通常情况下，茶餐厅装修设计须简约、明亮，给人自然、舒适之感。靠马路一侧要装上大型落地玻璃，不仅让顾客看到繁华的街道，也让行人看到典雅大方的餐厅店堂；软装、灯光须配合桌椅的颜色，最好为暖色调。装修费用控制在 200 元/平方米以内。

（2）装修细节。为了提升服务品质，茶餐厅内还须摆放一台电视、一个仿古书架；在洗手池边标明"为了您的健康，请您洗手"的字样；收银台最好设计成酒吧吧台状，台上放纸巾、宣传单、印着茶餐厅地址的打火机、收银柜等，台后则可摆放各种酒、装饰品、悬挂的酒杯，给顾客留下轻松、周到的第一印象。

（3）个性化设计。每个茶餐厅一定要有一处夺人眼球的设计，譬如，在大厅的小舞台上设计一个留言板或贴纸区，方便顾客与茶餐厅、顾客与顾客之间交流；还可根据场地大小，考虑增加吸烟室、儿童娱乐区等。注意：在茶餐厅内，一定要做好通风和防火措施。

（4）装修的重中之重——厨房。广州爱缘茶餐厅老板冯鑫女士：据我所知，有些茶餐厅经营者为节约装修成本，只着重装修大厅和包房，压缩了厨房的装修费用，其实这是个误区。厨房在茶餐厅营业的前期作用不明显，因为客流量小，但到了后期，当店内菜品能够吸引越来越多顾客光顾时，厨房设计不合规格，设备落后，将有可能因上菜速度慢导致客源流失。

爱缘的厨房是由专业设计公司设计：①须检查厨具的出厂年号、产品加工精度、钢板厚度等，以保障安全烹饪；②地面最好安装 100mm×100mm 规格的深色系吸水地砖；③厨房要有"双道双门"，以保障工作人员进出流畅；④厨房与整个茶餐厅的面积比不得低于 1：0.3，并且要隔音、隔热、隔味；⑤另外，除配置空调系统、电源电压等设备外，还须按照一个灶台提供 4~6 人用餐的规格来设置灶台数量。总之，一定要保证厨房运作的安全和环保。

（六）经营方案

（1）菜品搭配。茶餐厅的经营可借鉴快餐店的经营方式，集中餐、西餐、快餐、冷热饮、水果拼盘于一体，以环境好、上餐快、品种丰富、价格便宜为亮点，除提供各种中式菜品和当地特色菜品外，可根据厨师水平，搭配韩式料理、日式料理、西式糕点等，还可配备价格在 12~28 元不等的各种茶饮，满足各类消费者的需求。由于茶餐厅的主要收入来源于商务午餐，最好能免费为顾客提供一杯饮料或一碗汤。

（2）宣传方式。由于目前投资茶餐厅的人越来越多，所以投资者在投资前，一定要有经营的全盘规划，必须考虑到多套宣传方案。

第一，在茶餐厅外设一块长 3 米、宽 2.5 米的活动宣传板，列出每日更新的菜品和特价套餐。

第二，在茶餐厅周边 500~1000 米的报亭做外观包装广告，一个月给报亭老板 100~200 元广告租金，还可在报亭放一叠茶餐厅的宣传单，任凭顾客领取。包装广告上可以印上茶餐厅的店名、理念、指向标和距离等。

第三，写字楼附近的茶餐厅，可大量派发传单，若进店顾客少，可在传单中添加每日菜品，开展订餐服务。注意：有订餐服务的快餐店很多，茶餐厅如打算操作此模式，一是要保证菜品质量及口感在周围同行中屈指可数，二是要想尽办法"降价"，比如取消赠送饮料、水果等，使套餐外卖价格与普通快餐店的套餐价格相当。住宅区或学校附近的茶餐厅，可在各个校园网论坛或小区业主论坛发帖，发布茶餐厅菜品信息和"周末二人特价套餐"、"社区家庭套餐"等活动内容。

第四，如果有舞台，可以联系晚间驻唱歌手，100 元/小时。台湾茶餐厅品牌良木缘的重庆分店就有一位驻唱歌手，艺名六弦，由于其歌艺出众，很多顾客专门捧场。每周他登台那天，茶餐厅当天营业额就会增长 25%。

第五，联系各种收费相对便宜的知识讲座，如化妆品使用讲座、色彩搭配讲座、婚姻知识讲座等。最关键是要让"这家茶餐厅有讲座"的消息外传，吸引更多顾客。同时需要注意，讲座最好能安排在一个单独的房间内，以免干扰到其他消费者。

（3）会员管理制度。茶餐厅实行会员制是一种很有效的累积顾客的方式。会员制不宜采用消费累积到一定金额享受折扣优惠，或免费办卡收取工本费，最好是预付款消费，如一次性充值 200 元，享受九折优惠；充值 500 元，享受 8 折优惠；充值 800 元，享受 7.5 折优惠。如此一来，不仅可以迅速稳定客户，还可以通过顾客预存的消费卡，缓解经营中时常遇到的资金压力。

浙江心相映茶餐厅周先生：我的会员制在同行中算是比较成功的。心相映除了在每位会员生日当天赠送贺卡、鲜花外，还会提前一周通知会员来店里领取生日礼物；心相映还建了一个会员QQ群，在群空间里公布了心相映每周的活动内容，并设置会员心情版、会员交友版、会员投诉版、会员建议版等，以确保第一时间了解会员的建议和意见，提升服务品质。

（4）细节为王。①态度。营业时，服务员应随时保持微笑。②礼仪。包括店主在内，须掌握基本的问候礼节、称呼礼节、仪表礼节和迎送礼节。③强化记忆培训。记住熟客的用餐习惯和常用菜品，使其感觉到至高无上的尊重。

总而言之，只要投资者能把握住各种开店技巧、经营之道以及细节问题，一家有品位、时尚多元的茶餐厅的未来，便有很多种可能，而唯一不可能的是被市场淘汰。

创业的方法途径很多，生活中每天都在上演着一个一个创业的奇迹，只要你有一双善于发现商机的眼睛，创业对于你，也就成功了一半。一份好的创业计划书，更能够让你如虎添翼，早日迈上创业成功的征途。

资料来源：茶餐厅的创业计划［EB/OL］.［2011-10-07］http://www.canyin168.com/glyy/xd/cy-cyjh/201110/34725_2.html.

（二）创业过程

创业是一个过程，这是一个简单而又深刻的原理，只有理解了这一点，才可能以合适的方式开展创业活动。所谓过程，有两方面的意义，首先是要做一些必要的、具体的事情，其次必须经过一段时间，两者缺一不可。从实务的角度看，成功的创业过程可能分为六个阶段：修炼期、等待期、企划期、创建期、企业期和平稳期。理解不同阶段的特点、实质和重点，可以大大降低创业的风险，并为自己的事业打下一个良好的基础。

1. 修炼期

修炼期应该努力为自主创业做各种准备。当创业的企图心提醒自己不会永远替人打工的时候，你就开始进入了创业的准备期。在修炼期中，在别人的公司里，自己应尝试从老板的角度处理业务，这会加速自身的进步。角色模拟与情景演练永远是最有效的学习方法。

人人都可以创业，但是，却不是人人都可以创业成功的。这其间有着许许多

多成功创业的小秘诀，而这些秘诀并非都来自创业成功个案的经验，很多是从失败的例子中去反省、领悟而来的。综合这些经验谈，创业者首先必须做的便是决定要从事哪一种行业，哪一类项目。在你下决定之前，最好先为自己做个小小的测验，了解自己在哪方面较有创意、潜力；哪方面的事业较能吸引自己的注意力并鞭策自己勇往直前等。一旦做好选择，接下来的许多课题便需要创业者一步步地去执行，才能逐渐地迈向成功之路。

2. 等待期

由于现代市场的发展，在等待期的你也不能放松对自己的训练，尤其是专业知识、经验和业务关系，否则，就会落后于时代，增加创业的风险。一个有企图心的未来的老板，应有意识地从各方面训练自己，使自己具备老板的基本素质，从本质实现打工仔到老板的转变。之后就是万事俱备，只欠东风，等待合适时机自主创业，真正成为一个小老板。

在这个阶段，创业者需要持续自我成长与学习。有了完整的创业点子，下一步便是尽量让自己多接触各种信息与资源管道，诸如专业协会及团体等组织机构。这些团体、组织不仅可以帮助你评估自己的创业机会与潜力，还可以尽早实现创业计划就位。其他有效的资源，如创业者的自传、创业丛书、商业杂志等；或是专业的商业组织，如中小企业管理局的计划书顾问群等，也都可以提供许多好材料给创业者去脑力激荡。此外，创业者必须去了解所有与商业法规相关条文规定、执照或许可证申请的细节与表格。切记一点，各县市政府对营利性事业单位的规定可能有所差异，因此别忘了询问在你工作室或办公室所在县市区域内，有哪些是该特别注意的法律规范条文。通常，你可以在各地的中小企业协会或商会取得这些信息。同时，别忘了留意营业执照相关申请规定及办法。

3. 企划期

当你因为多种因素，逐渐形成特定的创业构想，并将创业构想提到议事日程上时，你就进入了创业企划期。科学、务实的创业企划是您创业实践的纸上预演，一方面检验创业构想的真实性、正确性和可操作性，另一方面为你创业拟订各种计划，增加创业实践的操作性，减少创业风险。因此，创业企划对于你开创自己的事业，具有重要的意义。

当然，创业企划是一种相对复杂的企划工作，分为两方面的内容：首先是创业构想的明确化，即明确事业具体是什么；其次是通过什么方式获得竞争优势和盈利，如何创建事业，将创业构想变为现实。通常情况下，在真正创业之前，会涉及很多种不同创业构想的企划工作，直到一项真正适合的机会出现在面前。

4. 创建期

创业企划完成以后，如果确认创业企划是切实可行的，并且下决心走自主创业的人生之路，那么就进入了创建期。创建期的目的只有一个，将企业构想变成现实。创建期对于许多老板来说，都是一个记忆深刻的时期，尤其是初次创业的老板。通常情况下，如果创业企划全面、详细、务实，则创建期可以轻松很多，因为创建期很大程度上是一个建摊子的过程，详尽的计划十分重要。对于创业者，创建期是一个播种希望的阶段。在企业的创建期，店面选址与设备的准备是两个很重要的方面。

在决定了自主创业是选好了项目之后，接下来最重要的恐怕就是选址的问题了。选址对于办公司开店铺到底有多重要？专家的看法是：不论创立任何企业，地点的选择都是决定成败的一大要素，尤其是以门市为主的零售、餐饮等服务业，店面的选择，往往是成败的关键，店铺未开张，就先决定了成功与否的命运。可以说，好的选址等于成功了一半。

尽管在选择经营场地时，各行业的考虑重点不尽相同，但是有两项因素是绝对不可忽略的，即租金给付的能力和租约的条件。经营场地租金是最固定的营运成本之一，即使休息不营业，都照样得支出，尤其在房价狂飙后，租金往往是经营者的一大负担，不能不好好"计较"。有些货品流通迅速、体积小而又不占空间的行业，如精品店、高级时装店、餐厅等，负担得起高房租，可以设于高租金区；而家具店、旧货店等，因为需要较大的空间，最好设置在低租金区。租约有固定价格及百分比两种，前者租金固定不变，后者租金较低，但业主分享总收入的百分比，类似以店面来投资做股东。租期可以订为不同时限，但对于初次创业者来说，最划算的方式是订一年或两年租期，以预备是否有更好的选择。

店面开始装潢之后，接下来就要准备购买店内的各种设备及生财器具，由于开一家店需要准备的东西多而且繁杂，为免遗漏，必须要做一张开店器材设备一览表。从大的设备如冷气、计算机、冷冻柜、冷藏柜、收款机，到音响、保全、刷卡机，乃至笔、名片、店章等小东西，还有第一次的物料进货等，各项大大小小的明细全部列出来，注明每样器具的品名、数量及单价，再将各项设备器具的金额加总起来，就知道需要多少金额。当然，最重要的还是要掌握货品的采购来

源，而且，最好要货比三家，如果要降低开店成本，有的东西或许可以买二手货，设备如果有用租的，就尽量用租的，这才能节省开店初期的投资成本。

当一切都就绪之后，就准备择期正式开幕。开幕当天为招徕顾客，办一些促销活动势不可免。促销活动不外乎打折、赠品及抽奖三大类型，再加以做一些更创新的变化。只是在正式开幕之前，一定要先进行一段试卖期。因为，对初创业的生手而言，往往只是刚刚学会店面的操作技术而已，各项技术都还不够熟练。如果没有经过一段试卖期，在开张的第一天，就大肆宣传促销，人潮固然是吸引过来了，但是由于技术不够熟练，突然面对庞大人潮的阵仗，必然是手忙脚乱。一旦顾客觉得服务不好引起抱怨，想要顾客下次再来光顾，就难上加难了。

5. 创业期

在实务中，创建期与创业期很难明显区分。许多小型企业，往往合二为一，尤其是在现阶段，政府鼓励私营经济的发展，实行"先上车后买票"的政策下。但实质上，创建期和创业期是两个截然不同的阶段。创业期的目的是使创建的事业能够生存下来。如果说创建期是一个以花钱为主的阶段，创业期是为了生存而拼命挣钱的阶段。

选定行业之后，接下来就是经营技术。当然，如果是选择连锁加盟店，有总部的技术移转教育训练，一切就能搞定。但是，如果是自行创业，就必须自己想办法学习。就学习途径而言，当然坊间有很多技艺补习班，各类餐饮、小吃、咖啡、泡沫红茶、插花、调酒等各式各样的技艺传授，还有政府相关部门开办的各类职业训练课程。此外，在开店之前，最好自己本身要有该行业的实战经验。

6. 平稳期

当事业顺利度过创业期之后，人们通常会用"成功"等概念评价自身所有的努力。这个阶段，生意已经进入正轨，规模也逐渐扩大，你必须适当地调整自己的事业，适合企业的发展。你有两种前途选择：一是保持现状赚钱；二是谋求更大的发展，进入二次创业阶段。

创业过程的六个阶段，对创业者真正白手起家具有重大的意义。需要指出的是，由于创业是一个高风险的过程，因此，特定的创业实践可能在任何一个阶段夭折，尤其是在企划阶段。许多创业构想由于不具备切实的实施性，在评估过程中就被淘汰。因此，在创业过程中还需要运用法律的武器，通过政策的帮助，以达到创业者的目标。①

二、法律保障

从社会的角度来讲，法律保障是创业宏观环境的必然组成部分，具有重要的意义。一个国家或者地区的市场开发程度、政府的国际地位、信誉和工作效率、金融市场的有效性、劳动力市场的完善与否、法律制度是否健全，形成了创业的宏观环境。具体来说，宏观环境包括社会文化环境、教育与科技环境、政策环境和法律法规环境。很显然，法律保障是影响创业环境的重要组成部分，对创业产生巨大而深远的影响。在加强依法治国的今天，我们生活在一个巨大的法律环境中，法律规范已涉及我们生活的方方面面，创业领域也不例外。

（一）企业创建的法律形式

具体来说，设立企业从事经营活动，必须到工商行政管理部门办理登记手续，领取营业执照，如果从事特定行业的经营活动，还须事先取得相关主管部门的批准文件。我国企业立法已经不再延续按企业所有制立法的旧模式，而是按企业组织形式分别立法，根据《中华人民共和国民法通则》（以下简称《民法通则》）、《中华人民共和国公司法》（以下简称《公司法》）、《中华人民共和国合伙企业法》（以下简称《合伙企业法》）、《中华人民共和国个人独资企业法》（以下简称《个人独资企业法》）等法律的规定。企业分类是按所有制的标准进行的，在《民法通则》中，将企业分为全民所有制企业、集体所有制企业、外资企业、私有企业和个体工商户。但国际上对企业分类的通行标准是根据企业投资者的出资方式和责任形式的不同而进行的，据此企业可分为个人独资企业、合伙企业和公司企业。②

1. 个人独资企业

2000 年 1 月 1 日起实施的《个人独资企业法》从组织形式上完善了自然人市场准入法规。所谓的个人独资企业，是指依照《个人独资企业法》在中国境内设

①② 创业者必须了解的法律法规 ［EB/OL］．［2011–09–22］http：//info.biz.hc360.com/2011/09/220006178168.shtml.

立，由一个自然人投资，财产为投资人个人所有，投资人以其个人财产对企业债务承担无限责任的经营实体。设立条件包括对作为投资的自然人、合法的企业名称、投资人申报的出资、固定的生产经营场所和必要的生产经营条件、必要的从业人员五方面的规定。设立时，到所在区域的工商行政管理部门进行登记注册，递交设立申请书，设立申请书中载明：企业的名称和住所，投资人的姓名和居所，投资人的出资额和出资方式，经营范围。工商行政管理部门在收到设立申请文件之日起 15 日内，对符合《个人独资企业法》规定条件的企业登记，发给营业执照，营业执照的签发日期就是该企业的成立日期。

2. 合伙企业

《合伙企业法》于 1997 年 8 月 1 日起施行，是指依照《合伙企业法》在中国境内设立的由各合伙人订立合伙协议，共同出资、合伙经营、共享收益、共担风险，并对合伙企业债务承担无限连带责任的营利性组织。申请设立要满足有两个以上合伙人，并且都是依法承担无限责任者，有书面合伙协议，有各合伙人实际缴付的出资，有合伙企业的名称，有经营场所和从事合伙经营的必要条件。设立时，到所在区域的工商行政管理部门提交登记申请书、合伙协议书、合伙人身份证明等文件，工商行政管理部门自收到申请登记文件之日起 30 日内，做出是否登记的决定。对符合规定登记条件的，将被发给营业执照，合伙企业以营业执照的签发日期为其成立日期。

3. 公司企业

我国《公司法》于 1993 年施行，2005 年底修订。公司是指按照法律，以营利为目的，有股东投资而设立的企业法人。分为有限责任公司和股份有限公司。

有限责任公司是指由一定人数的股东共同出资设立，股东以其出资额为限对公司承担责任，公司以其全部资产对公司债务承担责任的企业法人。设立时要满足股东符合法定人数、股东出资达到法定最低资本限额、股东共同制定公司章程、有公司名称、建立符合有限责任公司要求的组织机构、有固定的生产经营场所和必要的生产经营条件等条件。通过订立章程、缴纳出资、验资、申请设立登记后公司成立。

股份有限公司是指依法成立的，其全部资本分成等额股份，通过发行股票筹集公司资本，股东以其所持股份为限对公司承担责任，公司以其全部资产对公司债务承担责任的企业法人。设立股份有限公司注册资本方面要求非常高，最低限额为 500 万元。

4. 个体工商户

个体工商户是指从事个体工商业经营的个体经济形式。它以本人或家庭的生产经营资料进行生产经营活动，成员为劳动者本人或其家庭成员。经营范围包括：工业、手工业，可从事产品生产、加工、矿产开采以及生产设备、生产工具等的修理；商业经营，可从事商品的收购、销售、运输、存储、保管等；交通运输业，可从事公路、水上的货运、装卸、搬运等；建筑业；餐饮业；服务业；修理业；其他。

（二）相关法律知识

设立一个企业还需要了解《公司登记管理条例》等工商管理法规、规章。设立特定行业的企业，还有必要了解有关开发区、高科技园区、软件园区（基地）等方面的法规、规章、有关地方规定，这样有助于选择创业地点，以享受税收等优惠政策。我国实行法定注册资本制，如果不是以货币资金出资，而是以实物、知识产权等无形资产或股权、债权等出资，还需要了解有关出资、资产评估等法规规定。企业创建之后，运作经营、管理员工，还需要了解有关金融劳动等相关法律。

1. 税法

企业设立后，需要税务登记，需要会计人员处理财务，这其中涉及税法和财务制度，创业者需要了解营业税、增值税、所得税等，还需要了解哪些支出可以进成本，开办费、固定资产怎么摊销等。

缴税是每个企业和公民应尽的义务，创业者必须学习和了解这方面的内容。我国税收制度的核心是《税收征收管理法》，是国家向纳税人征税的法律依据和操作程序。《税收征收管理法》规定，纳税人在开业的一定时间内应当向当地税务机关办理税务登记。税种分为国税和地税两部分。国税局核定缴纳的主要是增值税（部分企业还要缴纳消费税等其他税种），地税局核定缴纳的主要为营业税、个人所得税、企业所得税、城建税、教育附加税等，我国对于新创企业还有法定的税收优惠政策。例如，对农村的为农业生产前、产中、产后服务的行业，即乡村的农技推广站、植保站、水管站、林业站、畜牧兽医站、水产站、种子站、劳务所得到的收入以及城镇其他各类事业单位上述技术服务或劳务所取得的收入暂

免征收所得税。对科研单位和大专院校服务于各业的技术成果转让、技术培训、技术咨询、技术服务、技术承包所取得的技术性服务收入暂免征收所得税。对新办独立核算的从事交通运输业、邮电通信业的企业或经营单位，自开业之日起，第一年免征所得税，第二年减半征收所得税。对新办独立核算的从事咨询业、信息业、技术服务业的企业或经营单位，自开业之日起，第一年至第二年免征所得税。新办从事公用事业、商业物资业、对外贸易业、旅游业、仓储业、居民服务业、餐饮业、教育文化事业、卫生事业的企业或经营单位，自开业之日起，报经主管税务机关批准，可免缴企业所得税 1 年。对新办的三产企业经营多业的，按其经营主业（以实际营业额来计算）来确定减免税政策。私营新办的生产型企业缓征所得税 1 年。对于高新技术企业，按规定一般企业所得税减免期满后，高新技术企业仍可延长 3 年减半缴纳企业所得税。

此外，公司运转，各种经济指标都要用数字来体现，而体现的数字都要遵守《会计法》的规定，不能违反该法及配套法规的相关规定。

2. 劳动法与劳动合同法

公司经营离不开人，而公司作为用人单位就要遵守《劳动法》、《劳动合同法》以及相关配套法规的规定，因此创业者需要了解劳动合同、试用期、服务期、竞业禁止、工伤、养老金、住房公积金、医疗保险、失业保险等诸多规定。

劳动法是调整劳动关系以及与劳动关系密切联系的社会关系的法律规范总称，其中规定了关于工作时间和休息休假、工资、劳动安全卫生、女职工和未成年工特殊保护、社会保险和福利等各项内容。

《劳动法》规定，劳动者患职业病或者因工负伤并被确认丧失或者部分丧失劳动能力的、患病或者负伤，在规定的医疗期内的女职工在孕期、产期、哺乳期内的用人单位不得解除劳动合同。用人单位和劳动者必须依法参加社会保险，缴纳社会保险费。国家发展社会保险事业，建立社会保险制度，设立社会保险基金，使劳动者在年老、患病、工伤、失业、生育等情况下获得帮助和补偿。

关于工作时间和休假，《劳动法》规定我国劳动者每日工作时间不超过 8 小时、平均每周工作时间不超过 44 小时。用人单位在元旦、春节、国际劳动节、国庆节、法律法规规定的其他休假节日应当依法安排劳动者休假。因特殊原因需要延长工作时间的，在保障劳动者身体健康的条件下延长工作时间每日不得超过 3 小时，但是每月不得超过 36 小时。

此外，用人单位必须建立健全劳动安全卫生制度，严格执行国家劳动安全卫生规程和标准，对劳动者进行劳动安全卫生教育，防止劳动过程中的事故，减少职业危害。用人单位应当建立职业培训制度，按照国家规定提取和使用职业培训经费，根据本单位实际，有计划地对劳动者进行职业培训。

《劳动合同法》的制定是为了完善劳动合同制度，明确劳动合同双方当事人的权利和义务，保护劳动者的合法权益，构建和发展和谐稳定的劳动关系。

订立劳动合同，应当遵循合法、公平、平等自愿、协商一致、诚实信用的原则。用人单位应当依法建立和完善劳动规章制度，保障劳动者享有劳动权利、履行劳动义务。用人单位招用劳动者时，应当如实告知劳动者工作内容、工作条件、工作地点、职业危害、安全生产状况、劳动报酬，以及劳动者要求了解的其他情况；用人单位有权了解劳动者与劳动合同直接相关的基本情况，劳动者应当如实说明。用人单位招用劳动者，不得扣押劳动者的居民身份证和其他证件，不得要求劳动者提供担保或者以其他名义向劳动者收取财物。

建立劳动关系应当订立劳动合同。劳动合同应当以书面形式订立，并具备以下条款：劳动合同期限、工作内容、劳动保护和劳动条件、劳动报酬、劳动纪律、劳动合同终止的条件、违反劳动合同的责任。劳动合同期限3个月以上不满1年的，试用期不得超过1个月；劳动合同期限1年以上不满3年的，试用期不得超过2个月；3年以上固定期限和无固定期限的劳动合同，试用期不得超过6个月。劳动者在试用期的工资不得低于本单位相同岗位最低档工资或者劳动合同约定工资的80%，并不得低于用人单位所在地的最低工资标准。用人单位自用工之日起超过1个月不满1年未与劳动者订立书面劳动合同的，应当向劳动者每月支付2倍的工资。用人单位违反本法规定不与劳动者订立无固定期限劳动合同的，自应当订立无固定期限劳动合同之日起向劳动者每月支付2倍的工资。

3. 知识产权

创业者还需要处理知识产权问题，既不能侵犯别人的知识产权，又要建立自己的知识产权保护体系，你需要了解著作权、商标、域名、商号、专利、技术秘密等各自的保护方法。知识产权是人们对于自己的智力活动创造的成果和经营管理活动中的标记、信誉依法享有的权利。它包括专利权、商标权、著作权等，是企业的重要资产。

专利是指为了促进科学技术的发展和应用，经国家专利主管机关依照专利法

规定的审批程序审查，被授予专利权的发明创造。《中华人民共和国专利法》于1984年3月12日颁布，于1992年9月4日第一次修订，2000年8月25日第二次修订，2008年12月27日第三次修订。受保护的对象分为发明、实用新型和外观设计。其应具备新颖性、创造性和实用性三个条件。申请人通过向专利局提交请求书、说明书、摘要、权利要求书来申请专利。发明专利的保护期限为20年，实用新型和外观设计是10年。对于创业者来说，可以通过自己发明并申请专利、对他人的专利产品进行改造以及购买来取得专利优势。

商标是商品生产、经营者、服务的提供者为了表明自己的商品或服务与他人相区别而使用的一种专用标记，一般由显著的文字、图形、字母、数字、三维标志和颜色等要素组合构成。《中华人民共和国商标法》于1982年8月23日颁布，自1983年3月1日起实施，于1993年2月22日进行第一次修订，2001年10月27日进行第二次修订，2013年8月30日进行第三次修订，自2014年5月1日起施行。商标的设计、注册、使用、转让和保护是创业者要面对的一个问题。

著作权是指文学、艺术和科学作品的作者或者其他著作权人对其创作的作品依法享有的权利。《中华人民共和国著作权法》于1990年9月7日颁布，自1991年6月1日起施行，2001年10月27日进行了第一次修正，2010年2月26日进行了第二次修正。1991年5月30日，《中华人民共和国著作权法实施条例》颁布实施。

4. 业务相关法

在企业的实际运作过程中，创业者还要了解《合同法》、《担保法》、《票据法》等基本民商事法律以及行业管理的法律法规。

公司成立的目的是盈利，而盈利就离不开交易。《合同法》是规范市场交易的法律，是民事主体进行经济活动所遵循的主要法律。合同涵盖的内容广泛，不仅商品交易需要订立合同，涉及公司的股权交易、知识产权交易、物权变动等事项也均需有合同保障，均受《合同法》的调整。

特许经营法是为拥有注册商标、企业标志、专利、专有技术等经营资源的企业，以合同形式将其拥有的经营资源许可其他经营者使用，被特许人按照合同约定在统一的经营模式下开展经营，并向特许人支付特许经营费用的经营活动而订立的法律。

公司经营的时候，不仅涉及为人担保，也可能涉及找人担保，这就涉及《担保法》的内容。

公司经营所得，涉及土地房产等不动产以及交易有些动产，是需要登记才能取得物权的，这部分物权的取得是要受《物权法》调整的。同时，《土地管理法》、《房地产管理法》也是涉及土地、房产物权方面应当遵循的规范。

在公司成立之后，运营期间，要支付结算、要贷款融资，这个时候，涉及的法律、法规有《贷款通则》、《票据法》、《证券法》等。公司为了分散风险以及交通工具类因国家强制规定，而必须或选择的保险，就又涉及《保险法》的相关规定。这些都是创业者需要了解的一些法律。

创业有利于带动就业，在创业过程中，不可避免地会产生融资、纳税、场地使用、合同签订、劳动保障等一系列问题，运用法律的武器可以为特殊创业群体提供稳定化、制度化的法律保障，以确保其创业行为的顺利实施。

【延伸阅读】

订立商铺租赁合同需注意的法律问题

（1）承租人的主体资格。商铺作为不动产，其出租人必须是商铺的所有权或者使用权人，若是所有权人，应依法取得房地产权证；若是使用权人，应有合法租赁凭证及允许转租的书面证明。另外，房屋有共有人的，还须经过共有人书面同意。

（2）租赁物的用途。租赁商铺必须确认房屋租赁物的用途。租赁商屋用途为商业用房。否则，无法办理营业执照。

（3）租赁期限。根据《合同法》第214条的规定，租赁期限不得超过20年，超过20年的，超过部分无效。

（4）转租。因商铺经营风险较大，故在经营状况不佳时，可能会涉及将商铺转租的问题。出租人是否允许承租人转租，应在租赁合同中予以明确。若承租人未经出租人同意转租的，出租人可以解除合同。

（5）装修补偿。首先，出租人与承租人应在租赁合同中明确出租房屋能否装修；其次，双方应约定，在租赁期结束或因其他原因解除租赁合同后，对装修如何进行处理。在对装修处理方式未作约定的情况下，若出租方违约，致使租赁合同解除，出租方应赔偿承租方装修损失；若承租方违约，但装修对承租方确有用处的，出租方亦应对承租方适当补偿。

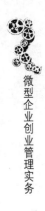

（6）租赁合同登记。在租赁合同成立后，合同当事人应将租赁合同送至房管部门登记备案。未经登记备案的租赁合同亦是有效合同，但不具有对抗第三人的法律效力。

资料来源：创业者须知：租赁合同中的法律常识［EB/OL］.［2009-05-20］http://elab.icxo.com/htmlnews/2009/05/20/1383001.htm.

三、政策支持

保民生，并不是指简单地给弱势群体资金扶持，小微企业在促进就业中具有强大"吸人"能量，小微企业进入的产业主要是劳动力密集型产业，安排了大批自愿从事相对简单劳动的人员就业。目前，我国分布在城乡的小微企业（含个体工商户）吸纳的就业人数超过 2 亿；同时，小微企业多集中在新兴产业领域。很多新兴产业都是小微企业率先大举进入并最终促成规模急剧扩张的。正是由于小微企业在国民经济中的重要作用，我国政府对小微企业在政策方面提供了多方面的支持。

2012 年 4 月 19 日，国务院发布关于进一步支持小型微型企业健康发展的意见，意见指出以下几点：第一，充分认识进一步支持小型微型企业健康发展的重要意义。要科学分析，正确把握，积极研究采取更有针对性的政策措施，帮助小型微型企业提振信心，稳健经营，提高盈利水平和发展后劲，增强企业的可持续发展能力。第二，进一步加大对小型微型企业的财税支持力度。2012 年，将资金总规模由 128.7 亿元扩大至 141.7 亿元。依法设立国家中小企业发展基金，中央财政安排资金 150 亿元，分 5 年到位，2012 年安排 30 亿元。预算部门安排不低于年度政府采购项目预算总额 18% 的份额专门面向小型微型企业采购。自 2012 年 1 月 1 日至 2014 年 12 月 31 日三年内对小型微型企业免征部分管理类、登记类和证照类行政事业性收费。第三，努力缓解小型微型企业融资困难。落实支持小型微型企业发展的各项金融政策。银行业金融机构对小型微型企业贷款的增速不低于全部贷款平均增速，增量高于上年同期水平，对达到要求的小金融机构继续执行较低存款准备金率。在加强监管和防范风险的前提下，适当放宽民间资本、外资、国际组织资金参股设立小金融机构的条件。拓宽融资渠道。搭建方便快捷的融资平台，支持符合条件的小企业上市融资、发行债券。第四，进一步推动小型微型企业创新发展和结构调整。支持小型微型企业技术改造，中央预算内投资扩大安排用于中小企业技术进步和技术改造资金规模。提升小型微型企业创新能力，完善企业研究开发费用所得税前加计扣除政策，支持企业技术创新。实施创办小企业计划，培育和支持 3000 家小企业创业基地，大力开展创业培训和辅导，鼓励创办小企业，努力扩大社会就业。积极发展各类科技孵化器，到 2015 年，在孵企业规模达到 10 万家以上。第五，加强人力资源开发，实施国家中小企业银河培训工程和企业经营管理人才素质提升工程，以小型微型企业为重点，每年培训 50 万名经营管理人员和创业者。对小型微型企业新招用毕业年度高校毕业生，签订 1 年以上劳动合同并按时足额缴纳社会保险费的，给予 1 年的社会保险补贴，政策执行期限截至 2014 年底。第六，加强对小型微型企业的公共服务。到 2015 年，支持建立和完善 4000 个为小型微型企业服务的公共服务平台，重点培育认定 500 个国家中小企业公共服务示范平台，发挥示范带动作用。①

（一）创业扶持

政府对创业期的微型企业有单独的扶持政策。不仅对小型微型企业免征管理类、登记类、证照类行政事业性收费，具体有企业注册登记费、税务发票工本费、海关监管手续费、货物原产地证明书费、农机监理费等 22 项收费。此外，为切实减轻小型微型企业负担，促进小型微型企业健康发展，财政部会同国家发改委印发通知指出，各有关部门要督促本系统内相关收费单位加强对小型微型企业享受收费优惠政策的登记备案管理，确保符合条件的小型微型企业享受收费优惠政策。各省、自治区、直辖市财政、价格主管部门要通过多种新闻媒体，向社会公布对小型微型企业免征的各项行政事业性收费，使小型微型企业充分了解和享受收费优惠政策。同时，要加强监督检查，对不按规定落实免征行政事业性收费政策的部门和单位，要按规定给予处罚，并追究责任人员的行政责任。

为了更好地促进和帮助微型企业的发展和成长，政府颁布了首个政府采购扶持中小企业发展的政策。2011 年 12 月 29 日，财政部、工业和信息化部印发《政府采购促进中小企业发展暂行办法》指出，面向中小企业采购的预算应当占

---

① 国务院关于进一步支持小型微型企业健康发展的意见 ［EB/OL］．［2012-04-26］http：//www.gov.cn/zwgk/2012-04/26/content_2123937.htm.

政府采购项目预算总额的 30%以上。在面向中小企业采购的政府采购项目预算中，预留给小微企业的不能低于 60%。政策要求各级财政和有关部门，加大对中小企业参与政府采购的培训指导及专业化咨询服务力度。同时强调，各部门应在每年第一季度向同级财政部门报告本部门上一年度面向中小企业采购的具体情况，并在财政部指定的政府采购发布媒体公开预留项目执行情况以及本部门其他项目面向中小企业采购的情况。

（二）税收政策

2011 年 10 月 12 日，国务院常务会议研究确定支持小型和微型企业发展的财税政策措施。财税支持小型微型企业发展的政策措施包括：加大对小型微型企业税收扶持力度；支持金融机构加强对小型微型企业的金融服务；扩大中小企业专项资金规模，更多运用间接方式扶持小型微型企业。以下将其归纳为加大财政资金支持力度，落实和完善税收优惠政策两个方面。

1. 财政支出

关于财政支出方面，工信部总工程师朱宏任表示，"国家会向中小企业提供更多的公共服务，也包括设立 150 亿元中小企业基金，具体安排是中央财政每年安排 30 亿元资金，分五年安排 150 亿元的总额度，其他还有一些专项技术扶持资金等。"除了已经明确的基金扶持外，国务院即将出台关于进一步支持小型微型企业健康发展的有关政策文件，主要内容是专项扶持小微企业。自 2004 年设立中小企业发展专项资金以来，专项资金规模逐年扩大，支持的业务范围也逐步扩大，2011 年中央财政安排中小企业发展专项资金达到 128.7 亿元，比 2010 年增长 8.6%。

此外，还有为支持中小企业加快技术改造的政策规定。按照重点产业调整和振兴规划要求，支持中小企业采用新技术、新工艺、新设备、新材料进行技术改造。中央预算内技术改造专项投资中，要安排中小企业技术改造资金，地方政府也要安排中小企业技术改造专项资金。中小企业的固定资产由于技术进步原因需加速折旧的，可按规定缩短折旧年限或者采取加速折旧的方法。

2. 税收优惠

税收优惠上，国家提高小型微型企业增值税和营业税起征点，将小型微利企业减半征收企业所得税政策，延长至 2015 年底并扩大范围，将符合条件的国家中小企业公共技术服务示范平台纳入科技开发用品进口税收优惠政策范围。例如，中小企业投资国家鼓励类项目，除《国内投资项目不予免税的进口商品目录》所列商品外，所需的进口自用设备以及按照合同随设备进口的技术及配套件、备件，免征进口关税。

同时，针对中小企业缴纳城镇土地使用税确有困难这一问题，国家提出中小企业可按有关规定向省级财税部门或省级人民政府提出减免税申请。因有特殊困难不能按期纳税的，可依法申请在 3 个月内延期缴纳。还有按规定缩短折旧年限或者采取加速折旧的方法也是间接的税收扶持政策，可以实现递延所得税的好处缓解一时的资金困难。

2011 年 11 月 16 日，财政部、国家税务总局印发《营业税改征增值税试点方案》试点地区先在交通运输业、部分现代服务业等生产性服务业开展试点，逐步推广至其他行业。试点工作已于 2012 年 1 月 1 日起实施，其基本原则是：统筹设计、分步实施，规范税制、合理负担，全面协调、平稳过渡。其主要税制安排是：税率方面，在现行增值税 17% 标准税率和 13% 低税率基础上，新增 11% 和 6% 两档低税率；计税方式方面，交通运输业、建筑业、邮电通信业、现代服务业、文化体育业、销售不动产和转让无形资产，原则上适用增值税一般计税方法，金融保险业和生活性服务业，原则上适用增值税简易计税方法；计税依据方面，纳税人计税依据原则上为发生应税交易取得的全部收入，对一些存在大量代收转付或代垫资金的行业，其代收代垫金额可予以合理扣除；服务贸易进出口方面，服务贸易进口在国内环节征收增值税，出口实行零税率或免税制度。[1]

(三) 信贷支持

除了财政税收领域，国家各部门还出台了一系列扶持小微企业的金融信贷政策。

2011 年 5 月 25 日，银监会发布《关于支持商业银行进一步改进小企业金融服务的通知》，其中包括对于风险成本计量到位、资本与拨备充足、小企业金融服务良好的商业银行，经监管部门认定，相关监管指标可做差异化考核；根据商

---

[1] 国家税务总局印发《营业税改征增值税试点方案》[EB/OL].［2011-11-17］http://www.gov.cn/gzdt/2011-11/17/content_1996249.htm.

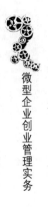

业银行小企业贷款的风险、成本和核销等具体情况，对小企业不良贷款比率实行差异化考核，适当提高小企业不良贷款比率容忍度等。

2011 年 6 月 21 日，银监会、发改委等部门联合下发《关于促进融资性担保行业规范发展的意见》，要求重点提高融资性担保机构为中小企业和"三农"服务的能力；鼓励县域内融资性担保机构加强对中小企业和"三农"的融资担保服务；积极鼓励民间资本和外资依法进入融资性担保行业。

2011 年下半年，温州等地出现的中小企业资金链断裂、企业负责人"跑路"现象，使得中小企业融资难问题受到前所未有的关注。除了在财政、税收等方面加大对中小企业的支持力度外，金融方面的扶持措施也在不断完善。2011 年下半年以来，从国家到地方，一系列支持小型和微型企业健康发展的金融政策措施相继出台。

2011 年 10 月 12 日，国务院召开常务会议，提出包括信贷支持等在内的 9 项措施扶持小微型企业发展，要求加大对小型微型企业的信贷支持、拓宽小型微型企业融资渠道、细化对小型微型企业金融服务的差异化监管政策、在规范管理和防范风险的基础上促进民间借贷健康发展、加大对小型微型企业税收扶持力度、支持金融机构加强对小型微型企业的金融服务、扩大中小企业专项资金规模等。

为了贯彻国务院的政策精神，2011 年 10 月，中国银监会印发《关于支持商业银行进一步改进小企业金融服务的补充通知》，2011 年 10 月 12 日国务院总理温家宝主持召开国务院常务会议，研究确定支持小型微型企业发展的金融、财税政策措施。在金融方面，会议指出要加大对小型微型企业的信贷支持。银行业金融机构对小型微型企业贷款的增速不低于全部贷款平均增速，增量高于上年同期水平，对达到要求的小金融机构继续执行较低存款准备金率。会议强调，商业银行要重点加大对单户授信 500 万元以下小型微型企业的信贷支持。加强贷款监管和最终用户监测，确保用于小型微型企业正常的生产经营。同时，要细化对小型微型企业金融服务的差异化监管政策。对小型微型企业贷款余额和客户数量超过一定比例的商业银行放宽机构准入限制，允许其批量筹建同城支行和专营机构网点。对商业银行发行金融债所对应的单户 500 万元以下的小型微型企业贷款，在计算存贷比时可不纳入考核范围。允许商业银行将单户授信 500 万元以下的小型微型企业贷款视同零售贷款计算风险权重，降低资本占用，适当提高对小型微型企业贷款不良率的容忍度。

2012年1月，全国金融工作会议上提出，要着力解决小型微型企业融资困难。改进小型微型企业金融服务，需要推动不同类型、不同规模的金融机构改革创新和规范发展。鼓励各类金融机构在遵循市场原则的前提下，积极开展适合小型微型企业需求的金融产品和信贷模式创新。完善财税、担保、保险等政策支持体系和差异化监管措施，调动金融机构服务小型微型企业的积极性。加强适合小型微型企业融资的资本市场建设，加大中小企业板、创业板对小型微型企业的支持力度，鼓励创业投资机构和股权投资机构投资小型微型企业，发展小企业集合债券等融资工具，拓宽融资渠道。

2012年8月，国务院办公厅关于印发进一步支持小型微型企业健康发展重点工作部门分工方案的通知，通知指出有关部门要认真贯彻落实《国务院关于进一步支持小型微型企业健康发展的意见》精神，按照《分工方案》要求，对涉及本部门的工作进一步分解细化，制定具体措施，明确进度安排，认真抓好落实。对工作分工中涉及多个部门的工作，部门间要密切协作，牵头部门要负总责，加强协调，其他有关部门要积极配合，形成工作合力。

同时，地方政府也积极行动，推出一系列支持中小企业融资的政策措施。其中，广东出台《2012年扶持中小微企业发展的若干政策措施》，提出推进小额贷款保证保险试点工作等，并将保险、集合票据、上市融资等手段整合进来，拓宽中小微企业的融资渠道；福建银监局下发《关于进一步改进小型微型企业金融服务工作的通知》，要求福建各家银行加大对小型微型企业信贷支持力度，单列小微企业信贷计划；陕西省积极拓宽融资渠道，通过实施产权质押贷款、发行集合票据等措施，及时帮助企业解决资金难题。

解决中小企业融资难是一个系统工程，需要多方面共同努力。对此，中国人民银行有关负责人表示，中小企业自身要积极适应市场的形势变化，修炼内功，加强技术改造和技术创新，规范经营，为金融机构提供融资支持和扩大直接融资铺垫更好的切入点；金融部门和政府相关部门要密切合作，在工作持续推进、政策落实、完善激励约束机制、金融创新等方面下功夫。中国银监会有关负责人强调，改进小企业金融服务是一项长期而艰巨的任务，小企业需要提高自身融资能力，进行产业结构升级和转型；监管部门要进一步明确金融支持范围、改善融资环境等。中国银监会将以质量、效益和可持续发展作为总的指导原则，继续引导银行业金融机构转变经营发展理念，推动小企业金融服务专业化的机制建设。

【延伸阅读】

小微企业创业扶持对象为国家政策聚集帮扶的"九类人群"

一是大中专毕业生，指毕业未就业的全日制中专、高职、大专、本科、研究生等学历层次的毕业生，以及取得职业技能等级证书和职业教育毕业证书的职教生（含本市集体户口）。

二是下岗失业人员，指持有"下岗证"或"职工失业证"的本市国有企业下岗失业人员、国有企业关闭破产需要安置的人员、城镇集体企业下岗失业人员三类人员；持有"城镇失业人员失业证"和"最低生活保障证明"的已享受城镇居民最低生活保障且失业的本市城镇其他登记失业人员。

三是返乡农民工，指在国家规定的劳动年龄内，在户籍所在地之外从事务工经商1年以上，并持有相关外出务工经商证明的本市农村户籍人员。

四是"农转非"人员，指因农村集体土地被政府依法征收（用）进行了城镇居民身份登记的本市居民，征地时已作就业安置、户籍关系已迁出本市的人员除外。

五是三峡库区移民，指在本市行政区划内安置的长江三峡工程重庆库区水淹移民和占地移民。

六是残疾人，指持有《中华人民共和国残疾人证》和《中华人民共和国残疾军人证》，并具备创业能力的本市居民。

七是城乡退役士兵，指在本市行政区划内，所有城镇户籍和农村户籍的退役士官和义务兵，符合退役士兵安置条件，已安置工作的除外。

八是文化创意人员，指从事文化艺术、动漫游戏、教育培训、咨询策划及产品、广告、时装设计等的本市居民。

九是信息技术人员，指从事互联网服务、软件开发、信息技术服务外包服务的本市居民。

资料来源："九类人群"可以申请微型企业创业扶持［EB/OL］.［2011-08-15］http：//finance.qq.com/a/20120208/000442.htm.

第二章
大学生创业　扬理想风帆

　　"中国不缺科学家，中国真正缺的是创业者，为此，我们先走一步。"满怀着这样的豪情壮志，中国大学生踏上了自己的创业征程，创造了无数个创业神话。自1999年以来，从伴随互联网热潮平地而起的"大学生创业"，到目前政府因就业形势严峻而发起的鼓励"大学生创业"政策，大学生都用自己火焰般的热情揭开了历史的新篇章，用汗水和泪水留下了独有的印记。如果说火焰象征着热情、激情和希望，那么海水就象征着广袤、深邃和冷酷。心怀创业梦想的弄潮儿们，或在火焰般热情的支撑下乘风破浪，抑或被淹没在浩瀚的大海中。经过大浪淘沙洗礼的他们——康盛世纪CEO戴志康（26岁）、PCPOP公司CEO李想（26岁）、My See公司CEO邓迪（26岁）、技术主管张鹤翔（24岁）、163888翻唱网CEO郑立（25岁）、Ma Joy总裁茅侃侃（24岁）、非常在线首席执行官赵宁（24岁）、"创智赢家"畅网科技首席技术官陈曦（25岁）等。年轻的他们所取得的成功的确让我们的心不再甘于平静，而那些消逝在无情大海中的失败者也让我们看到了创业之路的艰辛。我们可以暂时接受失败，但我们的创业精神必须活着。陆游云："山重水复疑无路，柳暗花明又一村。"毫无疑问，创业浪潮里弄潮儿们的成功事迹，可以带给当今创业者"柳暗花明"的希望。

第一节
创业路上　风雨相随

一、激发创业激情　崇尚理性创业

近年来，由于大学生就业压力的增大，以及资本市场上演绎的一个个创业神话，催生了一个用激情与理想博弈现实的群体——大学生创业群体。大学生自主创业就是大学生通过个人及组织的努力，利用所学到的知识、技术和所具备的各种能力，以自筹资金、技术入股、寻求合作等方式，在有限的环境中，努力创新、寻求机会，不断成长从而创造价值的过程。

20世纪90年代末，全球性的学生创业热潮开始波及中国，成千上万的高校生投身其中。例如，1999年7月，华中科技大学新闻学院在校生李玲玲在获得武汉世博公司风险投资10万元后，注册创办了武汉天行健科技有限责任公司，她成为当时全国在校大学生中获得风险投资的第一人。大学生创业从此成为校园最时髦的词汇，学生创办的公司风起云涌。可以说，1998~2000年上半年，是大学生创业的狂热时期。这个时期，学生的创业心理呈现出明显的浮躁特征：把创业简单化，学生普遍意识不到创业资金的筹集困难和创业风险的压力，反而对创业的期望值很高，认为公司一旦开张就会马到成功；追逐互联网泡沫，在大大小小各方举办的创业计划大赛上，参赛作品的大多是网站创业计划；对自身创业素质认识不足，学生普遍不习惯对产品或项目做市场调查，而仅仅进行理想化的推断。

以2000年4月美国纳斯达克指数大幅下滑为标志，中国大学生创业也滑入低谷。但他们历经挫折、失败、苦闷之后，并没有轻易放弃，而是进行积极的自我调整，自此大学生的创业心理渐趋成熟，创业期也进入到平稳健康的理性发展时期，主要表现在以下几个方面：

（一）创业激情依旧激荡

这种激情已经不是当初那种缺乏理智的激情，而是经过冷静观察与思考后迸发出来的激情，是成熟的激情。以"挑战孕育梦想，创业铸就辉煌"为口号的第七届"挑战杯"一汽一大众中国大学生创业计划竞赛决赛在吉林大学拉开帷幕，共有来自内地 115 所高校的 165 支团队、港澳台地区 8 所高校的 17 支团队 2200余位代表参加。在绍兴文理学院南山校区"创业创新走进高等院校"项目推介会的举行过程中，不少大学生对推介会提供的创业项目很感兴趣，有的学生甚至说道："即使第一次创业失败，也会进行第二次创业。"由此可见，在全球金融危机影响下，即使我国的经济表现得并不景气，但是在创业者眼中，他们创业激情并没有因为经历严冬而消退，他们认为低谷孕育机遇，只有抓住了机遇才会迎来创业的成功。

（二）创业理性逐渐增强

在大学生人群中，65%的人考虑 30 岁以后创业；21%的人认为大学毕业后至少要工作 1~2 年再创业；9%的人认为创业风险太大，要慎重；还有 4%的人暂时没想法，剩下 1%的人表示无论如何都不考虑创业。这表明，多数大学生有创业的准备，而且对创业的时机、风险的认识比较清楚。[①]

已经走上创业之路的大学生也在经历着从稚嫩到成熟理性的蜕变。越来越多的创业者开始像真正的企业家那样，认真考虑公司发展过程中遇到的各种问题。他们积极参加有关部门组织的各类沙龙活动和专业培训，目的不是匆匆"点个卯"，而是抓住一切和专家、同行者进行交流的机会。例如，从事 IT 设备租赁的上海大学硕士毕业生杨中利，通过沙龙认识的法律专家成功地帮助其公司规避了知识产权风险，还学会了收款时可以合理运用的小技巧。以前他对公司团队的建设不大在意，却发现沙龙上所有的资深风险投资人都不看好一个人的创业团队，于是马上改变了原有想法，重新进行调整。同时，有不少创业者和他一样，连续参加三四次，已经成为各类沙龙、培训的常客。

创业者的"理性"，源自社会大环境的"理性"。支持大学生创业不等于简单

---

① 陈林冲. 论高职院校学生创业的问题及对策 [J]. 成才之路，2011（25）.

地给予大学生一笔资助金，还包括如何帮助创业企业走远、走好等全社会关注的问题。

（三）创业预期明显降低

过去大学生执着于高科技产业，在创业时不屑于从事服务业或技术含量较低的行业。与其相比，当代大学生创业心态更加平和，创业领域更加宽广，对于他们而言，创业应先赚第一分钱，而不是急于挖第一桶金。大学生"初生牛犊不怕虎"，年轻、朝气蓬勃以及对未来充满希望都是他们的优势，但是"好高骛远"、"眼高手低"往往容易成为初入社会的年轻创业者的"绊脚石"。生存是任何企业首先要面对的考验，对于大学生创业者来说，"生存才是硬道理，生存了就是成功的一半"。

（四）创业困难比较清楚

根据"大学生创业，你认为最可能遇到的困难是什么"这一问题的调查，42.37%的参与者认为是"经验不足，缺乏社会关系"；28.07%的参与者认为是"资金不足"；17.70%的参与者认为是"没有好的创业方向"；剩余10.36%的参与者认为"面对风险心理承受能力不足"……① 2011年，《都市时报》进行的昆明大学生创业调查发现，在校生或刚出校门的大学生中，他们认为启动资金的来源、实际操作的经验或者是行业的选择都是令其苦恼不已的问题。可见，大学生大部分都能认识到创业路上存在的问题，从而创业的盲目性大大减少，已经开始意识到创业需要资金、环境、时间的保证，而不仅仅是凭热情。

二、直面创业现状　破解创业难题

大学生的创业心理在逐渐理性化，并且国家也在不断推出针对大学生创业的各种优惠政策，鼓励和支持大学生自主创业。各地政府部门也都推出了针对大学生的创业园区、创业教育培训中心等，以此鼓励大学生自主创业。如2005年8

---

① 大学生创业的困难与优势 ［EB/OL］．［2011－12－19］http：//www.chinadxscy.com/news/html/20111219163433.html.

月，国家劳动和社会保障部发文，要求各地劳动与社会保障部门为到基层创业的高校毕业生提供创业咨询、创业培训、开业指导等"一条龙"服务，并配合有关部门对从事个体经营的高校毕业生实施免征登记类、管理类和证照类等各项行政事业性收费的政策，同时积极促成小额贷款担保或贴息补贴政策的落实。2005年，上海成立科技创业基金，是全国首个由政府投入支持大学生创业的基金，被大学生们称为"天使基金"，每年由市财政拨款1亿元，主要用于资助高校毕业生以科研成果或专利发明创办的企业，兼顾创意类和科技类咨询企业，最高可获30万元资助。截至2007年，其受理点共受理项目700余项，已有224项正式完成工商注册，学生受助总额近3000万元。基金会的存在，不仅为解决学生就业，更是鼓励学生主动性、创造性创业，致力于培养建设创新型国家的生力军。但是，大学生创业是一个复杂的系统过程，需要创业者的知识、阅历、经验以及信息处理、商机把握、判断决策等能力的培养、创业环境的营造等。创业过程既可能有成功的喜悦，也蕴含着巨大的风险，大学生创业的现状仍然不容乐观。

（一）参与者少，旁观者多

自清华大学举办首届创业计划大赛以来，自主创业就成为社会各界关注的焦点之一，大学生创业在全国迅速蔓延开来。截至2012年，"挑战杯"中国大学生创业计划竞赛已成功地举办了八届，创业大赛开展得如火如荼，大学生创业的劲头也随之高涨。近年来，中央和地方的政府机关、税务部门以及各个高校都对大学生自主创业给予了许多优惠条件，但是，真正加入自主创业行列的人却逐年减少。据我国大学生自主创业现状了解到，想创业的人达到80%，而真正创业的只有0.01%。我国大学生创业还仅仅处于起步阶段，自主创业的实际人数不多，占大学生总数的比例不大。目前，清华大学自主创业的学生约500人，只占清华学生总数的2%左右；而在美国，像斯坦福等知名大学，大学生创业的比例可以达到10%。我国大学生仍然把政府部门、大型国有企业、事业单位和外资企业作为择业的首选目标，自主创业步伐缓慢。[1]

---

① 中国大学生自主创业现状 [EB/OL]. [2011-01-07] http://www.3158.cn/news/20110107/16/86-50874733_1.shtml.

(二) 多从事技术含量低的传统行业，成功率低

大学生在学校参加的自主创业计划大赛中，大多数项目都是关于高新技术的，在实际中应用得比较少。一旦学生毕业、离开学校后，要凭借个人之力创办企业，往往显得势单力薄。所以，大多数毕业生在创业时选择了启动资金少，容易开业，且风险相对较小、较容易操作的传统行业，如餐厅、零售等适合自己的小市场行业。这样不但可以节约成本，而且可以积累经验。

我国对于大学生创业寄予厚望，同时政府也出台了优惠政策，鼓励并引导大学生自主创业。但是目前选择自主创业的大学生并不多，他们大多数局限于传统行业，并且成功率也不高。零点研究咨询集团董事长袁岳口更是谈道："大学生创业成功率只有 0.01‰。"

(三) 创业过程风险重重

由于很多大学生存在缺少对市场的真正了解、缺乏对市场的准确分析、项目实施前制定的方案脱离市场等问题，往往自认为制定完美的方案却无法得到实施。市场环境是瞬息万变的，仅凭借创业的激情盲目实施创业计划，一旦市场环境发生突然变化就会使创业者措手不及，最终就可能迫使创业者放弃继续经营而使创业计划中途流产；同时有些大学生创业失败后使自己及家庭背上沉重的经济负担；还有一些创业者创业失败后可能产生一定的心理负担，并且可能会影响到以后的生活与工作。大学生自主创业以失败告终的案例中，其中不少是由于经验不足被骗而造成的。

通王科技总裁王通认为："大学生创业失败或被骗是很正常的事情，他们缺少社会经验，毕竟创业风险很大，创业者必须具备一定的社会经验，尤其要有风险意识。"他建议，大学应该开设一些实践性很强的创业教育课程。

(四) 创业制度环境还不完善

由于整个社会处于转型期，使创业者肩上的负荷更重，创业所需要的各种服务都还不完善，融资和金融环境都处在调整阶段。虽然国家出台了一系列鼓励大学生创业的优惠政策。但是，严格死板的登记制度、烦琐低效的审批程序，往往让创业者望而生畏。具体表现在如下几个方面：创办一个企业往往要盖十几个其至几十个公章，每个部门都得照顾到；从注册一家公司到开业平均所需审批时间，加拿大要 2 天，而我国则要 111 天；在注册审批费用上我国达到了人均年薪的 11%，而在美、英等国则不到其人均薪金的 1%；在创业者耗费了大量金钱和精力开张后，随即而来的就是所得税、增值税、营业税和各种附加税等，而且税负外还有工商管理费、市场管理费、质量检验费等接踵而至。由此可见，我国无论在审批时间、审批费用还是税收上仍然可以优化创业制度环境。只要"竭泽而渔"式的税费减轻，打开政策"瓶颈"，改善制度环境，就可以形成一个适合大学生创业的宽松环境。

三、规避创业误区　少走创业弯路

我们往往只看到成功者赢得的鲜花与掌声，而忽略了鲜花与掌声的背后充满着荆棘与陷阱。创业的失败，总是有许多原因的，而不少创业者的失败却在开始就已经注定，因为他们过早地陷入了创业的陷阱，只能在失败的泥潭中越陷越深，以致万劫不复。所以在创业的初期阶段，创业者了解创业误区对于规避创业陷阱、取得创业成功具有相当重要的作用。大学生作为一个特殊的创业群体，社会经验较少，创业能力不高，在创业的过程中更应该注意避开可能存在的创业陷阱。目前大学生创业主要存在以下误区：

（一）只见冰山一角

创业是一个系统工程，它要求创业者在企业定位、战略策划、产权关系、市场营销、生产组织、团队组建、财务体系等一系列领域有一定的知识积累。大学生有了好的项目或想法，只是代表"创业的长征路"刚跨出了一步。然而在许多大学生创业者中，不少人认为凭一个好的想法与创意就能创业成功，但他们在创业准备时对可能遇到的问题准备不充分或根本就没有思考对策以设计好退出机制，对来自各方面的负面因素浑然不知，导致一开始便遇到各种各样的难题，使创业者还没有走出多远，即以失败告终。因此，创业者虽不是全才，但要着眼于全才。

（二）不明工作核心

按现代企业制度组建的公司是一个以营利为目的的组织。这是公司的定义，但可能很多人不以为然，以为现代公司是以客户为中心、是以社会价值为中心、是以产品质量为中心等，这都是错误或有偏见的观念，因为一个企业如果能盈利，也就表明了它存在的价值（除了非守法的公司外）。所以说，创业者的工作核心就是盈利，也就是增加收入，减少支出，这是创业者工作中的最高原则，是一个创业型企业生存与发展的基础。但在很多大学生创建的企业里，明显存在着因在公司核心原则上认识不足或不深刻，而导致的创业工作效率不高。有的创业者很辛苦地工作，也的确很执著，但因为他的工作与公司盈利有偏差而导致公司陷入困境。可以说，在合法的经营范围内，"能否赚到钱"是衡量创业者工作的最重要的标准。

（三）缺乏团队组建与协作精神

团队精神——这四个字也许是最平常最易懂的管理概念了，但由于大学生这一特殊创业群体，平均年龄在 25 岁以下，他们的社会与人生经验都不足，并处于热血沸腾的感性阶段，个性化、自信力等都较强，所以在团队组建、团队分工、团队规则制度等诸多体现"人与人合作"的工作中，大学生创业者往往会出现"一人是龙、二人是虫"的情形。综观当前时代的发展趋势，社会分工越来越细，越来越专业化，任何创业者想依靠单打独斗而胜利的可能性已降得很低。在实际工作中，大学生之间常常会出现以己为主、刚愎自用等不利于合作创业的情形。

（四）经受不住失败的压力

有些大学生创业初衷就可能存在不理智的成分，低估了创业的风险度，其中部分大学生其实并不具备创业的条件，抵抗风险能力差，遇到困难就容易产生负面心理。如一次营销决策失误、一次小型财务危机抑是一次上门推销失败，都有可能成为大学生创业路途中的"绊脚石"，都会在一定程度上打击没有持久力的大学生创业者，让他们在心理上元气大伤。大学生在创业过程中遇到的问题与麻烦，这是十分正常的现象，如果遇到困难就退缩，雄心壮志就磨灭，那就很难想象创业会有成功。马云经常对青年创业者这样忠告："今天很残酷，明天更残酷，后天很美好，但是绝大多数人都死在明天晚上而看不到后天的太阳。"

第二节

知识就是力量　行动决定成败

大学生创业有优势，也有局限性。大学生思维活跃、充满活力、喜欢接受新鲜事物，学校的学习使大学生具备了一定的专业知识，但由于没有进入社会，商业意识淡薄、社会经验不足、资金短缺、市场行情了解有限。因此，大学生在创业领域的选择上应扬长避短，寻找适合自己发展的道路，可以从小事做起，从自己熟悉的和擅长的领域做起。

一、跟随科技发展步伐　创造科技成果

年仅 33 岁的邱虹云，已经做过两个公司的老板了。1999 年，邱虹云创办了被誉为中国第一家高科技学生创业公司的"视美乐"，2000 年，澳柯玛投资 3000 万元建成"视美乐"的生产线。2008 年，邱虹云创建了北京星敏科信息技术有限公司，从事高性能制冷 CCD 相机的设计和制造，目前产品已批量生产并出口欧美，覆盖了天文、生物医学以及实验室应用等多个领域。最初，邱虹云并没有创业的想法，大二寒假里，邱虹云自己动手做了一个投影机，通过光学方法利用液晶屏实现了 100 英寸的大屏幕，画面效果非常震撼，带着这个作品他参加了"挑战杯"。在"挑战杯"大赛上，邱虹云结识了后来的合作伙伴、清华大学自动化系学生王科。王科在看到邱虹云的作品后非常兴奋，提出希望能够一起组队参加创业大赛。当时，他只想着申请一个专利，到合适的时候能够卖掉。可是伙伴们觉得与其卖掉还不如自己亲手做，这样更有成就感，而且在国内，这方面的市场很广阔，有很多需求。就这样，赛后，邱虹云、王科和清华经管学院的 MBA 学员徐中三人注册了"视美乐"公司，它被誉为中国第一家高科技学生创业公司，并且拿到了国内首笔本土化风险投资——上海第一百货的 250 万元。

资料来源：邱虹云：十年磨一剑，躬行始大成［EB/OL］.［2010-05-06］http: //news.tsinghua.edu.cn/publish/news/4213/2011/20110225232446531983383/20110225232446531983383_.html.

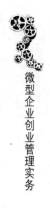

科技的力量对于大学生创业是非常重要的，大学生在创业过程中可以依靠自身及其团队研发科技成果、为他人提供科技服务、将自己或者他人的科技成果转化为产品应用等方式来实现自己的创业梦想。

第一，科技成果。大学是科研成果和科技人才聚集的地方，曾经出过不少科技创业的成功人才。作为大学生，如果自己在某一领域有自己的科技成果，则可以利用自己的成果走科技创业的道路。创业最重要的是有自己的一项核心技术，通过技术切入某个专业领域。技术转化为产品是一种不断改进的过程，不要想着自己的产品刚刚被推出就会有竞争优势。刚开始没有经验，会碰到很多问题，做出来的东西，刚开始觉得非常完美，但其实有很多问题，需要不断改进，不断提高，积累经验。这里要注意的是，一方面，在进行科技创业时，要充分利用学校的资源，包括科技成果、技术、设备，老师、同学等；另一方面，科技成果必须走商品化的道路，只有被市场认可的产品才能获得成功。

第二，科技服务。大学生根据自己兴趣爱好结合专业可以做出一些科研成果，但这些科研成果往往难以转化成商品，更无法将它们直接用于创业。而我们的一些企业，特别是一些大中型企业会有许多科技难题，大学生可以通过老师、学校加强与企业联系，将企业难题作为科研课题，为企业提供科技服务。如果某项科技服务成果，能成为大企业一个长期的配套产品或服务，这就将为创业者奠定了一个稳定发展的基础。

第三，科技成果应用。大学的许多科技成果是与我们的生活息息相关的，但由于缺少应用方面的开发，许多都被束之高阁。大学生可以利用自身的知识及学校资源，进行科技成果的应用开发。例如，5 名复旦大学在校生就通过承接世博会的展会项目，使自己的科研项目真正进入市场应用，并且风险投资商为他们成立 1 年多的公司投入了 150 万元的风险投资。

二、打造智力服务品牌　提升创业品质

"红冠鸟大学生创业训练俱乐部"的主创者岳五洲，是一名大三的学生，他在假期打工时体会到经验的缺乏和找工作的不易。他发现，大学生就业难、创业难，难就难在大学生缺乏和社会接轨的素质和经验。解决问题的办法就是大学期间在学好专业知识的同时提高自身素质，进行创业就业训练。岳五洲的想法一提

出，立刻得到了其他同学的响应，很快以"红冠鸟"冠名的大学生创业训练俱乐部宣告成立，18名来自不同学校、有着共同理想的大学生走到了一起。目前，他们已经成功开发出一套结合当代企业最新培训方法——问式咨询，集胆识、口才、礼仪、沟通、面试训练为一体，以"设计挫折、追求丢脸、制造经历、训练生存"为核心，侧重场景、亲历、习惯的"SSTS"训练系统，为大学生社会生存教育提供了一个很好的模式。在俱乐部培训的大学生已有300多名，他们在不同程度上都有了提高。

资料来源：大学生创业从校内开始［EB/OL］. ［2008-12-16］http：//www.china-woman.com/rp/rp/snews/main？fid=open&fun=show_news&from=view&nid=39324.

服务业随社会经济的发展，在我们的生活中已占有越来越重要的地位。现代服务业作为国家未来重点发展的对象，拥有巨大的发展潜力，对大学生来说也充满着机遇。现代服务业不单单是一种消费服务，还是一种智力型的生产服务，更加精细的服务，更加人性化的服务可以带来更多的利润和价值回报。智力是大学生创业的资本，大学生创业时应该向岳五洲学习发扬自己的知识优势，选择一些需要应用知识和专业领域的智力服务。

智力服务，就是通过全新的经营理念与产业化运作机制，形成智力服务提供商、智力服务需求方和系统维护以及业务销售人员三方共赢的合作模式。按照服务形式划分，比较典型的智力服务包括信息服务、中介服务、咨询服务、策划服务、调查服务、评估服务、认证服务、设计服务、鉴定服务、律师服务、会计服务、翻译服务、报关服务、文学服务、艺术服务、导游服务、婚庆服务等。从事这些服务基本不用固定资产和流动资金的投入，几乎完全依靠智力。除了这些比较典型的智力服务之外，还有一些不够典型的智力服务，如电视服务、会展服务、医疗服务、摄影服务、照相服务等。进入智力服务领域需要在创业过程中不断对业务进行创新和拓展。创业和就业过程中，短期内的经济效益当然十分重要，但智力服务行业归根结底还是一个品牌经营，这个品牌经营是通过优质服务和诚信态度实现的。

三、把握电子商务机遇　拓宽创业渠道

"大学 C2C 商城"（http：//www.cc2c.net）是由沈阳理工大学大三学生郝明之于 2006 年 5 月创建的基于 C2C 的电子商务网站，据其公开资料，截至 2008 年 8 月，全国连锁加盟 800 多所大学分站，50 余万大学生注册用户及 5 万入驻商家店铺，网站日浏览量 20 余万，仅仅发布代理信息的 VIP 资格的销售收入这一项就达到了 16 万，在中国大学生商务网站中排名第一。

其网上服务平台包括三大块：一是针对大学生之间的买卖交易的"学生店铺"，可以为大学生免费开设属于自己的校园店铺，这是其网站的核心功能；二是大学生校园生活服务，即"校园商家店铺"，它集校园内、周边所有实体商家店铺于一体，形成订餐、订房等服务专区，解决学生实际生活需求；三是大学生校园网上购物，即"总站（全国）商家店铺"，在这里淘宝和拍拍等很多高信用度网上职业卖家入驻"大学 C2C 商城"平台，面向大学生群体销售商品和服务。

资料来源：汪景粱，张连峰，张丽. 基于信息生态理论的大学生电子商务创业实证研究［J］. 情报科学，2012（2）.

电子商务是国家"十二五"规划的战略性新兴产业。2012 年 3 月 5 日，国务院总理温家宝在《政府工作报告》中再次提出，积极发展网络购物等新型消费业态，进一步肯定了电子商务在国民经济发展中的地位。在全国政协十一届五次会议举行的记者会上，商务部部长陈德铭就"扩消费、促流通以及发展对外经贸"问题发表了看法。他提出，"电子商务对于一些小微企业，特别是刚刚毕业的大学生，是一种商业模式的创新，在中国现今的条件下，电子商务网络有着极大的发展前景。"2011 年，我国电子商务交易规模接近 6 万亿元，占我国 GDP 的 13%。其中，零售的电子购物就有 8000 亿元，这是非常具有潜力的。[①]

陈德铭认为，电子商务成本低，为大学生创业提供了很好的平台。他举例说，如果在大城市的中心地带进行网络购物平台的建设，对一个年轻人而言，是不可能想象的事情。"网络购物在中国未来会有极大的发展。"当然，网络购物这

---

① 陈德铭. 电子商务为大学生创业提供了很好的舞台 ［N］. 中国青年报，2012（3）.

种虚拟的形式，也要求有更高的商业诚信，这是需要去加强建设的，我们也在探讨这方面的立法。当前，我国网络购物用户规模达到 1.94 亿人，第三方网上支付行业持续保持强劲增长，国民经济和社会生活的信息化程度越来越高。

电子商务虽然有着巨大的市场潜力，但也与所有传统行业一样有着巨大的风险和竞争，要进入电子商务领域必须要经过深思熟虑，并且要有后续支撑。大学生在利用电子商务进行创业的过程中，需要预防出现以下三种情况：

（一）资金链紧张

创业初期，尤其是小型企业创业初期，资金是最大的问题。一方面，投资额有限；另一方面，因为是初创企业，下家欠款的可能性也不大。如果涉及外贸，一是上家付款周期可能比较长，二是新办企业的退税返回时间也特别长，因此资金周转的整个周期就很长。生意越好，单子越大，资金的压力也就越大。

应对方法：一是多方融资，不管是借还是贷，在生意好的前提下都可以适当地尝试，当然还款的压力也比较大；二是尽量提高周转率，比如要求上家带款提货，以便打"付款时间差"，或者和下家商议延长付款周期等，虽然有难度，当然也不是绝对不可能的；三是比较无奈地用时间换成长，就是说在资金实力不强的时候，不要接太多、太大的单以减缓资金压力。虽然生意多、生意大是好事，但是相应的风险也很大，一旦操作不当，资金链断裂，企业刚起步就夭折了，形象地说，就好比婴儿被饭活活噎死。

（二）行业状况不熟，市场打不开

很多大学生在创业时都会有这样的情况，看到某行业的兴盛，于是就没有进行精心准备甚至可以说是盲目地进入这个行业，这才发现手头没有客户资源，开发市场也很难。

应对方法：一是多方宣传自己的企业和产品，利用各种平台，如网络、展会等；二是招聘有经验及有客源的业务员开展业务；三是主动出击，上门跑客户等。

（三）企业信誉度不高，导致下家资源缺乏

很多新办企业可能开发市场比较成功，但是在下家资源上却出了问题。比如贸易公司有时候接了单子却放不下去，因为新企业本身也不熟悉太多的供货商，

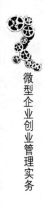

即使找到了一家，由于自身信誉度还不高，所以在谈判等各方面都比较被动，包括产品质量控制和工期上也很没有话语权，甚至经常会遇到"店大欺客"的情况，被下家牵着鼻子走。

四、开辟创意小店市场　引领创业潮流

提着灯笼夜游、扮成南瓜人在路上闲逛、在数字拼图垫上做人体瑜伽造型等，这些有趣的小游戏来自杭州城北一家由大学生创办的"C-UP"创意小店，每个月只要花费 15 元钱就可以成为他们的会员，免费参加各种游戏活动和专场晚会。如今，这家卖创意的小店已经拥有 200 多名会员，每月仅会员费就能带来 3000 元左右的稳定收入。这家小店的两位女老板林佳倩和傅思纯，均为浙江大学城市学院国贸专业大三学生。

灵感来自当年的一个两岸青年创意研习营。在 10 多天的时间里，来自台湾的大学生和城市学院的大学生朝夕相处，他们带来很多好玩的小游戏。在这个过程中，林佳倩和傅思纯突然萌发了一个想法，何不用这些好玩的小游戏作为创业项目，给年轻人带去快乐？于是，"C-UP"创意小店开张了。林佳倩和傅思纯从网上收集各种新鲜的游戏玩法，从日剧韩剧里借鉴有意思的剧情，并在网上寻求大学生的帮助。白色情人节之夜、万圣节夜游校园、黑暗晚餐……很快，一个个有意思的活动引来了众多年轻顾客。

每逢节日都有活动，每个月都有专场，创意小店的名气越来越大。林佳倩和傅思纯说，她们的定位就是为大学生创造一个互相交流、减轻压力和制造快乐的平台，不少会员在这种集体活动中交到了朋友。

资料来源：女大学生组织游戏赚"快乐"钱［EB/OL］．［2009-03-19］http：//www.cnhan.com/gb/content/2009-03/19/content_985778.htm.

北京、上海、深圳等城市已成为国际化大都市，这里汇聚着世界各地先进的理念、时尚的思想，它为许多有个性、有创意的东西带来了商业空间。大学生年轻朝气、思维活跃、喜欢接受新鲜变化时尚的事物，小店的经营相对简单，对社会经验、管理、营销、财务要求不高。大学生创业做自己的老板近一两年已成为一股热潮，同林佳倩和傅思纯一样，如今越来越多的人开始选择投资开店当小老

板。面对各大商家铺天盖地的广告宣传"轰炸"，尚显稚嫩的大学生创业者在商家打造的"形势一片大好"的投资氛围下，盲目跟着感觉走的不在少数。但是开店并非简单的加减乘除，它涉及选址、融资、进货、销售等诸多环节。对以零售为主的小店创业者来说，选址更是关键的第一步。通常情况下，繁华商业区商圈范围较广，人流量大，营业额必然较高；人口密度高的大中型居住小区，需求旺盛，而且客源稳固，可保证店铺的稳定性；沿街店铺具有交通要道的地理优势，客流量最多，商铺经营面较广；郊区住宅社区配套商铺则有较大的价格优势和发展潜力。

(一) 客流影响"含金量"

商铺选址一定要注意周围的人流量、交通状况以及周围居民和单位的情况。对经营小型商铺的创业者来说，客流的大小直接影响到收入的多少，在已成规模的商业区店铺比较集中的街道，人气高客流量自然大，因此选择地理位置优越的商家投资收益较高，但好地段也意味着价格较高，竞争激烈。相对而言，社区商铺与沿街店铺的客流量稳定，投资回报平稳。至于郊区住宅的配套商铺客源已经固定，就必须从经营上多下功夫了。

(二) 选址要有前瞻性

并不是所有的好地段都一定好赚钱，有时遇到市政规划变动，热闹的地段也有可能变成冷僻之地，而许多正在开发中的地段却有着极大的投资空间。像政府正大力开发的沈阳浑南地区，中国女人街作为有数十万居住人口的浑南地区唯一的商业项目，巨大的升值空间不言而喻。因此，创业者在选址时要眼光放远些，多了解该地区将来的发展情况。当然，除了关注市政规划外，还要注意该地区未来同业竞争的情况。

(三) 注意铺位的性价比

不同地理位置、周边环境、交通条件、建筑结构的店面，铺位的价格会有很大出入，有时甚至相差十几倍。对创业者来说，不能仅看表面的价格，而应考虑整个店铺的性价比问题。对进驻商业广场的创业者来说，铺位的租金价格很重要，但整个商场的管理经营更为重要，好的商家并非将铺位成功卖出或租出后就

大功告成，后期的经营管理、保证投资者有得赚是一个长期的运营过程，因此创业者必须把商家的后期运营操控重视起来。

（四）联盟创业"化整为零"

目前，十几平方米的小商铺很抢手，租金随之水涨船高。而许多新建社区在开发时预留出的底层商铺或沿街而建的大型商铺常常因为空间过大而很难出租，价格上会有一定的下浮。在这种情况下，几个创业者以团体租赁的方式买下一二百平方米的大商铺然后进行分割，细算下来可以节省不少费用。

小型商铺的竞争从来没有像今天这么激烈，竞争的领域也从没有像今天这么广泛。据专家介绍，商铺投资应放眼于区域经济、收入水平、居住区规划、导入人口质量等发展趋势，着重考量商铺拥有的商圈、购买力的质量和数量以及商铺本身的品质，从中选出时间成本不高、增值潜力较大的商铺，因为在选好地段的同时做好经营才是重点。

五、借力连锁加盟模式　降低创业风险

张海同学在毕业找工作时频频吃到闭门羹，于是选择自己创业。他认为餐饮是民生之本，存在着巨大的市场，只是需要找到好的结合点。当他在报纸上看到一篇《大喜事咖啡工作三个月免费做老板》的报道时，开始积极关注咖啡加盟连锁行业，并开始了解这个叫"大喜事"的咖啡加盟连锁品牌。很快他找到了这个公司的网址，通过网络，他了解到，这是一家大型咖啡加盟连锁，在大城市主要做大型网吧内的咖啡加盟连锁经营，在其他地区则开设咖啡加盟店。真正令他感兴趣的是，大喜事公司对大学生就业这一社会热点的关注，还有就是网吧这个空白市场内"借鸡下蛋"开设店中店的巧妙方式，最重要的是不收加盟费的零投资零风险的创业模式。

于是，张海通过各种渠道具体地了解了大喜事咖啡在网吧的销售模式后，和大喜事咖啡连锁公司商务部的工作人员通了电话，又再三研究，决定尝试一下，就按大喜事咖啡全国统一的模式谈好了合作协议，并缴纳了保证金。然后按部就班，开始在住所不远的蓝色海洋网吧开始销售，大喜事冰咖啡和热咖啡的市场果然不错，玩通宵的愿意喝咖啡，女孩子愿意喝果汁，价格又比较低，一开始生意

就火了起来。经营了大概半个月时间就赚了 1600 元，感觉形势不错，张海又马上打电话向公司预订了第二家店，一个月过后，张海一共开了 5 家店，收入日益增多。

资料来源：笨小子竟开 5 家咖啡店，他是如何做到的？[EB/OL]．[2012-09-15] http://news.3158.cn/20120915146/i2548115515.html.

连锁加盟是一种成功的商业模式，发达国家的连锁加盟在商业经营中占有很高的比例，在我国连锁加盟的比例还不高，仍有很大的市场空间。连锁加盟可以为加盟者提供成功的模式和经验，在相同的经营领域，个人创业的成功率低于 20%，而加盟创业的则高达 80%。对大学生来说，通过连锁加盟形式创业，可以弥补自身的不足，可以快速掌握经营所需的经验和知识，降低风险，提高创业成功率。通过连锁加盟创业的关键，是要寻找一个连锁加盟体系相对完善、适合自己的项目。对于连锁项目的选择，创业者应亲自去考察特许总部的情况，不要偏听偏信，天花乱坠的宣传可以听取，但是加盟者不能对这些宣传照单全收，要通过自己的考察去了解这个企业的经营情况，看是否适合自己加盟。重中之重是要考察商标，因为加盟实际上是品牌的加盟、品牌的特许，特许最核心的东西是品牌、技术与服务，特许经营商独有的东西才能够拿出来收取一定的加盟费，使得加盟者在最短的时间内获得大的利润，此时品牌是最关键的。所以要了解商标注册的情况，是否有商标注册证，注册时间多长，特许者的品牌在多大范围内被人知晓或了解。对创业资源十分有限的大学生来说，最好选择运营时间在 5 年以上、拥有 10 家以上加盟店的成熟品牌。

开连锁加盟店最大的好处是能直接借用总部的金字招牌，并借助总部的经验，从而降低投资和经营的风险。但是，对于大学生加盟者来说，"复制"完总部经营场所的环境、气氛和产品后，并不代表就可以高枕无忧了。

在经营过程中，加盟者一定会涉及财务管理、人事管理、开拓市场、同行竞争等诸多因素，而且各个加盟店会因为地方习俗、所处市场、竞争环境等的不同，与总部存在很大差异。要想稳定地获利，加盟者必须把总部的经营理念、运作方式等吸纳为自身可用的方法，培养自己的经营管理能力。开连锁加盟店注意事项如下：

（一）在加盟前期，要注意合理筹措资金，合理投入资金

由于急于创业开店，有些加盟者为了筹措加盟金、保证金等，到处张罗，甚至借高利贷也在所不惜。一旦开店，虽然生意也还算顺利，但是每天为了筹钱偿债，完全无心投入于事业的经营。本该在阵头领军的经营者，一旦因为资金的调度而离开第一线，店内其他员工马上会受到影响，于是服务品质逐渐低落。而顾客也是敏感的，慢慢地就会逐渐远离该店，当然业绩就不可能再往上提升，本来生意还不错的店面往往因此而垮掉。

因此，加盟者要量力而行，选择适合自己门槛的加盟企业，否则，债台高筑，整日忧心忡忡，对店面的经营会造成很大的影响。同时，加盟者要对整个资金的投入确定一个合理的分配比例，做好整体的规划。

（二）控制好经营成本，规划好进货策略

经营过程的成本控制十分重要，少一分开支就等于多一分利润，把成本压缩在较低的范围内是绝对必要的。但是，过分的节省也是不正确的。比如，灯光效果对于某些货物的销售来说，是吸引顾客的必不可少的条件，如果为了省电而将射灯关闭，肯定会得不偿失。

同时，规划好进货策略，调节好周转速度，也是控制成本的有效方法。店面应尽可能避免压货，许多大学生创业者经常出现资金占压严重的情况，资金运作捉襟见肘，很快陷入困境。对季节性滞销货品应及时降价清仓，用新货补充原有空缺。毕竟，商品只有卖出去才是钱。

（三）学会管理员工

虽然加盟后，总部会在员工管理上提供一系列的培训，会给加盟商提供相应的支持，但是，远水救不了近火，大学生创业者需要从源头上找问题，真正融会贯通，学会如何管理员工。从多个创业者的实例中发现，许多新老板没有正确认识这个问题，从惯常思维出发，依照自己的性情来做事，于是出现内部员工拆台的事情也就不足为奇了。

因此，加盟者必须认识到管理员工是自己的事，而且是必须要做好的事。首先，加盟者要充分了解自己的员工。作为管理者，要能充分地认识员工不是一件

很容易的事。但是管理者如果能充分了解自己的员工，工作开展起来会顺利得多。"尺有所短，寸有所长"，每个员工在能力、性格、态度、知识、修养等方面各有优点和缺点，有的工作起来利落迅速，有的谨慎小心，有的擅长处理人际关系，有的却喜欢埋头在统计资料里默默工作。俗话说"士为知己者死"，一个能够充分了解自己员工的管理者，无论在工作效率上还是人际关系上，都将会是个一流的管理者。

其次，要多与员工交流，聆听员工的心声。员工总会有自己的不满和看法，虽然其中有正确的，也有不正确的。但是，如果得不到引导或发泄，就可能引发大问题。所以，管理者需要经常与员工进行交流，征询员工的意见，倾听员工提出的疑问。解开了员工的心结，团队才会更加团结，工作积极性才会更高。

最后，要允许员工犯错误，对表现好的员工要实时表扬。现实世界充满了不确定性，在这样的一种环境中，做事自然不可能件件成功。作为一个管理者，若要求下属不犯任何错误，就会抑制创新精神，使之工作起来畏手畏脚。当然，对做出贡献的员工，要及时地给予奖励和表扬，以鼓舞士气。

（四）学会管理客户，建立良好的客户关系

一粒麦子有三种命运：一是磨成面粉，被人们消费掉，实现其自身价值；二是作为种子，播种后结出新的麦粒，创造出新的价值；三是由于保管不善，发霉变质，丧失其价值。换句话说，麦子管理好了，就会为人类创造出价值；管理不好，就会失去其价值甚至会带来负价值。客户也是这样，加盟店管理得好，客户就成为其忠实的消费者；管理不好，则会大量流失，并且影响其他客户。

加盟创业者应该学会管理客户档案，留住老客户，挖掘新客户。客户档案包括顾客的基础资料、交易状况、资信能力等，这也是加盟者进行管理、跟踪的重要资料。认真分析客户档案，会发现他们各自的喜好、眼光、购买力，从而可以更有针对性地为他们推荐商品、提供服务。开发一个新客户的成本是维护一个老客户成本的 6 倍，所以留住老客户，是加盟店生存的基础。为客户做好售后服务，加强与客户的沟通，是行之有效的方法。同时，加盟店可以通过会员优惠活动等，及时回报老会员，以提高客户的满意度和忠诚度。

为了开拓市场、挖掘新客户，加盟者可以采取多种经营方法进行营销。比如联合经营法，可以和附近的咖啡馆、电影院、网吧等具有共同客户群的商业机构

形成联营，比如买一种规定的商品将可能获得一张电影票等。

（五）与加盟总部协调共进

加盟店与加盟总部有着很微妙的关系，既唇齿相依，又各有其利益轴心。因此，加盟店与总部难免会发生一些冲突。加盟店往往埋怨总部存在官僚主义，只懂得瞎指挥，对实际情况缺乏了解；而总部也会认为加盟店以自我为中心，一意孤行，对总部的工作不支持、不配合。出现这种情况，往往是因为加盟店对公司的政策或多或少地抱有怀疑或抵触情绪，或者至少是留有戒心的。因此，大学生加盟者在选择加盟总部时，应该投入大量精力去考察；一旦加盟成功以后，就应该抱着"共创双赢"的心态，积极地配合总部的工作。

所谓过犹不及，怀疑、抵触与完全的依赖都不是加盟者的经营之道。由于我国大部分地区都有很强的地域性，各个城市和地区的消费水平、消费观念相差巨大，加盟总部在别处的成功经营策略也许并不适合本地的加盟店。所以，加盟者应该在听取总部意见的基础上，积极地与总部进行沟通，及时地传递当地的信息，借助总部已有的经验，共同探讨出适合当地情况的经营策略。

（六）积极积累行业经验

行业经验对于加盟者来说，是韩信点兵，多多益善。所谓隔行如隔山，同行不同利，就是由于熟悉与否造成的。行业经验很难从一本或几本书中得来，许多东西只能亲身体验才能获得。因此，大学生加盟者应处处留心，多多积累。比如，服装品牌的加盟店，加盟者应该多看流行杂志，多参加时尚活动，以培养自己独特的时尚理念和敏锐的时尚感觉。对于走进店里的每一位顾客，加盟者都能以独特的眼光，提供适合他的搭配，还愁加盟店的营业额不突飞猛进吗？

以上所说的一些创业方向，比较符合大学生的特点。随着大学精英教育向大众教育转变，大学生的就业也将从学历就业转变成能力就业，创业也将成为就业的一种选择。生存型的创业也将逐步成为我们的一种选择，因此，为了明天更美好的生活，大学生应做好全方位的准备。

第三节

筑牢创业素养基础　奠定创业成功基石

随着信息化和全球经济一体化的快速发展，新一轮的资源再分配以及高新技术的不断拓展，未来的管理不确定因素将更为复杂，更具瞬时性和挑战性。对于一个创业者或管理者来说，必须具备优秀的创业素质，才能开创出宏伟的事业。

一、优化心理素质　敞开创业胸襟

概括起来，作为创业者，他的自我意识应该自信、自主；他的情感应该理性、执著；他的性格应该坚强、果断、勇敢。成功的创业者大多胸中丘壑万千，不以物喜，不以己悲，为了理想中目标的实现，不为一点成绩而沾沾自喜、忘乎所以，也不为任何困难而萎靡不振、裹足不前。具体言之，创业者的心理素质主要有以下几点：

（一）充满激情与热爱

章丘大学生猪倌王元虎养猪的故事，引起了不小反响。大学毕业后他选择了开创自己的养猪事业，目前他的公司已有员工27人，其中本科生8人，研究生3人，并且承担了山东省科技厅绿色安全优质猪肉生产与示范课题和农业司的种草养猪课题。而且已与山东和实集团正式合作，由该企业和他共同出资，发展他的乐虎绿色猪肉。2011年王元虎被推荐为感动济南年度人物候选人。在谈到自己的养猪事业时，王元虎说道："创业仅靠一时的激情肯定会感到疲惫，但如果加上热情，你肯定会感到快乐，到哪儿我都会自豪地说：我是养猪的！"

资料来源：胜利永眷有志者——大学生"猪倌"王元虎［EB/OL］.［2011-10-19］http://cy.ncss.org.cn/cydx/cydx/264883.shtml.

俗语有"女怕嫁错郎，男怕入错行"的说法，而在人生三大不幸的现代版解读中，学一个不喜欢的专业、找一个不喜欢的工作这两种情况也赫然在列。由此

可以推及，如果创业者对自己选择的事业缺乏足够的兴趣，而仅仅是为创业而创业，那么其中的痛苦自然不言而喻。兴趣和爱好是从事一项事业的基础，对于创业者来说，只有对自己的事业具有浓厚的兴趣，才会在创业的过程中保持长久的工作热情和创业激情，才会树立起不达目标永不放弃的坚强决心和克服困难一往无前的无畏勇气，而这些，往往是创业成功的先决条件。毕竟，兴趣是最好的老师。

人们常常羡慕李想大器早成，但可曾知道他初一时就将几乎所有的零花钱用来购买自己喜欢的 IT 杂志，甚至为买到其中的一本而跑遍石家庄的每一家邮局；人们往往赞叹丁磊和他的网易在整个互联网界的名气，但是否有人能理解在初期，他没车没房没存款，几乎全靠他对计算机的痴迷来开始创业。

一位美国著名作家写过一本书——《最珍贵的礼物》，里面介绍了可以帮助人们找到自己最感兴趣的事的两个方法，一是假若你只有临死前的 24 小时，1 个小时给你立遗嘱，那么另外 23 小时你最想要做的是什么？另一个是如果你抽奖中了一百万，你想去做什么？当然，我们也许无须用如此极端的方式来发现我们的兴趣，因为可能几乎我们每个人都清楚自己的兴趣所在，那么创业者在创业时一定要选择自己最感兴趣的行业，不要企图在一个自己完全不感兴趣的领域创造奇迹。只有这样，才有资格也才有机会拥抱成功。[①]

然而，创业不仅仅是激情。沈阳小伙儿秦宇，怀抱满腔激情，创办了为高端人群服务当"管家"的家政服务公司，然而公司效益始终不理想，他只能终结创业梦想。秦宇的心路历程告诉我们：自主创业的人把激情付诸实践，勇气可嘉，但成功不只是坚持，还是一个结果。同样，美好的结果不是只靠激情就能获得的。如果将创业比作一艘驶向彼岸的船只，只安装了激情这个发动机是不够的，没有舵手它必定偏离了原始的航向，因触礁而沉入海底。我们必须请出理性这个舵手把握航向，带着坚持、冒险与协作的精神去迎接挑战，到达理想的目的地。

(二) 坚定的毅力和百折不回的执著信念

香港长江实业集团董事局主席李嘉诚说过这一段成功感言："成功实际上是相对的。创业的过程，实际上就是恒心和毅力坚持不懈的发展过程，这其中并没

---

① 张天桥，侯全生，李朝晖. 大学生创业第一步 [M]. 北京：清华大学出版社，2008.

有什么秘密，但要真正做到中国古老的格言所说的勤俭也不太容易。而且，从创立之初开始，还要不断地学习，把握时间。我自己从创立开始到 1963 年这一二十年来，平均每天工作 16 个小时，而且每星期至少有一天是通宵达旦的。"

资料来源：张天桥. 让梦想照进现实：大学生创业第一步. 读书文摘：青年版，2009（4），21-23.

大学生创业从来都不是一件容易的事，而是一项极端艰苦的活动。社会给予每一个人的待遇是公平的，创业能否成功关键是看自己是否真的努力了、奋斗了。创业并不一定会有结果，大多数人可能会失败或者放弃，只有更加有智慧和坚定的人才能获得成功。但胸怀创业梦想的大学生都可以尽力去尝试，现在的犯错和失败是为了将来不再犯错和失败，过程中的收获比结果更加重要。不要期望得到命运的垂青而一帆风顺、马到成功，我们往往看到成功创业者的无限风光，而成功的背后，又有谁看到他们在痛苦与磨难中的苦苦挣扎。

（三）敢于冒险的精神与搏击风浪的勇气

温州曾经盛产冒险家，那里有中国最活跃的投资群体，每一个可能的赚钱机会，都能看到温州人的身影。他们敢为天下先，由此创造了市场经济的先发优势。他们认为：头道汤的味道最好，先人一步的生意最赚钱。事实证明：一分耕耘，一分收获；一分冒险，一分成就。温商的成功经验证实了一句话：唯冒险者生存。

资料来源：温州人为什么会成为富人？[EB/OL]．[2007-07-25] http://finance.ce.cn/money/200707/25/t20070725_12303729_2.shtml.

创业不同于就业，它是一种高风险高收益的投资行为，创业成功后的巨额收入可以说是创业者所承担高风险的回报。那种想不承担风险就能致富的创业行为基本上是不存在的。因而，对于创业者来说，想致富就得敢于冒险。就像邓小平所说过的："不冒点风险，办什么事情都有百分之百的把握，万无一失，谁敢说这样的话？一开始就自以为是，认为百分之一百正确，没那么回事，我就从来没有那么认为。"

（四）真实认识自我的理性精神

周梓瑜，2006 年大学毕业后在省城开始了自主创业，当年 8 月他在兰州静

宁路开了一家"休闲吧"，主要以经营特色小吃为主，同时为年轻人提供一个休闲和娱乐的场所。刚开始的时候经营状况还不错，后来由于管理、经营和资金等问题，"休闲吧"在开业一个月之后无奈地关了门。

在谈到创业的初衷时，小周坦言："年轻时应该干点有挑战性的事情，以后才不会后悔。"对于自己最终选择了放弃，他做了如下的说明："也许是因为自己当时太盲目，还没有具备足够的创业能力和充分的准备。""创业规模较小，涉及的创业领域却是起点较低的行业，科学技术含量不高，对于创业的认识不够清醒和理性是创业失败的主要原因。"小周说，"虽然失败了，但他依旧收获了很多，失败的经验将是自己今后继续的一笔宝贵财富，所以一点儿也不后悔。"

资料来源：勿盲动理性定位闯市场［EB/OL］．［2007-07-14］http：//lzcb.gansudaily.com.cn/system/2007/05/14/010345114.shtml.

前面提到创业需要冒险精神，但冒险不等于冒进，更不等于蛮干，创业也需要理性，理性看待创业、理性选择项目、理性经营企业，理性是人的智力因素综合作用表现出的水平。没有理性驾驭的激情，得到的或许是昙花一现的美丽，但却缺少永恒的美好。它最终只是无果而终的突发奇想，只是简单草率的发泄、冲动。而离开激情的参与，理性便难以启动，成为被闲置的资源。大学生创业充满着未知和变数，更需要理想的引航。所谓创业理性，最基本的要求是准确的自我了解、自我定位和合理的预期。一个期待创业的大学生必须还原自己而不是拔高或贬损自己，必须对自我有一个明确而清晰的认识，考察自己是否有强烈的挑战精神，是否有足够的应变能力、动手能力、耐受能力，是否意志坚定、做事果断以及是否具备必要的亲和力和领导能力。除此之外，还要有对于创业项目、创业途径、创业方式的准确选择以及创业前景的科学预测。

不少大学生具有创业的激情，但仅有激情是远远不够的，创业是一项复杂艰苦的工程。在这个过程中，创业者事先要有充分的准备，在观察分析的基础上得出一个清晰的创业思路，选择一种可行的创业模式和一个合适的创业项目，踏踏实实做事，认认真真工作才更有可能取得成功。如果仅凭一时激情，好高骛远，不切实际，那么最终的结果往往只能是失败。

（五）永不间断的创新精神

2005 年，源于对餐饮行业的兴趣驱使，陈韦兴开了一家叫作"巴贝拉"的店，巴贝拉每个月有3%的更新率，每年则有20%的更新率。陈韦兴非常看重创新力量，他说，"一个系统要可以自动生成创新，这个系统就是成功的、可以使基业长青的系统"。他举了一个例子，牙膏业的老大高露洁，当年在职工中发起一个以股份换创意的活动，结果，一个职工建议将牙膏口径扩大一毫米，就此，高露洁产量直线上升，为公司带来巨额收益。"哥伦布强过别人的，不在于他发现了新大陆，是因为他思维没羁绊，在任何时候，这个人都会成功。"陈韦兴觉得，他要以小胜大，以弱胜强，创新和勇气最不可缺少。

资料来源：上海巴贝拉意舟餐饮陈韦兴：创新使基业长青［EB/OL］．［2012-02-2］http://www.studentboss.com/html/news/2012-02-02/100776_2.htm.

江泽民在《高技术研究发展计划纲要》实施 10 周年工作会议代表时的讲话中指出："创新是民族的灵魂，是国家兴旺发达的不竭动力。"同样，创新之于创业，也可以说，创新是创业的灵魂，是公司兴旺发达的不竭动力。是什么使微软从小公司一跃而起，比尔·盖茨的解释是："我们拥有当时巨人没想到的点子，我们总是在思考，曾经遗漏过什么可以使我们保持胜利的东西？如何才能成为一个成功的创业者？"崔普·霍金斯这样回答："要成为一个企业家，一定要记住，真正的企业家要富有创意，创意人创业不是为了赚钱，而是因为他们无从选择，必须完成它。"

创业没有准则，对于创业而言，一般的通论都是不对的。所谓创业就是要开创一项事业，没有一种可以复制的模式让我们一劳永逸，因此，没有创新能力的创业者要想取得创业的成功，实在是一件难以想象的事。

（六）大胆说不的勇气

文学家路遥曾经说过一句话，不管是对人生，还是对创业，都是非常实用的，他说：人的一生要做许多选择，但紧要处，就那么几步。

选择你要什么，一开始不必把事情想得太大，你只需要一个很小的想法，一个朴素但是能做下去的想法，就可以开始去做这个事情。但是这个想法需是兴趣

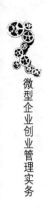

使然，与此同时你必须具备把这个想法变为现实的勇气和动力。有了兴趣和动力，你便迈入了自己的创业征程，而这不是你想法实现的完结，仅仅是开始，或许在倾其所有之后才发现这条路是错误的，它或许目前可以满足你生活的基本需求，但是发展下去只会赔钱。这个时候你会怎么办，是继续还是果断地放弃？作为一个创业者，你必须敢在创业团队面前果断放弃，然后从头开始，否则你们只会在错误的路上越走越远。

二、完善知识结构　夯实创业基础

创业者的知识素质对创业起着举足轻重的作用。在知识大爆炸、竞争日益激烈的今天，单凭热情、勇气、经验或只有单一专业知识，要想成功创业是很困难的。创业者需要有创造性的思维，要做出正确的决策，还必须掌握广博的知识，具有一专多能的知识结构。具体来说，社会知识包括有关的法律法规知识，工商、税务、金融、保险、环保等方面的知识以及人际交往知识等。

（一）国家关于创业的政策、法律方面的知识

创业活动总是处在宏观的社会背景之下的，政府对于创业的态度、政策及法律直接影响创业者的创业环境。当前，为鼓励大学生创业，政府出台了一系列优惠政策，颁布和完善了相关的法律法规，为大学生创造了一个良好的创业环境。在注册登记、金融贷款、税费减免、员工待遇等方面都为大学生创业提供了方便。此外，《公司法》、《合伙企业法》、《个人独资企业法》等相关法律的出台也为大学生创业提供了法律保障。大学生在创业准备期，一定要熟悉相关政策、法律的内容，为我所用，从而为自己的创业提供方便。创业者在了解相关政策知识时应注意以下几点：

首先，理性看待创业政策。创业政策是个人创业的助推剂，但不是个人创业的"万能药"，任何人都不能仅仅依靠政策来创业，任何人也不是为了享受政策而创业，这是用好创业政策必须树立的理念。

其次，对症下药，选择合适政策。每个人的创业方向、创业特点各不相同，每项创业政策的适用范围和对象也不同。个人在运用创业政策时，要选择适合自己的政策，即要适合自身的创业条件，要适合自身的创业行业，要适合自身的创

业类型，要适合自身的创业过程。

最后，发挥政策实际效用。在选择了适合自身的创业政策后，要切实发挥好政策的实际效应，使政策的运用能真正降低经营成本，改善经营状况，提升经营能力，对实现企业的发展壮大有实际作用，使企业走上长期发展的道路。

（二）基本的商业知识

选择创业，不论干哪一行，都要具备一定的商业知识和经营之道。没有丰富的商业知识和经营之道，就难以把握商机，甚至开展不了业务。试想，一个人不懂食品卫生知识，怎么能办起小饭店；不懂交通法规和营运知识，怎么能开好出租车，搞个体运输；不懂商品成本、利润、批发、零售等基本知识，怎么能干好经营销售业务；不懂工商税务知识，怎么能办起各种手续，合法经营依法纳税；不懂历史和旅游知识，怎么能干好导游。因此，作为创业者，应该掌握一些关于生产技术、业务销售、研究发展、人力资源、财物管理等功能及品质系统改善的商业知识，对企业的知识和经验，即能产生导引、搜寻、整合、分享和创新五种影响。最终来说，企业可以获得以下的好处：创造企业新竞争价值，增加企业利润，降低企业成本，提高企业效率，建立企业文化。

（三）社会知识及其他知识

创业也是一种社会性的活动，与整个社会有着千丝万缕的关系。创业者同时也是一个社会人，需要在社会上同各种人交往，获取资源，求得发展。社会知识对于一个人的影响是难以估量的，很多时候，它就是决定成败的关键因素。在人的一生中，常常会因为对某些社会知识不够了解，而因小失大，甚至满盘皆输。因此说，掌握社会知识，是现代人立身处世的最基本要求，是现代人行走社会的通行证。涉世未深的大学生如果多掌握一些社会知识，可以少走弯路，增加创业成功的概率。所谓世事洞明皆学问，人情练达即文章。一个深谙世事的创业者在社会中可能如鱼得水、游刃有余；而一个不懂人情世故的创业者在复杂的社会中注定要遭遇人际壁垒。

三、提高能力素质　拓展创业空间

创业的本质是创业者整合资源、追逐机会的艰辛过程，也是创业团队学习和成长的过程，人是创业成功的第一要素，而创业者则发挥核心作用。创业活动是由创业者主导和组织的创业活动，要成功创业，不仅需要创业者富有开创新事业的激情和冒险精神，还要有面对挫折和失败的勇气、坚韧以及各种优良的品质素养。创业者的能力素质是决定创业前途的重要环节，总体来说，创业能力可以概括为以下几种：

（一）专业能力

新东方教育科技集团，目前已经成为中国最大的著名私立教育机构。然而，俞敏洪在谈到创业的成功时，他认为很重要的一个因素是他本人在他所从事的领域或行业中具有相应的专业知识和能力，只有这样才能有威信和说服力，才会有更多有才能的人愿意追随自己。专业能力是指企业中与经营方向密切相关的主要岗位或岗位群所要求的能力。劳动者在创办自己的第一个企业时，应该从自己熟悉的行业中选择项目。创业者在具体运作中不一定要事事亲为，面面俱到，但是具备熟练的专业知识、精湛的专业技能却是保证自己在业内游刃有余的必备条件。尤其对于从零开始的创业者来说，这一点尤为重要，绝对不做自己能力控制不了的事情。例如，对于饭店老板来说，自己一定要能当大厨，这样当你的大厨撂勺子时，你还可以救场。

（二）学习能力

现代社会高速发展，知识更新日新月异，创业者自身的专业知识可以成为其创业的基石，然而企业的发展壮大仍然需要创业者主动学习、勤于学习、善于学习，不断更新自己的知识，在发展和变化中强大自己的力量。这就要求领导者对决策进行反省，并用开放的态度广泛地学习。与此同时，整个组织也将逐渐向开放的学习型组织转变。

1. 内省

内省，也叫"对镜自测法"，即审视自己，反省自身。作为学习的第一步，反省对许多人也许是说之容易，做之难。社会心理学家研究表明，人们在对事物进行归因时，通常是按照以下模式进行的：行为者倾向于情境归因，观察者倾向于内部归因，把积极的结果归因于自己，把消极的结果归因于情境。由此，在一般情况下，人们（包括领导和组织）很难做到主动、积极地公正审视自己。此外，对变革可能带来的失衡、利益变化、习惯改变等不确定因素的心理恐惧，也会使人们更愿意保持原状，从心理和行为上排斥新思想、新体制的介入。

作为成功的领导者，正是要突破这一心理"瓶颈"，勇敢、主动、客观地反省自身情绪、思维及能力，准确评估组织及客观世界，勇于打破旧的格局，创建新的发展要素。正如狄更斯所言，不论我们多么盲目和怀有多深的偏见，只要我们有勇气选择，我们就有彻底改变自己的力量。

2. 开放

开放是在内省基础上的提高、公开、坦诚，不断挑战自己的个性及组织文化，善于接受框架之外的信息、知识、资源和变化，并乐于尝试新思想和新经历。开放是学习的前提基础和组织氛围。

开放，对于领导者个人而言，是一种修养，一种个性。不故步自封，不保守固执，不排斥信息。

组织的开放，意味着广泛地吸取外界的知识和信息，但更重要的是建立组织内部开放的心态和机制。成员对组织怀有安全感，坦诚、公开、自由地说出想法，更多地参与决策，这是开放；成员认真倾听他人的看法，公正地评价别人的主张，这也是开放；经过探讨，取长补短，积极改进组织及个人行为，这更是开放。开放是沟通的基础，是一种基于思想深处平等、交流、促进的环境和力量，换来的最终结果是持续改进。组织内部似乎存在一个流淌不息的血脉，吐故纳新，生命不止。

3. 自我超越

自我超越是开放基础上的进一步升华，是指突破极限的自我实现。它的意义在于创造，而不是反应。

《第五项修炼》中提到自我超越是一项修炼，包含两项动作：不断理清什么是最重要的，不断学习如何更清楚地看清目前的真实情况。具备自我超越能力的人具有两项共同特质：一方面，愿景对于他们是一种召唤和使命，而不仅是一个美好的构想；另一方面，他们把目前的真实情况看作盟友而非敌人。他们学会如

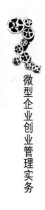

何认清以及运用那些变革的力量，而不是抗拒这些力量。他们具有追根究底的精神，他们倾向于与他人、同时也与自我生命本身连成一体，因此并不失去自己的独特性。他们知道自己属于一个自己有能力影响但无法独立控制的创造过程。

高度自我超越的人，会敏锐地警觉自己的无知、力量不足和成长极限，他们力图突破这种极限，不断地发展自身及组织。具备了自我超越的能力，便向成功又迈进了一大步。

4. 学习

美国《财富》杂志指出："未来最成功的公司，将是那些基于学习型组织的公司。"壳牌石油公司企划总监德格认为："唯一持久的竞争优势，或许是具备比你的竞争对手学习得更快的能力。"

学习在于培养如何实现生命中真正想要达成的结果的能力。对于领导者，学习包括培养思考和沟通的技能，反思个人的价值观及调整个人的行为，学习如何倾听和理解他人等一切利于实现领导及管理职能的知识和技能，同时带领组织形成一种全新的学习型组织。

（三）决策能力

拿破仑选择了最能展示才干的军旅生涯，一个科西嘉的"土包子"成为一代伟大的统帅；比尔·盖茨选择了退学开公司，一个哈佛生成就了微软王国的财富传奇。人生的道路因决策而改写，创业路上亦然。在创业路上，会遇到许许多多的困难和挑战，需要你做出正确的决策。诺贝尔奖获得者罗伯特西蒙教授说："管理就是决策。"可见，决策能力对于一名创业者来讲至关重要。

决策能力是创业者根据主客观条件，因地制宜，正确地确定创业的发展方向、目标、战略以及具体选择实施方案的能力。决策是一个人综合能力的表现，一个创业者首先要成为一个决策者。

决策能力不是与生俱来的，一个人的决策能力不是在偶然中迸发的，也不是从别人那里得到的，它需要从我们成长的环境中培育，需要通过缜密而系统性的思考。管理学上有一句名言：100 个行动也无法挽救 1 个错误的决策。那么如何提高决策的科学性呢？

1. 决策要有明确的目标

"请你告诉我，我该走哪条路？"

"那要看你想去哪里?"猫说。

"去哪儿无所谓。"爱丽丝说。

"那么走哪条路也就无所谓了。"猫说。

——摘自刘易斯·卡罗尔的《爱丽丝漫游奇境记》

这个故事告诉我们,在做选择的时候要有明确的目标,当一个人没有明确的目标的时候,自己不知道该怎么做,别人也无法帮助你。决策是为了解决某一问题,或是为了达到一定目标。确定目标是决策过程第一步。决策所要解决问题必须十分明确,所要达到的目标必须十分具体。没有明确的目标,决策将是盲目的。

2. 决策要有两个以上备选方案

决策实质上是选择行动方案的过程。如果只有一个备选方案,就不存在决策的问题。因而,通常所指的决策不是在"正确"与"错误"之间判断,而经常是在"基本正确"和"可能错误"之间做判断,或者说是在几种方案中做最优选择。此时,如何权衡不同方案之间的利弊,权衡近期利益与长远目标,选取适合创业的最佳方案尤为重要。即使不能同时满足这两项要求,也要在两者之间谋求一种平衡,并且在预期内有计划地弥补决策所造成的损失。

3. 必须付诸实施

如果选择方案后便束之高阁,不付诸实施,这样,决策也等于没有决策。决策不仅是一个认识过程,也是一个行动的过程。著名作家 Marie Edgeworth 在自己的作品中写道:"如果不趁着一股新鲜劲儿,今天就执行自己的想法,那么,明天也不可能有机会将它们付诸实践;它们或者在你的忙忙碌碌中消散、消失和消亡,或者陷入和迷失在好逸恶劳的泥沼之中。"明天是空想家最"强大"的武器;行动者的利器则是今天。很多创业者都有很好的想法,但是只有很少的人会即刻着手付诸实践,把握机遇的时刻不是明天,不是下星期,就在今天。真正的创业者家是一位行动者,而不是什么空想家。

(四) 经营管理能力

经营管理能力是一种高层次的综合管理能力,是指对人员、资金的管理能力。它涉及人员的选择、使用、组合和优化,也涉及资金聚集、核算、分配、使用、流动。经营管理能力是运筹性能力。经营管理能力的形成要从学会管理、学会用人、学会理财几个方面去努力。

1. 会管理

要学会质量管理，要始终坚持质量第一的原则。质量不仅是生产物质产品的生命，也是从事服务业和其他工作的生命，创业者必须严格树立牢固的质量观。要学会效益管理，要始终坚持效益最佳原则，效益最佳是创业的终极目标。可以说，无效益的管理是失败的管理，无效益的创业是失败的创业。做到效益最佳，要求在创业活动中人、物、资金、场地、时间的使用，都要选择最佳方案运作。做到不闲人员和资金、不空设备和场地、不浪费原料和材料，使创业活动有条不紊地运转。学会管理还要敢于负责，创业者要对本企业、员工、消费者、顾客以及对整个社会都抱有高度的责任感。

2. 会用人

市场经济的竞争是人才的竞争，谁拥有人才，谁就拥有市场、拥有顾客。一个学校没有品学兼优的教师，这个学校必然办不好；一个企业没有优秀的管理人才、技术人才，这个企业就不会有好的经济效益和社会效益；一个创业者不吸纳德才兼备、志同道合的人共创事业，创业就难以成功。因此，必须学会用人。

中国古代很早就提出了选才用人的管理思想，认识到"知人善任，礼贤下士"的重要性。墨子提出要"察其所能而慎予官"。荀子告诫执政者"无私人以官职事业"，切不可任人唯亲，而主张任人唯贤，唯才是举。晏子则进一步指出：人的才能也是不同的，应当让人专司一事，不能要求他无所不能。当刘邦征服天下，手下问他为什么能做到的时候，他说了这样一番话：其实我自己一点本领都没有，但我能够用萧何、韩信、张良等这样的人才，是他们帮助我打天下；项羽身边有一个范增，他都没有能力好好用上，最后一定被我抓起来。这就体现了领导能力的重要作用，一个孤军奋战的人也许能成为英雄，但他却不能成就事业。刘邦，不管他有没有打过仗，他都是我们心目中的英雄，因为他创建了一个几百年的帝国朝代，容纳了那么多的有识之士。所以，用人能力对企业来说是很重要的，假如企业没有相当一批人才，是做不到今天的。

3. 讲诚信

企业的创始人，也是企业未来的规划人，企业的未来发展也在于它的首任领导人的诚信、勇气、智慧等很多方面的条件。但是，一个企业的领导人没有诚信的话，他可以一时在商业的大潮中不被淹没，但是不会是永久的，终究有一天他会被商业的现实所吞噬。

众所周知的"三鹿奶粉事件"令整个中国的多半家庭都在经历着痛苦。一个有着几十年的历史企业，就这样被摧毁了。紧接着而来的是全球的金融危机，很多企业也在这场考验中倒闭了。危机来了，也给我们的企业敲响了警钟，也该真正地反思，反思我们的错误，我们缺乏了什么？我们把最宝贵的诚信丢掉了。现今的商品社会，给人们带来了利益，使人们变得富足了。但是，我们很多企业丢失了最基本也是最宝贵的经营之本——诚信。企业的眼里只有利益、效益、经济等指标，却忘记了这些指标必须建立在诚信的基础上才可以达到。因此，作为新创业企业的领导者应该始终把诚信贯穿于企业发展中，用诚信赢得信任，用诚信赢得发展。

4. 会理财

首先，学会积累创业资金，它无疑是创业的基础。"人有 2 只脚，但钱有 4 只脚"，钱永远跑得比人快，人追钱赶不上钱的速度，但却可以充分利用"钱追钱"。这就是理财的重要性。这个道理虽然浅显，但很多创业者却尚不理解其深意。在绝大多数创业者眼中，最容易被忽略的恰好是创业资金的积累、创业过程中对资金的巧妙运用以及创业资金的合理分配，也就是忽略了创业资金的理财活动。一个企业理财活动的能力大小，直接关系到这家企业的兴衰。对大企业来说是如此，对创业者更是如此。

创业初期，企业除了要通过项目创收外，还要注意广辟资金来源。节流就是节省不必要的开支，树立节约每一滴水、每一度电的思想。大凡百万富翁、亿万富翁都是从几百元、几千元起家的，都经历了聚少成多、勤俭节约的历程。

其次，要学会管理资金。一是要把握好资金的预决算，做到心中有数；二是要把握好资金的进出和周转，每笔资金的来源和支出都要记账，做到有账可查；三是把握好资金投入的论证，每投入一笔资金都要进行可行性论证，有利可图才投入，大利大投入、小利小投入，保证使用好每一笔资金。

（五）沟通能力

通用电气公司前总裁杰克·韦尔奇强调："管理就是沟通、沟通、再沟通。"杜邦公司前执行总裁夏皮罗认为："沟通是管理的关键，如果把最高主管的责任列一张清单，没有一项对企业的作用比得上沟通。"

提高沟通能力的要领是：

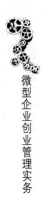

1. 学会倾听

成功的沟通总是起于倾听、终于回答。倾听是尊重对方表达权的应有姿态，是商务交往中的基本修养，更是营造和谐气氛、实现深度沟通和准确把握对方观点的前提条件。目前，许多年轻人都存在以自我为中心、只顾自我表达、喜欢插话、缺乏倾听耐心的缺陷。这种不良习惯通常会导致负面效果，阻碍沟通的顺利进行，不仅容易将有效信息拒之门外，而且容易引起对方的反感，使自己沦为不受欢迎的人。

2. 善于表达

提高语言表达的针对性、准确性、逻辑性和艺术性，做到简洁明快、幽默风趣。创业者通常多种事务缠身，时间总不够用，必须节省时间、提高沟通效率，所以，简洁、明快、准确的表达方式更加适用。表达中务必相互尊重、真诚相待，尽可能做到不责备、不抱怨、不攻击、少批评，避免使用破坏性的言辞，绝不可恶言伤人。要懂得欣赏和赞美对方的优点，学会运用风趣幽默的语言和智慧，赢得对方的悦纳。

3. 恰当反馈

要善于换位思考，准确领悟对方的需求、意图和情绪状态，给予恰当的共鸣和反馈，要注重非语言因素和形体语言的运用，要热情有度，注重表意达情的方式方法。反馈时要善于求同存异，不可舍本求末，或偏离主题。自己有过失时要敢于认错和道歉，以取得谅解和信任。恰当反馈是融洽双方情感，拓展人际关系的基础。

4. 促成合作

商务沟通的意义和价值，主要在于增进理解与互信，在于达成共识、促成合作共赢。合作是创业成功的重要支持因素，是走向成功的必由之路。在当代社会，没有合作的创业注定难以成功。创业者一定要学会设身处地为对方着想，善于把握对方的兴趣和需求，找寻对方利益诉求，从双方资源的互补性出发确定合作的切入点。必须善于通过合作满足各方面的利益：股东投资求回报，银行借贷图利息，经营伙伴需赚钱，员工打工为收入，政府百姓要税收。有时候，一个新合作伙伴的起用，就足以改变创业者的命运。

5. 重视人脉

人际关系在创业中的作用在逐渐加大，人脉资源已经日益成为创业信息、资金、经验的源头。一位资深业内人士总结出一条经验：创业中许多问题的解决"Know-how"不如"Know-who"。也就是说，人脉比知识更能影响竞争的胜负。的确，重要的人脉资源有时候甚至能起到四两拨千斤的神奇功效。所以，不断拓展人脉、扩大社交圈，通过朋友掌握更多信息、聚集更多资源、寻求更快更好的发展，是创业成功的捷径和秘诀之一。[①] 无形的客户资源网络、良好的商业生态支持网络或许就是竞争制胜的"撒手锏"，创业者对此应有全面、准确的感悟和认识。

以上是创业者成功创业所应具备的各种素质。当然，这并不是要求创业者必须完全具备这些素质才能去创业，现实生活中要求创业者全部具备这些素质显然也是不切实际的，但创业者本人要有不断提高自身素质的自觉性和实际行动。要通过不断的学习和改造，促进自身素质的不断提高。哈佛大学拉克教授讲过这样一段话："创业对大多数人而言是一件极具诱惑的事情，同时也是一件极具挑战的事。不是人人都能成功，也并非想象中那么困难。但任何一个梦想成功的人，倘若他知道创业需要策划、技术及创意的观念，那么成功已离他不远了。"

第四节
整合创业资源　搭建创业舞台

创业不是引"无源之水"，栽"无本之木"。每一个人创业，都必然有其凭依的条件，也就是其拥有的资源。然而对大学生创业而言，其资源十分欠缺。由于大学生创业主要是创业理念新颖，其产品具有巨大的潜在市场空间，或者以专利技术进行融资从而建立企业，因此其资金获取、社会网络建立等对创业的成功是至关重要的。

[①] 论当代创业者必备的九大能力 [EB/OL]．[2010-07-22] http://news.ifeng.com/gundong/detail_2011_07/22/7877351_0.shtml.

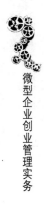

一、扩大融资渠道　稳创业资金保障

2003 年 4 月，武汉大学科技园又迎来了一家公司，这就是珈华科技有限公司，专业于安全防范系统管理工程及信息管理系统的开发。刚刚走出校门的董事长李华每每谈起珈华，都是像谈论自己的孩子一样。李华说，很多学生有过创业的想法，但是往往受到学业、资金的双重束缚，从而没有机会将想法实现。创业计划大赛的开办最起码给了这些有着创业激情的学子们一个"纸上谈兵"的机会。同时也有了一个能够将这"纸上谈兵"转化为真枪实战的机会。参加创业计划大赛，对于资金匮乏的学生来说，如果能吸引到风险投资，则是最好不过的事。开始时，李华也将希望寄托于此。创业计划大赛后，武汉一家公司主动找上门，要求就李华的"多功能计油器"这一个项目进行融资合作。李华他们都很兴奋，但是合作刚刚开始运行，那个企业内部出现资金周转问题，老板将预投入的资金全部抽调走了，合作夭折。

资料来源：大学生创业案例 [EB/OL] . [2008-04-05] http：//kangqiwei.-1988.blog.163.com/blog/static/518992752008353745443.

创业资金的匮乏不仅是李华在创业过程中遇到的困难，而且是众多选择创业的大学生共同面临的困难。有四成大学生认为"资金是创业的最大困难"。的确，巧妇难为无米之炊，没有资金，再好的创意也难以转化为现实的生产力。因此，资金是大学生创业要翻越的一座山，大学生要开拓思路，可以通过以下几种渠道来进行融资。[1]

（一）家庭供给

很多家长都希望自己的孩子能够在毕业后找到一份好工作，因此对于孩子的工作也会全力支持。所以，大部分大学生的创业资金的来源很大程度是从父母那里获取的，所以，对于家庭富裕的孩子来说，家里提供的创业资金，无疑为他们的创业提供了一份坚实的保障。而他们，也能够利用家里的这些资金作为创业的

---

[1] 天津大学生创业成功率不足 1% 资金成最大困难 [EB/OL] . [2010-02-04] http：//www.tianjinwe.com/tianjin/tjsh/201002/t20100204_497199.html.

基金，相比之下，他们的步伐会比同龄人更快，思想也会更成熟。但是，对于一些家庭不太富裕的大学生，家里为他们上大学几乎已经耗费了全部的财产和精力，再也拿不出多余的钱来供他们就业，因此，家庭供给只是一部分家庭富裕的大学生创业资金的来源。

（二）大学里的勤工助学与兼职

家里无力供给就业资金，更多的学生就会利用自己在学校期间所存下的钱作为自己的创业基金。在大学里，时间充裕，可以利用节假日的时间做一些兼职或者是勤工助学。但是对于学生来说，基本的专业知识水平还是要保持的，因为学生最基本的任务是学习，只有把学习搞好了，在提高自己专业知识的水平上，才能够去发展更多的才能，积累更多的经验。

（三）毕业时寻求一些创业组织的基金支持

一些同学可能会认为，在学校里浪费大好时光去赚钱，是一种得不偿失的行为，因为在学校，把自己的专业知识水平提高才是大学生所需要完成的任务。对于这种想法，也是无可厚非的，因为不同的人思维方式不同，考虑的问题也会不尽相同。那么，既然在大学里不做兼职，创业的基金要从何处来呢？建议大学生在临近毕业的时候，可以去寻求一些创业组织的基金支持。例如，中国青年创业国际计划（Youth Business China，YBC）就是一个旨在帮助青年创业的教育性公益项目。它通过动员社会各界特别是工商界的资源，为创业青年提供导师辅导以及资金、技术、网络支持，帮助青年成功创业。因此，对于一些想创业的大学生来说，这也算是一个不错的选择。而中国青年创业国际计划，申请时所需要的条件也简单，凡符合以下条件者均可提出申请：①年龄介于18~35岁；②失业、半失业或者待业；③有一个很好的商业点子和创业激情；④筹措不到启动资金。当然，前提是你要有一个可行性的商业计划，所以，在大学的时候，这个创业计划就应该在你的脑子里形成一个轮廓，应该从多个方面考察它的可行性和收益性。这样，当计划时机成熟的时候提出来，如果可行的话，这些组织就会提供相应的基金让你创业，从而实现自己的梦想。

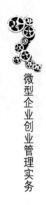

(四) 寻求一些大型企业的资金支持

对于一些大型企业来说，一个有创意的点子和可行性的计划是他们所需要的，如果你有了这些有创意的点子，并且让他们相信你的创意会为他们的企业带来不错的效益，那么他们就会向你提供相应的资金，支持你创业。或者他们会让你以技术入股的形式加入他们的公司，支持你创业。所谓的技术入股，就是指技术持有人（或者技术出资人）以技术成果作为无形资产作价出资公司的行为。技术成果入股后，技术出资方取得股东地位，相应的技术成果财产权转归公司享有。

随着《中华人民共和国公司法》（以下简称《公司法》）和国家科委《关于以高新技术成果出资入股若干问题的规定》（以下简称《若干问题规定》）等法律、政策的出台，客观上已为技术成果的价值化提供了良好的前提，其有利于提高技术出资人的入股积极性，并能够有效调动技术出资人积极实现成果的转化。但是，技术成果的出资入股不同于货币、实物的出资，因为技术成果不是一个客观存在的实物，要发现其绝对真实价值相当困难，而且对其过高过低的评价均会损害出资方的利益，引起各种纠纷。但是任何事物都有其利弊双方，我们不应该凭借个人感觉来判断其是否有利，决定权在于自己，任何事情都带有风险性，如果决定了，就要承担相应的风险。

二、建立人际网络　集创业无形资产

去李学东的公司面试，他必会问："你现在和哪些朋友联系密切？"应聘者随口的一句答复可能就决定了他的去留。为什么？身为山东明发同茂事业集团董事长的李学东给出了这样的答案："一个善于交流处理人脉关系的人会更加从容地掌控社会资源，完成自己的事业。"李学东就是这样在交朋友中实现了华丽的转身。

初入社会前五六年，每个月的工资李学东全部用在招待朋友上。大学同学、合作伙伴，甚至萍水相逢的朋友，在一般人看来觉得不可理喻的事情在李学东眼里却都是财富。2006 年创业伊始，国企改革完成，李学东承包省蓄牧场一家公司成立明发同茂饲料有限公司。当时，李学东面对 500 万元的资金空缺。"在一次朋友父亲的宴会上，我偶尔提了一下创业的想法，当晚朋友们就凑齐了 100 多万元给我。"那是李学东创业前期第一桶金。人脉带给李学东的资源远不止这些。如今，李学东的企业在潍坊和烟台都有分公司，而投资方正是李学东多年的同窗好友。

李学东对于创业下了这样一个定义：创业就是帮助人，以帮助人的心态平等看待自己所做的事，在帮助人中成就自己。李学东用一套"舍得理论"来理解这个定义：帮助别人的过程中可能要失去一些东西，但是得到的是与人为善的好心态和好人缘，这正是创业中最需要的。于是，在"舍"的最后，得到了事业、成就了自己。

资料来源：佚名.大学生创业——李学东的5000人脉［N］.齐鲁周刊，2009（6）.

大学生创业其中最重要的一点是人脉资源的创业，即创业者构建其人际网络或社会网络的能力。一个创业者如果不能在最短时间之内建立自己最广泛的人际网络，那他的创业一定会非常艰难，即使其初期能够依靠领先技术或者自身素质，比如吃苦耐劳或精打细算获得某种程度上的成功，但我们也可以断言他的事业一定做不大。创业者人际资源主要是以下几种：

一是同学资源。实际上，同学之间本来就有守望相助的义务，在现今这个时代，带着商业或功利的目的走进学堂，也并没有什么不妥当。同学之间因为接触比较密切，彼此比较了解，同时因为少年人不存在利害冲突，成年人则大多数从五湖四海走到一起，彼此也甚少存在利害冲突，所以友谊一般都较可靠，纯洁度更高。对于创业者来说，是值得珍惜的最重要的外部资源之一。与同学相似的是战友，可以与同学和战友相提并论的是同乡。共同的人文地理背景，使老乡有一种天然的亲近感。

二是职业资源。对创业者来说，效用最明显首推职业资源。所谓职业资源，即创业者在创业之前，为他人工作时所建立的各种资源，主要包括项目资源和人际资源。充分利用职业资源，从职业资源入手创业，符合创业活动"不熟不做"的教条。尤其是在国内目前还没有像美国或欧洲国家一样，普遍认同和执行"竞业避止"法则的情况下，选择从职业资源入手进行创业，已经成为许多人创业成功的捷径和法宝。

三是朋友资源。朋友应该是一个总称。同学是朋友，战友也是朋友；老乡是朋友，同事一样是朋友。一个创业者，三教九流的朋友都要交，谈得来，交得

上，就好像十八般兵器，到时候不定就用上了哪般。朋友犹如资本金，对创业者来说是多多益善。"在家靠父母，出门靠朋友"、"多一个朋友多一条路"都是至理名言。①

三、活用支持政策　促创业快速发展

浙江大学的博士杨帆毕业前与同学挤在宿舍里搞研发，如今成立了一家科技公司，搬进了坐落在浙大科技园里的大学生创业园，享受了杭州市鼓励大学生创业的一系列优惠政策和配套服务，包括创办公司时工商注册零费用，前两年50平方米房租免费等。杨帆与合伙人还以自主研发项目，获得了市政府提供的15万元资助以及国家60万元创新基金。

杨帆说，创业过程中，杭州市各级政府部门主动上门送政策、送资金，园区管委会经常组织财务税收、企业管理等方面的培训讲座和投融资洽谈会，这些都是大学生创办企业急需的。

像这样提供"一站式"服务的大学生创业园，杭州市已建立了6家，一年内吸引大学生创业企业311家，带动几千人创业就业。

杭州市政府给予创业大学生最高20万元的政府无偿资助或者最高2万元的商业贷款贴息。2008年共资助400余万元，2009年预算为2000万元，第一季度就有74个大学生创业项目获得总计376万元的无偿资助。此外，一系列优惠政策和专项公共服务送进高校，逐渐形成政府服务高校毕业生就业创业的机制。

资料来源：四个大学生的故事折射杭州"创业新政"［EB/OL］.［2009-06-21］http://www.100ec.cn/detail-4647770.html.

创造有利于大学生创业的条件，充分发挥政府的主导作用是必不可少的。政府主导不是包办一切，主要是担当政策、资金的提供者和扶持孵化基地（园区）的建设者的角色。大学生创业优惠政策是国家针对全国所有自主创业的大学生所制定的。各地政府为了扶持当地大学生创业，也出台了相关的政策法规，具体大家可以在中国大学生政策网上可以查询到。各地政府的政策可能更有针对性，更

---

① 邓超明，刘杨，代腾.赢道：成功创业者的28条戒律［M］.北京：清华大学出版社，2009.

加细化，更贴近实际，但基本标准应该不会相差过多。

(一) 贷款优惠政策及贷款办理方法

近几年来，国务院办公厅及有关部门，制定一系列相关政策，鼓励毕业生各种渠道、各种形式就业，支持毕业生自主创业。2002 年 3 月，国务院办公厅转发教育部等部门《关于进一步深化普通高等学校毕业生就业制度改革有关问题意见的通知》（国办发 ［2002］ 19 号）中明确规定："鼓励和支持高校毕业生自主创业，工商和税收部门要简化审批手续，积极给予支持。"在《中国人民银行关于人民币贷款利率有关问题的通知》（银发 ［2003］ 251 号）和《中国人民银行关于人民币存贷款计结息问题的通知》（银发 ［2005］ 129 号）中规定了针对大学生创业的具体贷款优惠政策。

具体优惠政策有：①国有商业银行、股份制银行、城市商业银行和有条件的城市信用社要为自主创业的各大高校毕业生提供小额贷款。在贷款过程中，简化程序，提供开户和结算便利，贷款额度在 5 万元左右。②贷款期限最长为两年，到期后确定需要延长贷款期限的，可以申请延期一次。③贷款利息按照中国人民银行公布的贷款利率确定，担保最高限额为担保基金的 5 倍，担保期限与贷款期限相同。

大学生创业贷款办理方法：大学毕业生在毕业后两年内自主创业，需到创业实体所在地的当地工商部门办理营业执照，注册资金（本）在 50 万元以下的，可以允许分期到位，首期到位的资金不得低于注册资本的 10%（出资额不得低于 3 万元），1 年内实际缴纳注册资本如追加至 50% 以上，余款可以在 3 年内分期到位。如有创业大学生家庭成员的稳定收入或有效资产提供相应的联合担保，信誉良好、还款有保障的，在风险可控的基础上可以适当加大发放信用贷款，并可以享受优惠的低利率。

(二) 税收优惠政策

大学生自主创业第二个受到关注的地方在于税务方面的问题。我国的赋税属于比较高的国家，而且税收项目比较多，除了企业必须要缴纳的国税、地税和所得税以外，根据企业所从事的不同行业还会有一些其他的税收需要缴纳。在财政部、国家税务总局 2010 年发布的《关于支持和促进就业有关税收政策的通知》和

《关于小型微利企业所得税优惠政策有关问题的通知》中，国家在大学生创业优惠政策中对于税收方面做出了以下规定：

（1）凡高校毕业生从事个体经营的，自当地工商部门批准其经营之日起1年内免交税务登记证工本费（即免税）。

（2）新成立的城镇劳动就业服务企业，当年安置待业人员（含已办理失业登记的高校毕业生，下同）超过企业从业人员总数60%的，经相关主管税务机关批准，可免纳所得税3年。劳动就业服务企业免税期满后，当年新安置待业人员占企业原从业人员总数30%以上的，经相关主管税务机关批准，可减半缴纳所得税2年。

（3）除此之外，具体不同的行业还有不同的税务优惠：

大学毕业生创业新办咨询业、信息业、技术服务业的企业或经营单位，提交申请经税务部门批准后，可免征企业所得税两年。大学毕业生创业新办从事交通运输、邮电通信的企业或经营单位，提交申请经税务部门批准后，第一年免征企业所得税，第二年减半征收企业所得税。大学毕业生创业新办从事公用事业、商业物资业、对外贸易业、旅游业、物流业、仓储业、居民服务业、饮食业、教育文化事业、卫生事业的企业或经营单位，提交申请经税务部门批准后，可免征企业所得税一年。

有了众多免税的创业优惠政策扶持，相信广大自主创业的大学毕业生，在创业初期就能省下大量资金用于企业运作。

（三）企业运营管理

企业运营管理方面的创业优惠政策相对于贷款优惠和税收优惠政策来说，并不受到大多数大学生创业者的关注，甚至有的自主创业大学毕业生根本不知道有这一优惠政策。这方面的优惠政策主要有以下几个方面：

（1）员工聘请和培训享受减免费优惠。对大学毕业生自主创办的企业，自当地工商部门批准其经营之日起1年内，可以在政府人事、劳动保障行政部门所属的人才中介服务机构和公共职业介绍机构的网站免费查询人才、劳动力供求信息，免费发布招聘广告等。这一点有助于在创业初期获得相关行业所需求的人才资源。能够帮助自主创业的大学毕业生以最低代价，更容易地获取所需专业人才。

（2）参加政府人事、劳动保障行政部门所属的人才中介服务机构和公共职业介绍机构举办的人才集市或人才、劳务交流活动时可给予适当减免交费；政府人事部门所属的人才中介服务机构免费为创办企业的毕业生、优惠为创办企业的员工提供一次培训、测评服务。

第三章
新生代农民工　卷起创业热潮

　　农村剩余劳动力向非农产业和城镇转移是工业化和现代化的必然趋势。农民工是我国工业化和城镇化进程中产生的特殊社会群体，也是我国农村劳动力转移过程中形成的过渡性社会群体。农民工问题的存在和发展变化，正在深刻地影响着中国工业化、城市化和现代化进程。农民工回乡创业对社会主义新农村建设的贡献巨大，对农村城镇化的影响深远。

　　受金融危机的影响，我国东南沿海地区农民工歇业、失业和返乡现象比较突出。于是，人们的思想开始有所转变，不再把进城务工当成是生存的唯一出路，在政府的指导下，农民工选择在家创业拓宽就业路。很多农民工利用外出务工获得的资本、信息和技术回乡创业，发展新的产业，在刚开始创业时可能会有些被迫和无奈，但当收获成功时也会有柳暗花明的喜悦。被迫创业也好，自主创业也罢，这些农民工的创业，略带被动与摸索的痕迹，他们的创业环境还不够完善，创业形式和创业技巧还难免稚嫩。

　　然而无论如何，农民工却正在为改写自己的命运做着积极的尝试——把创业视为一种生存和发展的方式。农村是一个广阔的市场，有着很大的发展空间，并且农村历年外出闯世界的村民累计起来也为数不少，分布在各行各业乃至世界各地，是"建设家乡、发展家乡"极其宝贵的创业资源。如果把这些资源整合起来，将农民工纳入返乡创业活动的主体中来，加以动员和组织，就会形成创建美好家园的统一战线，形成有力出力、有钱出钱、有智献智的齐建共创新局面，农村自主创业的力量和水平就会有很大的提升。

第一节

充分发挥特长　创业势头高涨

近年来，种种原因以及新闻都令新生代农民工成为社会关注的焦点。中华全国总工会于 2010 年 6 月 21 日发布的《关于新生代农民工问题的研究报告》中关于"未来发展的打算"的调查显示，新一代农民工经商创业意愿明显高于父辈（分别为 27% 和 17.9%），而选择"回家务农"的则大大低于老一代农民工（分别为 1.4% 和 11%）。[①] 这是因为打工收入虽然稳定，却过于微薄，也看不到什么前途，所谓"工字不出头"，如此，对于一些不甘于现状的年轻农民工来说，微小的希望便都寄托在经商创业上了。虽然创业艰难，但至少具备了某种可能性——要知道，流水线上日复一日的那种单调劳作，是连改变命运的可能性都不存在的。

一、创业之路　凸显特点

我国现有农民工 2.6 亿人，其中新生代农民工 1.6 亿人，在这庞大的群体中，我们看到了他们渴望进入、融入城市社会，期望提高物质和精神享受。改革开放以来，亿万农村劳动力离土离乡，进城务工就业，跨地区有序流动，对改变农村面貌，加快工业化和城镇化进程，做出了特殊的重要贡献。在这一进程中，一部分进城农民工经过一段时间外出就业，利用打工增长的见识、本领，获得的资金、技术和信息，充分发挥自身特长，或返回家乡，在乡村、小城镇创办企业，发展工商服务业，投资商品性农业，或在城市里进行小成本创业项目投资，他们创业的势头是一浪高过一浪。根据近几年农民工创业的整体形势，发现我国的农民工创业具有以下几个特点：

（一）回乡创业者以中年男性为主且具有一定的文化素质和生产技能

回乡创业者的平均年龄为 39 岁，年龄在 30~45 岁的占了 63.9%，其中，男

---

① 佚名. 农民工创业是无奈也是逃避 [N]. 南方都市报，2010 年 6 月 2 日.

性占 90.9%，女性只占 9.1%。仅看这组数据，不足以发现女性在回乡创业中的作用。然而事实上，配偶在创业中，共同创业的占 38.8%，协助创业的占 35%。回乡创业的人群受教育程度普遍高于农村地区平均的文化程度。在回乡创业者中，具有小学学历的占 10.2%，具有初中学历的占 64.8%，高中及以上学历占 24.2%。这些回乡创业者平均累计外出务工 5.8 年，他们在外积累了丰富的经验。外出前，仅有 28.5% 的劳动力接受过技术培训，经过外出打工锻炼后，几乎所有的回乡创业者都掌握了 1~2 门专业技能，有的还积累了丰富的财会知识和企业管理经验。[①] 创业者的文化水平虽然不高，但他们在打工中不断学习，积累了丰富的实践经验，为回乡创业奠定了坚实基础。

（二）回乡创业者大多从事非农产业，企业形式以个体和私营为主，企业规模较小

产业构成上，农民工回乡后在很多领域进行创业，如特色种植养殖业、加工业、小型工矿企业、餐饮服务业、运输业、农村旅游业等。虽然创业者大多从事非农产业，但 98.5% 的创业者所在家庭还有承包耕地，他们和农业之间的天然联系仍然存在。回乡创业最主要的经营形式是个体经营，所占比例为 68%，其次是私营企业和股份制企业（主要是在第二产业）。另外一些回乡创业者从事承包、租赁经营业务，主要属于商品农业开发。

企业规模上，以中小企业（包括微型企业）为主。企业初次投资规模在 5 万元以下的居多。企业用工在 2 人以下的占四成，10 人以下的居多。年产值在 10 万元以下的约占一半。从规模上说，可把企业分三个类型：第一类是就业谋生型的企业，这一类农民工创业主要是解决个人和家庭就业问题；第二类是成长谋利型的企业；第三类是能达到沿海先进企业水平的现代企业，到目前为止已经有相当一部分企业具有了较大的规模和较高的技术水平。

在回乡创业农民工中，年轻人从事非农产业经营的比重超过农业开发经营，中、老年回乡创业者随着年龄增长，从事农业的比例上升。从 20 世纪 80 年代到现在，第一代和第二代外出打工农民的知识结构、外出动机和回乡发展境况已发

---

① 农民工回乡创业问题研究课题组. 农民工回乡创业现状的调查与政策建议 [EB/OL]. [2009-02-05] http：//finance.people.com.cn/nc/GB/8751401.html.

生重大变化。第一代的农民工外出主要是进行资金积累，回家较多的是利用资金从事与过去所从事过的农业生产相关的开发。而新一代农民工外出主要是技术和管理经验积累，回家以后往往能够利用打工所学习的现代工业生产和服务知识来发展。他们对城市生产和生活方式的适应和运用能力在增强，对现代工业文明的认同正逐步增强。

（三）农民工的创业和居住地主要集中在农村或离农村较近的（集）镇

大部分回乡农民工所选择的创业和居住地点是离家较近的村庄或（集）镇，选择在（集）镇创业的回乡创业者占到了一半以上，其他的创业者则集中在农村。在创业过程中，他们中一部分人已获得城镇户口，然而，回乡创业者还处在城镇化的过程中，大部分回乡创业者虽然回到城镇创业，但仍然没有实现举家迁移，也没有取得城镇居民身份。

二、创业模式　并驾齐驱

从全国各地返乡农民工创业类型上看，农民工自主创业过程可以划分为三个阶段：创业观念的形成阶段、创业行为的起步阶段以及创业活动的成长阶段。根据对这三个阶段的分析，将农民自主创业分为原生态创业与非原生态创业两种模式。原生态创业又可以分为家庭工业模式、经商回归模式和打工转型模式；非原生态创业可以分为产业带动模式、企业裂变模式和家族孵化模式，这是农民自主创业最主要的六种创业形态。

（一）家庭工业模式

它也叫基本生存型创业模式，是农民工进行原生态创业最主要的模式。这是因为一般农民工一缺乏资金，二缺乏技术，因此不可能一开始便创办规模较大的企业，或创办不需要大规模投入的技术密集型企业。而创办家庭工业最大的好处就是进入成本低，对资金、技术和管理的要求都不高，几乎家家户户都可以随时创办并投入生产。而且，许多家庭工业从事的生产具有很强的季节性，因此可以一边务工、一边务农，两不耽误。在许多欠发达地区，发展家庭工业已经成为当地政府在农村中发动的一场工业启蒙运动。

（二）经商回归模式

它属于较常见的农民原生态创业模式，是指外出经商的农民，在积累了一定的资本和市场拓展的经验之后，回乡创办企业的一种创业模式。这一模式最典型的体现在温州商人身上，是当年几十万遍布全国的温州供销大军成就了今天温州模式的辉煌。此外，在浙江全省发达地区几乎都能看到经商回归模式对农民自主创业的影响，是当年鸡毛换糖的义乌人、一根扁担走四方的织里人造就了今天的义乌小商品市场和织里童装生产基地。这种创业模式的最大特征是，创业者熟悉市场，这就为以后创业提供了市场条件。许多商人在创业之前便有了相对稳定的客户群，他们距离创办企业只不过是一步之遥。同时，农民通过经商完成了资本的原始积累，从而为创办企业准备了资本条件。

（三）打工转型模式

它也是农民原生态创业模式的一种，是指农民通过进入企业，或进入城市打工，积累了一定的技术、资金等创业要素后，再回乡创业。这类创业者可称之为"四带"，即带回技术、管理经验、市场客户和订单，有的还带回熟练工人，因而创业成功率相对较高。许多返乡创业人员利用在城市和大中型企业工作过的经验和技术，抓住规模企业产业链条向前和向后延伸的机遇，主动接受大中型企业的辐射带动，积极发展为大中型企业服务的配件配套企业，促进一批中小企业蓬勃发展，实现了产业发展的合理分工。但是，打工转型模式的创业者主要是指基层打工者，他们往往需要较长时间才能积累少量的原始创业启动资金，或积累一定的生产技术，其创业成功率一般较低。但是打工转型模式的创业者往往经历了艰苦的磨炼，因此有着坚强的意志与刻苦耐劳的精神，这种精神正是创业者在创业初期十分需要的。在调研过程中发现很多这样的创业者，他们打工后回乡创业，失败了，再创业，再失败，但最终获得了成功。对于这样的企业，政府应该给予更多的关注，并且加强对创业者的创业辅导，以减少他们的失败率。

（四）产业带动模式

它也叫政策引导下产业带动型创业模式，是农民非原生态创业中最重要的一

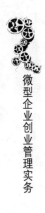

种模式。这种创业模式主要是指当地农民受本地区工业产业的影响,在其他创业者带动下创办企业的一种创业模式。通过兴办农业产业化龙头企业,不少返乡创业农民工在政府的支持下,返乡兴办规模种植养殖业、农产品加工业,延长农业产业链条,构建现代农业产业体系,将小农户与大产业、小生产与大市场进行有效的对接,发展起来一批农业产业化龙头企业,兴办"一乡一品、一村一品"的产业集群、农村服务业和劳动密集型产业。如安义大力发展铝型材产业、分宜大力发展油茶种植等就是受到地方产业发展的影响和地区发展优势作用形成的一系列品牌。

(五)企业裂变模式

它也是一种比较重要的农民非原生态创业模式,是指企业的某一合伙人、企业高层管理人员或企业销售人员等,由于某种原因,携带资金、技术、管理经验等,另立门户进行二次创业。这种创业模式不同于打工转型模式,其创业者往往掌握了原企业的某项重要资源,如拥有企业股份、熟知企业运行模式、掌握客户资源等,因此创业的成功率较高。这种创业模式所创办的企业往往成为原企业的竞争者,它们具有相似的技术水平、管理模式,以及面对相同的客户群体,因此,创业者的素质成为创业成功与否的关键因素。也有的创业者离开原企业后在原产品的上、下游创办企业,并成为原企业的合作者,从而提高双方的市场竞争力。如在浙江省许多产业集群的形成初期,这一模式曾发挥了重要作用。

(六)家族孵化模式

这种模式在某些地区是农民非原生态创业的重要创业模式,是指在一个家族内部某些成员创业成功后,通过资金扶持、技术指导、管理带动等方式支持家族内其他成员进行创业。家族孵化模式是世界上普遍存在的一种创业模式,它可以通过家族内部的信用关系,极大地降低创业风险,从而大大提高创业的成功率和成活率。浙江省温台地区的家族企业非常普遍,这也与当地的家族文化息息相关,在这些地区,家族作为一个整体进入市场参与竞争,从而大大提高了竞争力,增强了抵御风险的能力。但是,由于家族孵化模式在创业初期往往产权不清，所以在企业创业成功之后容易引发矛盾。① 因此，这种类型的再创业者在企业创业成功之后必须处理好孵化企业与被孵化企业之间的关系。

根据以上对农民工创业模式的归纳，可以得出农民工创业的一些基本共性：主要依赖个人技术、能力，对于地区资源依赖程度比较高，但其专业化和分工程度不高；农民工创办企业还具有相当程度的集体性质，大多数还处于模仿阶段。

第二节

多方条件不足　创业步履维艰

综观农民工返乡创业成功的案例，农民工返乡创业成功的多是属于机会拉动型创业。创业者具有较为明显的创业者特质，敢于承担责任，具有敏锐的市场洞察力，这些农民工多数在外积累了一定的技术、管理经验、资金和市场及社会资源等，通过对家乡的机会和市场的发现，返乡投资。也有一部分是在外创业成功，返乡投资创业。对于机会拉动型创业，虽然创业者的情况各不相同，采取的创业形式也千差万别，但一般在技术、资金、管理经验和市场等方面都有较充分的准备，创业成功的例子也比较多。从各地的经验来看，社会各界对他们都有比较多的关注和帮助，但是创业有风险。另外，生存推动型创业主要以解决自我就业和谋生为主。这类创业表现为家庭小工厂、小作坊、小卖店、小餐馆之类，对资金、技术和管理的要求不高。这类型创业在创业过程中面临着更多的约束和困难。加之对地方经济拉动力不足，地方政府对这部分创业的政策支持和服务扶持力度相对较弱，他们在创业中面临着更多的困难。归纳起来，主要是返乡创业就业的外部环境问题和自身问题，准确把握这些问题是做好农民工返乡创业的前提和基础。

一、缺乏创新　项目单一

第一，所选项目大都和田地（种植、养殖业及农副产品加工）有关。农民工

---

① 农民已成为浙江创业人群的主力军 [EB/OL].［2007-07-31］http://www.zj.xinhuanet.com/magazine/2007-07/31/content_10730226.htm.

在城市打工多年，见过世面，但在收入上仍然停留在较低水平阶段。对于他们而言，最稳妥的创业也许就是从曾经最熟悉的土地开始。但这些项目多属微利项目，规模不大、产品单一、周期长、见效慢、受市场影响大，不利于农民工尽快致富增收。另外，技术含量较低，也较难享受国家政策扶持。

第二，存在不同程度的盲目投资办企业现象。农民工受自身知识和管理经验等因素制约，积累资金返乡创业时，对市场信息缺乏足够了解，也缺乏来自政府积极有效的产业引导、项目指导，常做出不切合当地经济发展和市场需求的决策与判断，存在不同程度的盲目投资现象。

第三，照搬别人的模式创业。许多人看到别人在某方面创业赚钱后，在求富欲望的驱使下，自己也盲目跟进。企业规模小、水平低、重复建设现象严重。一旦当地市场饱和，销路出现困难，发展资金再难以解决，最后只能破产。

二、激情饱满　能力不足

不少农民工在当初的创业激情过后遭遇进退两难的尴尬，主要由于以下五个原因导致农民工创业成功率不高。

(一) 具有强烈的创业意识

在深圳的农民工群体中，在深圳的新生代农民工今后打算创业做老板的占58%，希望成为技术人员的占15.1%，成为业务骨干的占10.8%，成为办公室白领的占11.5%。[①] 高涨的创业预期说明新生代农民工具有浓厚的创业意识，普遍地具有自主创业的目标，他们在艰难的生存中保持着积极向上的心态，他们在顽强地成长。

(二) 创业经验不足

农民工在外打工，从事低端产业者居多，技术含量不高，技术积累相对不足。农民工在外也很少有创业实践活动，更无创业知识和创业理论的储备。创业

---

① 深圳市新生代农民工素质教育调查分析及对策建议 [EB/OL]. [2011-07-11] http://www.szass.com/newsinfo_402_11807.html.

经验欠缺，在激烈的市场竞争中往往处于劣势，创办实体难有作为。

（三）缺乏先进的企业经营、管理知识

缺乏专业知识也是新生代农民工创业的硬伤，在返乡创业的农民工中，初中文化程度占大多数，高中及以上文化程度所占比例较小，他们积累资金返乡创业选择项目时，常做出不切合当地经济发展和市场需求的决策与判断，加之没有专业指导，创业者仅凭经验和掌握的信息去判断，科学的论证不够，选择的品种品质达不到最佳效果，常造成创业出现盲目性，创业产业单一，科技含量不高。同时，由于创业者知识和技术积累相对不足，产品技术含量较低，发展粗放，创办实体难有大的作为。

（四）缺乏技术人才

大多数企业用工的主要来源是返乡农民工和当地农民，创办的实体大多属微利项目，生产结构以劳动密集型和手工操作型为主，产品技术含量偏低，创业地的生活水准、环境和物质文化条件等缺乏竞争优势和吸引力，本地人才和优质劳动力仍倾向发达地区，这已成为企业提升发展的障碍。创业调查认为，农民工回乡创业亟须政府扶持。

（五）返乡创业的农民工接受培训较少

回乡创业的农民工具有一定程度的文化素质和技能水平，但他们还是缺乏足够的、必需的和持续的技能培训和创业培训。对于部分参与培训的农民工而言，其培训效果也一般。这样的后果是返乡创业选择项目时，或好高骛远，或小打小闹，产品市场竞争力和抗风险能力不强，企业发展后劲不足。

三、资金难筹　机会流失

对农民工这样一个创业资金不足、创业知识缺乏、创业技能不高的特殊群体，创业的困难很大。缺少资金是摆在他们面前的首要难题。首先是个人收入不足，难以支付创业所需费用。农民工返乡时虽然积累了一定资金，但对于创办企业、搞生产经营所需资金而言，这点积蓄只是杯水车薪。其次是企业流动资金不

足。企业办起来了，却因缺少流动资金而运转困难。务工返乡人员创办的企业都是中小型企业，通过正规金融渠道得到贷款的可能性极小，因此痛失不少商机。

目前，很多地区的金融机构为了支持农民工创业和就业，为农民工量身定做了"打工创业贷款"、"农民工外出务工小额贷款"、"农民工创业贷款"、"外出创业贷款"等信贷产品，对帮助解决农民工创业过程中遇到的资金紧张情况起到了积极作用，但是还存在以下几个问题：

(一) 银行信心不足

农民工创业贷款难，归根结底是银行对农民工创业没有信心。山区的返乡农民工，搞的大多是种植、养殖业，与市场不能有效接轨，是"二级市场"，弄不好投资就"打水漂"了，因此银行信心不足。

(二) 抵押门槛较高

在贷款评估、抵押等程序上设置门槛较高。一些银行名义上的小额贷款，成了被农民工戏称为好看却"摘不到的桃子"。通常情况下，由于农民工有效抵押物不足，启动资金有限，使融资难度大大加深。

(三) 申请小额贷款流程复杂

当前，针对农民工创业提供有各种小额贷款申请政策，但是普遍流程复杂，多数农民工反映操作困难。以某省为例，申请小额担保贷款必须具备以下条件：①经工商部门登记注册；②有固定的经营场地和一定的自有资本金；③从事的经营项目必须符合国家有关政策、法规；④具备还贷能力；⑤无不良记录，信用良好，原则上应经过就业再就业培训，具有当地居民常住户口；⑥申请小额担保贷款须有担保人，担保人必须是由县财政发放工资的在职人员。

比如，重庆某地关于担保人担保额问题的规定：凡是法人为个人提供担保，必须同时具备以下条件：本企业生产经营状况良好，年税后利润在5万元以上；具有贷款申请金额1.5倍以上的不动产。凡是公务员为个人提供担保，主任科员以下可担保4万元；主任科员可担保5万元；副处级以上可担保8万元等。复杂的程序很大程度上使部分有创业意向的农民工退避三舍，创业只能在现实面前成为泡影。[1]

(四) 政府优惠贷款有附加条件

贷款有不少附加条件，如要求一定的资金和人员规模，甚至要求雇多少返乡农民工等。有些农民工为了得到这些优惠，不量力而行，搞花架子弄虚作假，或不顾实际情况盲目扩张，结果是所办实体"兴也勃也，亡也忽也"。

四、政策不足　门槛重重

尽管国家和地方政府为了鼓励农民工返乡创业出台了很多的优惠政策，但是宣传力度却远远不够，农民工未能及时了解到返乡创业所能够享受的优惠政策。而且，有的地方政府效能不高，在政策具体落实的过程中，仍然缺乏服务意识，不利于农民工更好地创业。例如，创办企业过程中，税费减免优惠不明显，甚至当前大部分地区还没有对农民工返乡创业实施税费减免政策。而且，有些地方政府工作效率低下，行政审批手续复杂，"管、卡、压、要"的做法时有发生。此外，户籍制度对于农民工返乡创业也是后顾之忧。

五、信息闭塞　创业滞后

返乡创业者信息资源闭塞，把握市场难。现代社会是一个信息社会，信息就是资源，信息就是财富。一些返乡创业者缺乏相关的中介机构为他们提供信息服务，对产品的定位不够准确，产品结构单一，没有嵌入产业链，没有发挥自己的比较优势，办企业存在一定的盲目性。但是，对于当代农民工创业来说，其本身还是具有一定的优势和机会。

(一) 农民工返乡创业投资环境的改善

2008 年 12 月 10 日，国务院召开常务会议，要求高度重视农民工的就业问题，指出这"关系经济社会发展全局"；2008 年 12 月 20 日，国务院办公厅发出

---

① 长子中. 农民工创业需要全面政策支持［N］. 农民日报，2009 年 4 月 27 日.

《关于切实做好当前农民工工作的通知》，要求大力支持农民工返乡创业和投身新农村建设；2008 年 12 月 28 日闭幕的中央农村工作会议也高度关注农民工就业困难加剧、部分农民工返乡回流问题。决定从贷款发放、税费减免、工商登记、信息咨询四个方面开辟"绿色通道"，积极支持农民工返乡创业。2009 年 2 月，温家宝总理与网友的对话中指出，应该鼓励农民工创业，给他们提供培训和税收的优惠；3 月 5 日，在第十一届全国人民代表大会第二次会议上指出千方百计促进就业，对自主创业、农民工返乡创业要进一步降低门槛，给予更大支持；12月 27~28 日，在中央农村工作会议上对农民工的就业创业问题给予了高度重视。2010 年 1 月 31 日出台的 2010 年中央一号文件中指出，完善促进创业带动就业的政策措施，将农民工返乡创业和农民就地就近创业纳入政策扶持范围；2010年 3 月 5 日，国务院政府工作报告中，要求壮大县域经济，加强县城和中心镇基础设施和环境建设，引导非农产业和农村人口有序向小城镇集聚，鼓励返乡农民工就地创业。① 2011 年 12 月 27 日，中央农村工作会议上，同样高度重视了农民工的就业问题。2013 年 1 月 31 日，指导"三农"工作的第 10 个中央一号文件《中共中央、国务院关于加快发展现代农业进一步增强农村发展活力的若干意见》中指出，制订专门计划，对符合条件的中高等学校毕业生、退役军人、返乡农民工务农创业给予补助和贷款支持。②

随着西部开发的大力推进，农村基础设施的改善，小城镇建设步伐的加快，建设社会主义新农村各项具体措施的落实，各级政府招商引资条件的优惠，再加上外面投资风险和创业成本的增加，使相当一部分有创业意愿的农民工，也愿意选择返乡创业。

（二）农民工自身创业条件的具备

通过在外面的闯荡，农民工见的世面大了，学到了一技之长，思想观念发生了变化，创业意识也随之增强。同时，农民工每年都能挣到上万元甚至几万元收入，几年后存下了一笔积蓄，有了一定的经济基础，而且，他们在外面打工的几

---

① 十七大以来政府和国家领导人鼓励创业方针及指示［EB/OL］.［2010-03-29］http://jingji.cntv.cn/special/snzfby/20100329/103224.shtml.
② 中共中央、国务院关于加快发展现代农业进一步增强农村发展活力的若干意见［EB/OL］.［2013-01-31］http://news.xinhuanet.com/2013-01/31/c_124307774_4.htm.

年里铺设了自己的人际网络，这些有利的因素都是促成农民工返乡创业的基础。

第三节

提升创业素质 推进创业进程

众所周知，农民工返乡创业可以实现自主创业、持续就业，是化解农民工就业难的重要途径，是统筹城乡发展的重要路径，是加快创业型农村建设的助推剂。一般来说，农民工返乡创业素质体系应当包括优秀的创业意识、创业知识、创业心理和创业能力四项基本要素。

一、加强创业意识 驾驭市场机会

创业意识是创业的原动力，它推动创业者去发现、识别和驾驭市场机会。国内外创业经验表明，创业教育是培养创业意识、培育创业人才的重要途径。因此，必须在返乡农民工群体中营造浓厚的创业创新氛围，让他们深刻认识培养创业精神和提升创业能力的必要性和重要性，自觉锤炼创业意识，孕育创新精神。一般来说，创业的农民工应该具备以下几种创业意识：

（一）商业意识

它是创业意识的基本组成部分，可以说，没有商业意识就难以成功创业。为此，有创业想法的返乡农民工朋友必须树立捕捉商机、追求富裕、合法经商、勤奋创业、开拓事业的意识，因地制宜、因时制宜地对现实的、潜在的和衍生的创业商机进行有效识别、深度开发和综合利用。

（二）创新意识

它是任何一个民族、国家兴旺发达的不竭动力，也是创业意识的重要组成部分。优秀的创业者必须具备创新意识和创新能力，树立时时创新、事事创新、持续创新的理念，善于用新思路、新办法破解创业新难题，铸造创业新辉煌。

（三）风险意识

在竞争日趋激烈的市场经济条件下，创业风险与创业机遇始终并存，对此，创业者必须有充分的思想准备。为此，我们必须教会返乡农民工朋友牢固树立风险意识，树立"爱拼才会赢"的信念，在创业过程中注意科学评估和有效避免一切可能的技术风险、资金风险、市场风险、开发风险和运营风险等。

（四）社交意识

创业者不但是追求盈利的经济人，更应该成为一个新时代的社会人。因此，优秀的创业者须注意广交朋友、重情重义，并勇于承担社会责任。只有如此，创业者的朋友、合作伙伴、顾客和其他支持者才会越来越多，创业的生态环境才会越来越和谐。如果创业者性格孤僻、孤军奋战、唯利是图、薄情寡义，那么创业失败的可能性就比较大。

二、丰富创业知识　扎实创业基础

众所周知，加强返乡农民工创业教育有助于改善返乡农民工的知识结构、拓宽返乡农民工的知识面、增强返乡农民工的创业意愿和创业能力。因此，我们必须抓好返乡农民工的创业教育，不断丰富和提升返乡农民工的创业知识。通过创业教育，不但要让返乡农民工了解国内外、兄弟省市以及家乡创业教育的发展历程和发展态势，学习中外农民工创业创新的典型事例、基本经验和应当吸取的教训，而且要让返乡农民工群体知晓要顺利实现成功创业应具备的创业知识，以及如何积累这些创业知识。一般来说，返乡创业的农民工必须具备的创业知识主要包括以下几个方面：[1]

（一）企业管理意识

创业的载体是企业，无论是创立和运营微型、小型、中型还是大型企业，都

---

[1] 农民工返乡创业的影响因素实证分析 [EB/OL]．[2011-10-31] http：//www.zgxcfx.com/Article_Show. asp? ArticleID=44400.

需要创业者具备与之匹配的管理知识。因此，创业者必须根据实际情况，不断学习和积累企业管理知识，规避管理风险，力争使创业成效日新月异。

（二）营销意识

成功的创业者必须具备相当的营销知识和技能，如果生产的产品卖不出去或卖价低于成本价，那么创业就面临失败的风险。因此，有创业意愿的农民工朋友，第一步，必须学会如何营销自己的产品或服务；第二步，当然也是成功创业的最高境界，那就是学会营销自己的品牌，不但将自己的产品或服务推销出去，而且将自己的品牌也成功推销出去。

（三）创业政策意识

为了打造创业型经济，国家和地方都陆续出台了一些扶持返乡农民工创业的优惠政策，其内容涵盖创业教育政策、创业项目政策、创业场地政策、创业信贷政策、创业财税政策、创业收费政策、创业风险政策等。对此，返乡农民工朋友需要及时了解，准确把握，以便充分利用这些优惠政策，为自己的创业创新再添东风。

（四）创业法律意识

依法治国已经成为党和政府治理国家的基本方略，依法创业、合法立业是时代的必然要求。因此，返乡农民工朋友需要结合自身的创业实际，尽快熟悉《行政许可法》、《合伙企业法》、《公司法》、《合同法》、《就业促进法》等法律法规，学会用法律武器依法维护自己合法的创业权益。

三、调整创业心理　积极迎接挑战

广大农民工朋友要想实现成功创业，离不开健康的创业心理。返乡创业的农民工当前要在以下几个方面完善和塑造健康的创业心理：

（一）乐观的处世态度

随着经济社会的不断发展，人民群众的物质文化需求越来越多元化，国际国

内市场的需求空间越来越广阔。虽然 2008 年世界遭遇了金融危机，但我们有信心在党和政府的领导下，共克时艰、共创辉煌。党和政府对农民工返乡创业问题非常重视，相关的政策扶持体系也日渐完善。因此，对于农民工返乡创业的软环境，我们有理由期待。与此同时，不论创业中遇到什么困难，都要积极面对，这是支撑艰辛创业、成功创业的精神支柱。

（二）强大的心理承受力

商场如战场，胜败乃商家常事。因此，通过有计划的培训，教育返乡农民工，一方面要逐渐养成理性的思考和行为方式，始终做到心态平和，正确看待创业的成败得失；另一方面必须学会在陷入创业困境甚至创业危机时善于调控情绪、沉着冷静、力挽狂澜，努力实现化危为机。

（三）坚韧执着的毅力

干任何事情都需要毅力，创业也不例外。一旦做出了创业的决定，就要义无反顾、勇往直前、持之以恒、勇于破除一切创业障碍。否则，农民工返乡创业只会成为南柯一梦。

（四）高度的竞争意识

竞争添压力，竞争出活力，竞争显实力，竞争出效益。竞争性是社会主义市场经济的一个突出特征，因此，有创业意愿的返乡农民工朋友必须牢固树立竞争意识，力争始终保持"人无我有、人有我优、人优我特"的竞争优势。只有如此，返乡农民工创业立业才能做到无往而不胜。

四、增强创业能力　开拓成功道路

创业能力是创业实践的基本前提，成功创业必须具备较强的创业能力。返乡农民工要想成功创业，必须在以下五个方面不断提高创业能力：

（一）创业机会识别能力

它是创业能力的核心组成部分，识别正确的创业机会是创业者应当具备的重要技能。在机会识别阶段，创业者需要知晓机会在哪里和怎样去寻找。众所周知，创业机会包括现有的创业机会、潜在的创业机会和衍生的创业机会三大类。现有的创业机会存在于不完全竞争下的市场空隙、规模经济下的市场空间、企业集群下的市场空缺等。潜在的创业机会来自于新科技应用和人们需求的多样化等。衍生的市场机会来自于经济活动的多样化和产业结构的调整等方面。成功的创业者能敏锐地感知社会大众的需求变化，并能够从中捕捉和利用创业机会。

(二) 创业策划能力

它是指创业者制订创业计划和利用创业机会的能力。在创业策划阶段，创业者需要搞清楚创业的内部和外部环境，制订创业计划既要量力而行，又要尽力而为。一般说来，创业策划书要清楚地确定和陈述 "5W1M1H1E" 的内容，即What（做什么）、Why（为什么做）、Who（谁去做）、Where（何地做）、When（何时做）、Money（需要多少资金）、How（怎样做）、Emergency plan（应急预案）。

(三) 创业组织能力

它是创业能力的重要组成部分，也是创业者必须具备的重要技能。创业目标一旦确立，创业计划一旦制订，为了保证创业目标和创业计划的有效实施，创业者就必须设立精干合理的组织架构，整合与规范不同员工在创业团队中的工作，力争做到 "事事有人干，人人有事干"，大家齐心协力贡献自己的聪明才智，共同促成创业目标的圆满实现。

(四) 创业领导能力

创业者在带领、引导和鼓舞员工为实现创业目标的过程中，要充分发挥指挥、协调和激励三个方面的作用。因此，首先创业者必须时刻保持头脑清醒，认清所处的创业环境，明确创业目标和创业路径；其次创业者要时刻洞察组织内外的消极因素，有机协调组织成员之间的关系，营造内和外顺的创业环境；最后创业者要科学统筹创业组织的发展与员工的职业生涯发展，真正做到 "各尽其能、共同创业、共同分享"。

(五) 创业控制能力

它是创业者必须具备的重要技能之一。为此，创业者必须根据创业计划的要求，设立衡量创业绩效的指标体系，然后将实际创业效果与预定标准相比较，以确定创业活动中出现的失误、错误及其严重程度。在此基础上，采取必要的举措，确保创业资源的高效利用以及创业目标的顺利实现。

【延伸阅读】

明确创业误区　直击创业重点

由于农民工自身素质相对不足以及本身缺乏创业的相关经验，所以很多农民工在初入创业领域中往往容易迷失方向，最后血本无归。因此，广大农民工朋友在创业时一定要弄清楚容易进入的创业误区，避免走弯路，直击重点。下面将以一些案例和小故事透析农民工创业常见误区。

(1) 投资项目过于单一。近年来，特色菜肴成了抢手货，辽宁人江华一心一意搞起了特色养殖，他将全部资金投入其中，但一场突如其来的"甲流"疫情，却使其梦想破灭。虽然单一投资因为资源和资金的集中，在项目选择正确的情况下，会给创业者带来好的收益，但放大的风险只要发生一次，就能使投资者多年积累起来的财富毁于一旦。农民工缺乏创业经验，应将鸡蛋放在不同的篮子里，可以大大减少投资风险。

(2) 急于获取回报。张宁看到同乡售卖某种塑料产品钱都"赚疯"了，赶紧筹集了资金，决定尽快投资这一项目。他的同乡劝他说："现在产品正在更新换代，你最好推迟4个月。"张宁很不高兴，推迟4个月，意味着丢掉几万元利润。果然，几个月后，张宁的产品因为科技含量低而滞销。创业者在初涉投资时，易受眼前利益驱动。投资是一项系统工程，创业者要克服急功近利的思想，不可杀鸡取卵、竭泽而渔。

(3) 选择实力远超过自己的投资伙伴。几个农民工决定自主创业，他们看好了一个很有市场的投资项目，但因自己经济基础薄弱，不得不寻求投资合作伙伴。他们选择了一家极具实力的大型企业，对方为这一项目投入了足够的资金，同时也占据了大部分的股权。资金问题解决了，但在经营、管理、人力等诸多问题上却达不成共识。由于对方是大股东，根本不按农民工的思路运作，结果项目失败。这几个农民工抱着"大树底下好乘凉"的想法，单纯认为只要有了资金，其他问题都好解决。而事实上，由于合作伙伴过于强大，揽权、抢权意识强烈，他们只能陷入英雄无用武之地的尴尬中。刚出道的创业者，在以股权融资的时候，一定要考虑双方力量的平衡问题。虽然不能一心想着"制住"对方，但也一定要随时警惕被对方"制住"。

（4）投资规模过大。王平对自己准备投资的电磁炉项目充满自信，举债铺货，但在同行压价下，产品却卖不出去。贪大求全，几乎是创业投资者的共性，殊不知种种危机就蛰伏其中，一不小心就可能爆发。在具体投资时，应留有余力，以防风险发生，手中再无资金可以周济，以致满盘皆输。

（5）合作伙伴选择不当。江苏某乡镇的电子仪表厂准备开发一个环境监测仪器新项目，因自身实力不足，决定寻找一个合作伙伴。幸运的是，某企业愿出资100万元。仪表厂合资心切，立即签下了合作合同。可是，合作伙伴缺乏诚意，资金一拖再拖，最终丧失了抢占市场的最好时机。创业者在合作前，务必对合作伙伴进行全方位的调查研究，对合作伙伴的品行、经营能力、资金实力等，都要有翔实的了解，以减少投资风险。

（6）进行没有希望的"友情"投资。王、李两位先生是同乡，创业时同时经营了两家同类性质的公司。1年之后，当王先生开始考虑如何壮大自己的企业时，李先生却资金耗尽，面临破产境地。面对老朋友那羞愧落魄的样子，王先生明知李先生根本不是搞企业的料，但还是毫不犹豫地答应将原计划用来扩大生产的资金资助好友。几个月后，李先生花光了借来的钱，企业却毫无起色，而王先生也因为这笔不小的"友情投资"，使公司因资金紧张而陷入恶性循环，一蹶不振。商场不认友情，只讲事实。创业者要记住，感情代替不了理智，最后为了"讲感情"，其实却伤害了双方的感情。

（7）不根据市场变化调整策略。刘伟投资了某燃气热水器厂，有媒体称，市场风向将发生转变，该项目将变得不合时宜。刘伟十分矛盾，但想到已投入的近10万元，他决心赌一把，结果他血本无归。创业者应时刻注意市场趋向的变化，原有决策已不合理时就应壮士断腕，当断不断，反受其乱。

（8）轻易放弃投资项目。陈涛返乡后投资了一家乡镇企业，选准了棉花

141

加工这一投资项目。但项目进行到后期，却遇上国家对纺织业的结构进行调整，棉纺市场一时趋于疲软。陈涛惊慌失措，一心急于脱手。谁知当他刚刚以低价将该项目转手后，戏剧性的一幕出现了：随着国家对纺织业结构调整的步伐迈向深入，棉纺织市场发生了强烈的反弹，接手该项目的投资者迅速将项目完工，因此大赚了一笔。面对瞬息万变的市场，投资者必须保持良好心态，冷静分析，惊慌失措只能导致决策失误。

（9）仅靠运气进行的投资。朱先生并不是优秀的弄潮儿，但良好的机遇使他一下海就挖到了好几桶金，这使他信心倍增。前不久，他又看中了一个新型铝合金门窗项目，毫不犹豫地投入了大量资金，但很快败给了改良塑钢门窗。以运气为拐杖来度量财富之路，早晚要跌跟头。"好运连连，一帆风顺"，只不过是人们一种美好愿望而已，在现实中是不可能的事。

（10）情绪化的投资策略。赵强创业以来，投资的几个新项目均因各种原因流产了，这让他的自尊心大受打击，也更激起了他的"斗志"。恰巧这时，广告里宣传一个据说一本万利的新商机，急于挽回形象的赵强当即加入，可惜投资又泡汤了。胆大不等于鲁莽，创业者因无法忍受屡屡投资失败的压力，激起赌徒心理，以情绪化的思维决策方式去决定投资项目，必败无疑。

（11）忽视投资回报，投资陌生行业。经营刚上轨道的食品厂张厂长决定到一个完全陌生的行业一试身手——办个服装厂。由于他从来没有搞过服装，而食品行业积累的经验在服装行业又完全用不上，结果不到1年，服装厂就败下阵来，还拖累了主业。对于投资新手，不熟不做乃是一条普遍法则。

资料来源：小本创业导致失败的12大经典案例［EB/OL］.［2010-03-30］http：//www.sunbus.cn/static/a18720c0db9e.html.

创业不像打工，只要每天完成老板交给的任务就万事大吉了；创业更像是"打仗"，而自己就是统帅。打仗讲究时机，讲究条件，时机不成熟，条件不具备，"战则必败"，创业同样如此。因此，农民工在创业之前，一定要考虑自己的实际情况，是否具备创业的必需条件，然后再决定创业。创业就像"打仗"，统帅必须具备丰富的作战指挥经验。在创业初期，作为企业的"统帅"，如果不了解行业，不懂得市场，不具备相关从业经验，只凭着一腔豪情，满腔热血，就想打出一片天地，结果很可能会事与愿违，甚至一败涂地。因此，农民工创业要想成功一定不要盲目行动，避免犯下不必要的错误导致创业失败。

第四节

瞄准创业项目 走好创业第一步

对于农民工来说，自主创业有两个大方向：回乡创业和城市创业。不管是返乡创业还是留城创业，与其他创业群体相比，农民工的处境都更为艰难。由于城乡二元结构的惯性作用，农民工"身份是农民，职业是工人，户籍在农村，工作在城市"的群体特殊性，导致他们在创业问题上面临着"留城创业"还是"返乡创业"的两难选择：一方面，农民工难以融入城市，"留城创业"缺乏来自社会网络的资金、技术、信息等资源支持；另一方面，由于长期在城市生活，"返乡创业"不仅情感上难以接受，而且以自己在城市务工行业经验（主要是制造业、建筑业、服务业）为基础的创业活动，在农村难以获得产业网络中分工合作的收益。农民工创业的社会网络与产业网络偏离，导致创业网络的嵌入要付出更大代价，对农民工创业形成严重制约。因此，对于有意向创业的农民工来说如何准确地选择创业方向和创业领域就变得尤为重要。农民工朋友应当在正确评估自身条件和周围环境的情况下做出符合实际的抉择。

在选择创业项目之前必须弄清下面两个问题：一是你想做的是什么；二是你能做什么。

你想做的最好是你喜欢的，这样才会有源源不断的动力推动你前进。大部分人不成功不是因为选错行业而是因为中途放弃。如果你每天都硬着头皮去做自己不喜欢的事，恐怕结果不会太乐观。你能做的是结合你的天赋、能力、经验和资金来考虑的。不着边际的或超出你个人能力的事最好别做，因为我们是小本创业，经不起太大的风险。虽说跌倒了可以爬起来，但更多的人是跌倒了再也爬不起来，无奈之下只得又给别人打工。无论何时都不要忘记结合市场需求及相应的消费群体，否则只能是"纸上谈兵"，"出师未捷身先死"。

要弄清这两个问题就要对自身进行分析，对市场进行分析以及对人际关系进行分析：

（1）自身分析。看自己擅长什么行业，喜欢什么行业，其实很简单，只有你喜欢这个行业你才会做好，才会让你的感觉到工作时候并不是很辛苦。所谓三百六十行，行行出状元，就是这样的，只要你做好了就会赚钱。

（2）市场分析。市场分析的主要目的是让你找出一个适合你周围市场的行业，也就是说找出一个有竞争力和市场前景的行业，这样才会让你在前期的创业中减轻压力，也会让你的钱来得快些。

（3）人际关系分析。看看你身边能利用上的关系，也许会让你在很多地方减少很多压力。

（4）创业不是说的，是要做的，做的前提就是要有一个合理的计划，也就是把我以上所说的综合起来，整理成一个合理可行的方案。

一、因地制宜　发挥优势——回乡创业

回乡创业，最好能争取到父辈的支持，选准适合当地环境、条件，又相对稳妥可靠、风险小、收益快的项目；根据农村创业的特点，在选择项目时，首先需要通过各种渠道，多方面收集各类致富项目信息，然后根据以下几个方面的因素，对创业项目进行分类筛选：

（1）有利于农村自身环境条件。

（2）投资资金不需要太多，最好是能够根据自身经济条件灵活掌握投资规模的项目。

（3）投资见效快，效益有保障。

（4）投资风险小。

例如，充分利用当地资源，积极发展"农家乐"等特色生态旅游。在大城市的周边地区或自然景色奇特的乡村以及少数民族地区，有着丰富的自然和人文景观。利用农家院落和自产的蔬菜、家禽、水果，开展家庭服务式的"农家乐"旅游，发展前景非常可观。创办这样的旅游服务场所不需要太大的投资，只要有计划地合理开发和利用，就可以为当地百姓带来相当的收入。再如，大力开发为村民服务的第三产业。随着家电下乡的财政补贴政策在全国农村的普遍实施，彩电、冰箱、洗衣机、电脑等家用电器进入千家万户。创办家电维修服务业就会有良好的市场需求。一方面，随着农民收入的增加，生活水平逐步提高，追求生活的质量就有了对服装、美容美发的需求，对影视、音乐、戏曲和图书资料等精神文化产品的需要也会大幅度增加；另一方面，创办适合村民需要的餐饮、洗浴、美发、影视厅、图书阅览、网吧和休闲娱乐场所就成为可能。服务行业的发展，可以不断丰富他们的物质和文化生活，满足广大农民的不同需要。

二、掌握技术　站稳脚跟——城市创业

新生代农民工一般都是在20世纪80年代后出生，和上一辈相比，他们多半是在初中或高中毕业之后就直接来到城市打工，有的甚至一直跟随进城打工的父母在城市里长大。他们对城市的依恋程度明显增强，渴望在城市中拥有社会根基和保障的愿望也更趋强烈。但由于教育水平相对低下和素质缺失，他们的现实与梦想之间总是有差距。与新生代农民工多有交流的深圳大学法学院教授翟玉娟感觉到，新生代农民工创业的愿望非常强烈，他们希望即使不能在大城市立足，也要到中小城市立足，创业是他们实现在城市扎根的一种选择，但是在劳动密集型企业打工就实现不了他们这种愿望。

因此，对于这些想要在城市创业的新生代农民工，最好有一技之长，这样更易站稳脚跟。切忌选择自己不熟悉的行业。如果选择小城镇，首先要了解当地政府发展城镇的重点是什么，再结合自身的情况选择项目。如果当地重点发展旅游业，可以结合当地开发特色旅游小商品，或者开家特色小吃店，同样有市场。政府如果纯粹是加快小城镇建设而扩容，则可以做建材方面的生意，比如加工制板、开装潢店等。其他项目还很多，关键要根据自己的资金实力、机能去选择项目。

【延伸阅读】

理性选择创业项目

关于创业项目的具体选择，农民工朋友应根据自身的条件进行确定。本书将列举一些成功项目，仅供参考。

一、返乡创业类

(一) 野生动物养殖

【市场前景】野生动物是美味佳肴的代名词。例如野鸡,蛋白质含量是家鸡的 2 倍,肉质细嫩鲜美。据有关机构的市场调查统计,目前全国野鸡市场需求量达 1000 万只,实际供应仅 400 万只;全国年需求孔雀 500 万只,实际供应量仅为 35 万只;年需求野兔 200 万只,但实际供应量仅为 20 万只,缺口巨大。

【成功案例】27 岁的池奕民家住福建省龙岩市山区,2008 年 5 月,池奕民以 1 万元的价格从野生动物养殖基地以 1:2 的公母比例购回 60 只野鸡放到果园里饲养。池奕民养野鸡一年半的时间,就出栏肉鸡 660 只。他的野鸡非常好卖,都是村里或附近的人来买,母鸡 80 元/只,公鸡 90 元/只。才一年多时间,池奕民就赚了 6 万多元。现在,池奕民已经在龙岩城郊区租了一块地建起了野鸡养殖场。

【专家点评】中国野生动物保护协会事业发展处黄建华:一般来说特种养殖的经济效益是有规律可循的,比如说鸵鸟,正常每只是 5000 元左右,如果像前几年炒到 4 万多元 1 只就超出了它的正常价位,不论怎么来养也达不到这个水平,肯定是要亏的;鳄鱼是目前比较热门的一种,据我了解有一个厂家引进了几十万只,北京有一家餐馆卖泰国鳄鱼肉每公斤的价格是 500元。一般人是吃不起的,让老百姓到饭店吃鳄鱼是不可能的,所以它的市场容纳量是非常有限的。

(二) 开一家农村幼儿园

【市场前景】由于越来越多的农民工兄弟远离家人和孩子,所以造成年迈的父母孤苦伶仃和幼小的孩子不能受到良好的教育。农村幼儿园可以培养留在家乡的儿童,着重素质教育,如电脑学习、体育培训等。同时给年迈的父母提供散心的场所。

【经营要点】个体开办幼儿园,一定要取得办园许可证。对于无证经营的幼儿园,可信度会在家长心中大打折扣。有了办园许可证,园幼双方都会得到保护,也会取得家长的信任。开办幼儿园不能等同于看护孩子的家庭托儿所。麻雀虽小,五脏俱全。个体办园虽比不上国办园的条件,但不论从教室的布置、人员的安排还是教学计划等，都应精心筹划。

【成功案例】河南省项城市贾岭镇大风车双语幼儿园是一个叫陈云的女孩创办的，幼儿园开办 3 年，目前除了她自己，还有 4 名老师，200 多名学生。她立志要改变家长们不看重幼儿教育的现象，在给当地的教育事业做出了贡献的同时，她每年的利润也达近 10 万元。

【专家点评】《21 世纪人才报》资深编辑刘源：由于幼儿教育阶段没有纳入我国义务教育范畴，因此，在农村开办一家幼儿园这个项目切实可行。随着越来越多的家长重视孩子的教育，投资者可以在教学方式、教学内容、教学管理等方面向城镇幼儿园学习。

（三）开办家庭旅馆

【市场前景】家庭旅馆在中国目前仍是一种比较新颖的住宿经营模式，其发展潜力不可估量。这种新的旅馆模式来到中国，凭借其低廉的价格、安全舒适的服务方式、温馨的家庭感受和特色服务，受到不少消费者的青睐，也受到众多酒店业投资家、创业者的关注。家庭旅馆具有与生俱来的独特性和优越性，是宾馆、招待所所不具备的。业内人士认为它的市场和前景都是相当广阔的，蕴藏着无限的商机和机遇。

【经营要点】①家庭旅馆的环境要舒适、安全、卫生，家具家电齐全。②家庭旅馆可以烧菜做饭，一般旅馆是办不到的，年轻人特别喜欢。③随着网民越来越多，家庭旅馆开通上网很重要。既方便顾客从网上搜索到店家，又方便店家在网上做宣传。④选址最好在旅游名胜风景区附近，或位于去风景区的必经之路上。可给住店客人提供饭菜，收取一定的费用。

【成功案例】位于安徽省黄山市屯溪区的永乐家庭旅馆，就是开在旅游景区附近的一处家庭旅馆。每年都有比较多的中外游客，通过网络宣传等途径找到该家庭旅馆住宿。开办几年以来，经营状态不错。

【专家点评】中国饭店协会会长韩明：当前，家庭旅馆在拉动内需上起着重要的作用，可拓宽财富渠道、广泛增加就业、满足旅游个性化，国家应该出台法规政策，形成规模产业。

二、城镇创业类

(一) 开一家特色小吃部

如果你有吃苦耐劳的好品格，手中拥有 1 万元资金，可以考虑在城里闹市或乡镇政府所在地开一家特色小吃部，经营的品种要符合当地人的饮食习惯。

【经营要点】①以鲜明特色取胜。名为"特色"，必有为人称道之处，"酸、甜、苦、辣、怪，各有各的爱"。小吃行业同样面临市场细分，要做到大而全，结果可能"四不像"，小吃投资者应考虑建立和完善自己的特色。选准一个"特色"，就要做出其真正的特色。②与特色文化结合。特色小吃是地方文化的缩影，它的形成是和其悠久的历史与独到的烹饪技术分不开的，同时也受到这个地区的自然地理、气候条件、资源特产、饮食习惯等影响。品牌经营卖的不仅是产品，同时也是在卖概念。特色小吃的概念是文化，是历史，是渊源。③掌握核心技术。欲投资某种小吃品种，应该先对其制作方法、营销思路等有一个全面而深刻的掌握，做到心中有数才会临阵不乱，稳扎稳打。④选址宜在闹市区。与其他餐饮项目不一样，特色小吃一般要求店面不大，但人流量一定要集中。其店铺选址、食品价位可能直接导致生意的成败。

【成功案例】棠仁香卤烤将传统药膳秘方与现代食品加工技术相结合，根据食补加药补的原理，采用十几味中药与天然植物香料为配方，经过浸、腌、泡等多种工序加工的地方特色小吃，生意比较火爆。

【专家点评】OIC 点子创业俱乐部创始人宋川：此类项目由于投资不大，技术要求也不高，风险也不大，往往受到很多中小创业者的欢迎。但在考察引进时也要小心，别看项目小，但同样要耗费投资者的精力。许多特色小吃往往在成功引进、赢利一段时间之后，项目本身也到了衰退期，结果可能只剩下一堆设备、原料，没什么效益可言。

(二) 农户住宅装修设计公司

【市场前景】最近中央一号文件把支持农民建房、推动建材下乡作为扩大内需的重大举措，在这一强农惠农政策下，势必引来又一轮农村建房热。同时，农户住宅装修设计这一创业项目也必然会随之兴起。如今有钱的农村人越来越多，他们不再满足于像以前那样盖个瓦房，现在建房子基本上都是楼房，很多人不像以前自己动手就可以了，农村人需要专业的装修设计公司。

【经营要点】①现代的农村人既讲漂亮又求实惠，装饰设计时多突出实用性，结合农户的自身需求设计；②在推广营销方面，尽量让当地熟悉的村民牵线搭桥，口碑比任何宣传都更有效；③可与建材经销商合作，争取更大的利润，其中节能型建材对农户最有吸引力。

（三）农机具租赁店

【市场前景】由于农业机械及相关工具一次性投入较大，且对于大部分农业机械来说只在生产季节使用，一家一户投资购买不合算。如果开展农机具租赁业务，既可满足农机耕作要求，也可大大降低农业成本。农机具租赁店在广大机械化耕种较为普遍的地区，有着广阔的市场。

【成功案例】"今年开春我花2300元购买了一台打荏机，给村里乡亲们打荏，每亩地只收8元，去掉柴油、人工、机具破损等能净剩6元/亩。一个春天就把机器钱赚回来了。"这是内蒙古阿荣旗新发朝鲜民族乡长发村刘天恒的8元钱"小九九"。像刘天恒这样抓住发财机会的人在新发乡比比皆是。该乡圣水村安丰权便是一个靠农机具出租发家的典型，用他的话说，"俺家只有一垧地，这几年我看好农机具出租，买了全套的农机具，给乡亲们做农活儿，从种到收全套农机具跟踪服务，一般每亩地出租费46元，去年我赚了10000元，而且不耽误自家的农活"。

【专家点评】商务部商业改革发展司副司长王晓川认为，由于经济条件制约，很多农民无力自购农机，而农机大户在农忙时节也忙不过来，因此，在农村建立专用的农机租赁，实现农机的有序和合理流转，既能大力促进农村现代物流，也能完善城乡一体化物流网络。

（四）农产品专卖

【市场前景】近年来随着人们生活水平的提高，部分人的饮食习惯趋向喜欢吃些天然无污染绿色食品，在国内的各大城市，现在已经出现了土特产热。中国幅员辽阔，土特产品种类繁多，倘若将这些原生态农产品集中起来，在城市开店，市场前景会比较广阔。

【项目概述】所谓的原生态农产品，就是没有经过化肥、激素、饲料、

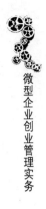

农药等添加剂污染而自然生长、收获的产品，比如土鸡、土鸡蛋、腊肉、蜂蜜、蘑菇、白菜、木耳、黄花、大米、小米等产品，将这些原生态农产品集中起来，在城市开设一家专营原生态农产品的店铺。

【经营建议】①质量很重要。原生态农产品店的质量关系到小店的生死存亡，因此不要以假乱真。货源可以从农村直接引进，与农户签订经销合同，若产品出现质量问题，可以问责到产品的最初来源者。②注意保鲜。鸡蛋、蔬菜等保鲜期短暂的食品，应注意对其采取保鲜措施，一旦出现坏损等情况，应及时清理。③配套服务跟上。可以开展送货上门、新到产品预告等配套服务，久而久之，消费者口碑相传，生意就会好起来。

资料来源：本刊编辑部. 新生代民工创业航标 [J]. 城乡致富，2010（4）.

第五节

多方服务支撑　促成创业跃升

农民工返乡创业作为一种创举，不能仅当作口号来叫、作为新闻来报道，也不应停留在现有的自发的盲目无序的状态。要做好农民工返乡创业这篇大文章，就要把民工返乡创业作为社会系统工程来实施，着眼于整合农村内在、现实的自主创业力量，着力于"三农"难题的破解，为农民工返乡创业"铺路搭桥"和"保驾护航"。2009 年 2 月 1 日，《中共中央、国务院关于 2009 年促进农业稳定发展农民持续增收的若干意见》公布，要求把回乡农民工创业纳入各级党和政府工作的重要议事日程，在资金上、项目上、创业环境上给以大力支持。目前，我国农民工返乡创业机制还很不完善，必须通过加强机制建设，为返乡创业经济提供多方面的服务支撑。

一、创新政府服务　改善返乡创业环境

湖北省襄樊市高新区米庄镇返乡农民工唐峰在襄樊工商部门的帮助下，投资 7 万元开办了宏阳汽车美容店。唐峰激动地说："返乡回家不到 1 个月，我就完成了从一名打工仔到小老板的转换，我一定诚信经营，把生意做大、做好。"

受国际金融危机影响，2008 年 8 月以来，襄樊市部分外出务工农民陆续返乡。到 2012 年 12 月底，返乡农民工已接近 15 万人。根据实际情况，襄樊市工商局因势利导，积极搞服务、抓培训、促就业、助创业。该局通过与相关部门沟通协商，为创业者提供"一个政策、两项优惠"的创业环境，为返乡农民工优先提供小额担保贷款，把农民工返乡创业者纳入扶持范围；为返乡农民工参加创业培训和接受职业介绍服务提供优惠措施；还开通登记绿色通道，在行政服务中心及基层工商所设置返乡农民工登记绿色通道，提供填表、初审、发照"一条龙"服务。引导拥有一定技能和资金的农民工创业，促进经济发展，维护社会稳定。

资料来源：佚名.湖北襄樊市七成多返乡农民工找到"新饭碗"［N］.新华网，2009 年 2 月 2 日.

农民工返乡创业仅靠打工积累的经验和一时的激情显然不会长久，除此之外，还离不开政府政策上的支持，这需要政府提供全方位的配套措施，营造有利于农民工创业、成长的环境。否则，农民工创业的潮流将很快平静下来，并有倒退的可能。

国外中小企业自身发展规律充分表明，经济社会发展到一定程度，中小企业单纯地依靠自身力量无法完成产业升级、增长方式转变，必须依附于社会服务体系的支撑。农民工返乡创业也是如此，因此要建立一个全社会参与的创业服务体系。但体系建设是一项长期的、复杂的系统工程，地方政府应在这个过程中充分发挥主导作用。地方政府须构建良好的政策环境和制度环境。减少政策性进入壁垒，打破行政性、行业性垄断，为返乡农民工创业营造与其他公民平等竞争的环境；进一步建立有利于创业的法律法规，排除创业的制度障碍；有针对性地出台一些优惠政策。各级行政部门应优化核心服务机构的有效运行机制。降低市场准入门槛，提高其对行政资源的整合能力；政府可与教育机构、企业咨询机构建立紧密联系，整合各种资源，组织专门的专家队伍，及时解决返乡农民工在创业中遇到的困难；行业协会组织可为他们提供丰富的创业指导和创业条件，为已创业农民工建立创业网络，共享创业资源、创业信息和创业经验，以促进他们成功创业。政策落实能力、信息沟通能力，发挥行政服务机构的决策助手作用和组织协调作用，满足返乡农民工创业发展过程中的需要。发动全社会力量支持农民工返乡创业，营造有利于返乡农民工创业的良好氛围。

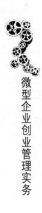

（一）大力优化政策环境，降低准入门槛

对返乡农民工自主创业的，在登记事项核定上，尽量予以放宽。

放宽主体类型的限制。支持返乡农民工等群体根据自身的资金、人员、场地等条件和国家有关扶持政策，自主选择公司、合伙企业、个人独资企业、个体工商户等类型进行创业，不得违背当事人意愿强制指定主体类型。

放宽字号名称的限制。返乡农民工等群体选择申办个体工商户的，允许申请人自主决定是否使用字号名称；允许申请人受让其他个体工商户的字号名称从事同类经营业务，不受转让方注销期限长短的限制。

放宽经营范围的限制。积极指导和支持返乡农民工等群体按照自身实力、市场需求和当地的产业优势，自主选择其生产、经营或服务项目；凡是法律、法规未明确禁止个体私营等非公有制经济主体经营的行业和项目，都要允许其经营。

放宽资金数额的限制。除法律、法规对特定主体类型和行业有特殊要求的外，不得擅自设定资金数额条件。对返乡农民工等群体申请办理普通合伙企业、个人独资企业、个体工商户的，不得要求提交资产评估或验资报告。

各级政府特别是基层政府应因地制宜，建立完善的优惠政策机制，根据当地的实际情况制定如税费减免、土地流转、技能培训等有利于农民工创业致富的优惠政策，从而鼓励引导更多农民工创业，以创业带动就业，以创业促进就业，培育新的经济增长点。

（二）大力优化政务环境

在注册登记方面，要进一步规范涉及农民工创业的行政审批事项，简化立项、审批和办证手续，推行联合审批、一站式服务、限时办结和承诺服务等方式提高工作效率，为农民工创业提供优质的服务。对返乡农民工等群体自主创业的，在登记材料提交上，尽量予以简化。返乡农民工申请从事个体经营的，申请登记时除提交法定登记要件外，只需提交下列任意一项证明材料：①外出务工所在地公安机关颁发的居住证或暂住证复印件；②外出务工所在单位颁发的工作证或出具的其他务工证明复印件；③户口所在地村委会、村民小组中任一单位出具的外出务工证明。在收费方面，要全面实行收费公示制度，坚决制止乱收费、乱摊派、乱罚款的行为，使收费真正做到透明化、公开化。在税收方面，政府必须立足现实、着眼长远，实施一定期限的税收减免政策，减轻处于起步阶段的农民工企业的压力，尽可能多地引导和扶持农民工创办企业，等这些企业发展到有承担税负的能力时，再按国家标准对其进行税收征缴，使其纳税能力与收入水平相适应。在土地和其他自然资源利用方面，提供方便并给以优惠。同时要加强对涉农机构的监督与约束，严肃处理和纠正任何部门、单位和个人侵犯农民工企业的合法权益、干扰正常经营的违法违规行为；加大社会治安整治力度，为农民工创业营造良好的生产经营环境。

（三）大力优化基础环境

加大对农村基础设施建设的财政投入力度，重点抓好水、电、交通、通信等基础设施及其配套设施建设，因地制宜发展农民工创业园区建设，不断增强小城镇和农村的创业项目承载能力，减轻农民工创业的额外投资压力。

（四）积极落实扶持政策

各级政府要积极通过电视、广播、报纸、网络等多种方式，加大对涉及农民工创业的各种优惠政策的宣传力度。积极组织相关人员根据创业农民工的需要，为他们提供创业项目的可行性评估、论证，并搞好创业项目的跟踪调查，及时掌握项目的进展情况。对创业达到一定规模，符合现代农业发展方向的创业项目，要优先纳入政府重点支持项目的范围。切实加强市场监管，有效制止不正当竞争，纠正行业不正之风，为农民工创业创造良好的生产、经营环境。

二、创新融资机制 解决返乡创业资金

在外打工多年的刘显应回乡创办了柞水博隆井巷工程有限公司，年生产铁精粉 14.6 万吨，实现销售收入 2.6 亿元，上缴税金 3000 多万元。金品红返乡创建明月生态养猪场，建成占地 15 亩标准化养猪舍 8 栋，养猪 5000 头，发展 300 余户农民散养生猪 3000 余头，公司年收入 120 万元，养猪户户均增收 2000 元。樊兴国返乡后，在瓦房口街垣村创办了循环农业示范园，建成蔬菜大棚 33 个，生态猪舍 8 栋，解决农村剩余劳动力 100 多人，年销售收入 1355 万元，创利税 320 万元，农民增收 5000 元。

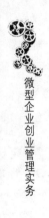

刘显应创业的成功正是由于搭上了柞水县扶持农民工回乡创业，将小额担保贷款政策扩大到返乡农民工创业上的顺风车，3 年来，全县扶持返乡农民工创办企业给予小额担保贷款 60 户，发放贷款金额 452 万元。这一举措使一批有项目、有技术却缺乏资金的返乡农民走上了快速创业、成功致富、带动就业、促进县域经济发展的新路子。

资料来源：商洛柞水打开返乡农民工创业新局面 [EB/OL]. [2011-11-08] http://news.cnwest.com/content/2011-10/08/content_5320196.htm.

流动资金、发展资金短缺，贷款困难已经成为当前农民工回乡创业普遍面临的最大障碍。针对当前农民工返乡创业融资难的问题，各地要加大构建农民工返乡创业的信贷担保体系，为农民工返乡创业提供信贷担保，确保返乡创业农民工及时有效地得到资金支持。

(一) 拓宽创业融资渠道

要解决农民工创业资金的来源问题，首先在政府用于开发性生产经营项目的资金使用方面，应注意向创业农民工倾斜，同时可以参照农业反补贴的办法，加大对返乡创业的财政补贴力度，增加农村的资金供给。积极落实小额担保贷款及贴息等创业扶持政策，与金融部门协调，尽力提高农民工创业小额担保贷款的额度。在政府力所能及的前提下，通过财政拨款或吸引外界捐助等方式建立农民工创业发展专项资金，并逐步扩大资金规模，用于农民工创业的贷款贴息、担保资金等问题，以缓解创业中遇到的资金困难。

努力拓宽社会融资渠道，一方面要积极探索民间融资的新途径，帮助和引导创业农民工寻找社会闲置资金，并加以有效的利用；另一方面政府要加强贷款合同的监管，有效杜绝高利贷等不良贷款，防止农民工高息举债创业。

加大信贷支持力度。积极协调金融机构与创业农民工之间的借贷关系，降低银行在贷款评估、物品抵押等程序上的门槛，允许农民利用承包土地、房屋等进行抵押融资。对符合贷款条件的农民工创业者，在申请贷款时，要简化申请流程、加快审批速度，同时从贷款额度、还贷时间上放宽限制。政府在制定小额贷款等优惠政策时，要尽量减少附加条件，从而进一步扩大创业农民工的扶持范围，让更多的创业农民工能够享受到创业帮扶资金。同时，还要考虑不同行业创业者和处于不同发展阶段的企业的具体情况与面临的实际困难之间的差异，给予不同的财政与信贷支持。

开放融资渠道。逐步放宽政策，允许民营金融机构进入民间融资领域，促进资金信贷的市场竞争，激活金融机构的信贷机制，使符合条件的民间金融机构浮出水面，积极吸引个体工商户和中小企业入股，形成深入社区、根植乡镇企业、互信共荣的机制。[①]

(二) 构建返乡农民工创业的信贷担保体系

构建返乡农民工创业的信贷担保体系要注意以下两个方面的问题：

（1）要体现政策性。针对农村各级政府财力紧张的实际，中央有关部门要设置专项资金，为信贷担保机构注入基金或加大经常性的政策贴息，防止担保机构担保资金不足，承保能力有限问题的出现。

（2）要体现风险性。要充分体现信贷担保机构商业化运作的性质，防止担保机构产生所有风险都由政府承担的想法，减少和杜绝乱贷或滥贷现象的产生，确保担保机构为那些真正想创业而且能够创业成功的返乡民工提供信贷担保，并对贷款用途的全过程进行监督，使返乡创业的农民工慎用资金，发挥资金的最大效用。

(三) 财税扶持，解决资金问题

进一步改善金融环境，金融机构要为农民工返乡创业"量身定做"特色金融产品，如开办同一区域、行业优质民营企业联保、互保贷款等，满足农民工返乡创业的多样化需求。对符合市场要求、效益好、有发展前途的，采取信用贷款与抵押贷款组合、整贷整还等方式在贷款额度、时限上适当放宽限制，满足农民工返乡创业的中长期投资需求。增强国有商业银行县级支行的金融功能，开展创建信用社区、村镇活动，放宽农村地区抵押担保品范围，试行林权抵押、合同抵押、存库等形式，将返乡创业农民纳入小额担保贷款范围，适当提高贷款度，给予财政贴息。可借鉴重庆永川做法，安排鼓励农民工返乡创业专项资金。为扶持自身发展壮大、培植税源，对农民工返乡申办个体工商户、创办符合国家产业政

---

① 姚永康. 创业环境建设的对策和建议——以镇江市返乡农民工创业为例 [J]. 经济研究导刊，2011（4）.

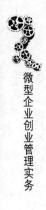

策和环保要求以及纳入当地重点优先发展产业规划的商贸型企业、服务型企业、涉农项目（国家限制的行业除外），在 3 年过渡期内给予税费减免扶持。

三、创新平台搭建　提供良好创业项目

作为全国创建创业型城市试点城市之一，泰州市已经建立了农民创业项目库，年内将有 270 个创业项目供农民创业者选择。农民创业项目库已上网运行，并与"全国创业项目索引"服务平台实现链接和资源共享。目前已向社会征集、开发、推介了 220 个创业项目，主要围绕优势产业集群的接续配套、现代农业发展、商贸物流、城乡服务业四大领域，包括餐饮业、零售业、农林畜牧业、制造业、居民服务业等。2010 年，还将新增 50 个农民创业项目。随后，泰州市还将采取政府出资、民间资本投资、社会资本入股等多种形式，建设一批返乡创业园、生态农业园、高新技术园和特色专业市场等创业孵化基地。所有进入孵化基地的创业者，在创业过程中将免费享受相关部门提供的人才培训、融资服务、税费优惠、综合补贴、用工招聘等方面全方位的服务。

资料来源：农民创业有了项目库［EB/OL］．［2010-04-27］http：//www.tznews.cn/Article/tzwb/minsheng/201004/79405.html.

返乡创业的农民工中，虽然有不少人经过多年闯荡城市的历练，有敏锐的洞察力，宽阔的眼界，善于发现机会并有强烈的创业动机，并有一定的技术和经验，不乏创业人才。但总体而言，大多数农民工创业属于生存推动型创业，由于知识和技能有限，对机会发现和把握能力相对不足。因此，地方政府也应学习泰州市对农民工创业所做的一系列举措，从以下几个方面入手，构建农民工返乡创业的机会集成体系，提供创业项目。

（一）建立农民工创业项目库

根据个人不同的情况，有针对性地指导农民工创业。创业项目是创业的载体，选择好的创业项目可以提高创业的成功率。政府以及其他服务机构可以针对其自身特点为他们提供合适的、多样化的项目选择，引导其成功创业。通过项目的培训、项目的发布、项目的供需平衡解决创业者盲目创业的现象，提高创办项

目成功率。根据当地资源和区位等优势，做好农业、能源、建材、食品、农副产品生产加工等产业布局，引导农民工创业者围绕产业发展搞创业，围绕产业延伸搞服务。

（二）建立创业信息发布平台

通过公开区域资源信息、经济社会发展规划、能源需求以及产业发展等各种信息，使创业者对当地产业结构和企业经营环境有所了解，能够结合自身实际找准最佳创业切入点，拓宽产业深入融合的对接空间。

（三）建立创业基地

建立专门的机构和场所对创业初期的小企业进行培育和孵化是各国提高创业成功率的通行做法。为提高返乡农民工创业成功率，有必要建立专门服务于他们的公益性的创业基地，组织专家为创业企业提供培训、市场咨询等，同时可以构筑信息通道、搭建创业平台。返乡农民工可以从事创业的领域十分广阔，各级政府完全可以创新形式为他们搭建创业平台，增加其创业机会。这点各地在实践中已摸索出一些好的经验，可以结合自身情况进行选择性借鉴。

四、创新培训机制 提高个体创业素质

"家乡才是我们创业的最好舞台。"这是春节期间河北省大名县一些外出务工经商人员返乡后的同感。2011年下半年以来，针对部分返乡农民工缺乏创业门路与技术的现状，大名县加大农民培训力度，政府组织农技工作者赴外出务工人员较集中的村庄，把培训班办到农民家门口，围绕农民急需的农业技术，根据各地实际进行分类集中培训。去年以来已有5000余人次接受了免费技术培训。孙甘店乡小湖村农民王俊锋就是其中获益的一位，他今年不到30岁，却是一位"资深"农民工。如今，他告别了打工生涯，投资7万多元，搞起了肉鸡养殖。王俊锋说，虽是第一次养殖肉鸡，但经过系统学习，他掌握了消毒、防疫、配料等技术，"是技术培训让我坚定了创业的信心"。

资料来源：城里挣钱，回家创业——河北大名县返乡农民工创业故事 [EB/OL]. [2012-02-03] http://guangzhou.chinasq.com/contents/1784/44234.html.

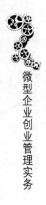

由于农民工自身学历较低，知识容量较小，综合素质偏低，这些会造成农民工在今后的创业道路上无法正确地评估自身和市场环境，导致盲目创业投资和创业管理不善。因此，应当重视对农民工后面知识的丰富，加强创业教育和培训。

当前，创业培训已经成为当前社会化培训的新热点，在我国受到越来越多的重视，成为我国落实国家积极就业政策的重要手段之一。目前，在各地针对返乡农民工的创业培训相对还比较缺乏，内容和形式也存在着诸多问题。主要表现在：①理论知识传播较多，实践能力方面的培训少，培训效果一般；②许多创业培训流于形式，忽视了最重要的课堂教学后的后续服务；③各地的创业培训在培训内容上还处于摸索阶段，应根据地区、群体、行业、项目特点的不同，构建一个以创业专家为主导，各行业创业导师共同组成的个性化创业辅导体系。因此，在解决返乡农民工就业问题的工作思路上，各地政府要把技能培训与创业培训有机结合起来，安置型就业与开发型就业并重，在做好就业技能培训工作的基础上，重视返乡农民工的创业培训，建立专门机构，增加经费投入。在具体的返乡农民工创业培训中，要根据返乡农民工的学习特点，结合当地的经济社会发展状况统筹规划、重点推进，注重针对性和实效性，提高创业培训的质量和效益。

（一）加强舆论宣传，激发参与热情

返乡农民工虽然或多或少都萌生过自主创业的想法，但囿于自身知识、技术、经验等，真正能够自主创业的并不多，大多仍然停留在参加技能培训、再次外出务工的既有思维框架下，参加创业培训的积极性不高。"应当说当前我国大多数农民希望改变自己经济状况的愿望是很强烈的，也就是说追求成功的动机是很强烈的。但是由于客观和主观的原因，他们避免失败的动机更加强烈，甚至超过了追求成功的动机，致使创业动机不足"。因此，相关部门要通过宣传栏、广播、电视、报刊、互联网等大众传媒宣传鼓励创业的政策措施，印发创业优惠政策宣传单、小册子，直接寄送到返乡农民工手中；通过报道创业成功典型案例，组织创业事迹报告团深入县、乡（镇）、村巡回演讲等形式，使广大返乡农民工从创业典型的成功案例中，找到创业的门路，看到致富的可能，增加创业致富的内在动力。①总之，要努力形成"创业改变命运"的整体社会舆论氛围，将返乡农民工

---

① 刘奉越. 基于返乡农民工学习特点的创业培训论略［J］. 教育学术月刊，2009（8）.

改变自身命运的强烈愿望引导到自主创业上来，树立强烈的创业意识，认识到创业培训的重要性，积极主动地参与进来。

（二）分类分层培训，彰显个性特色

返乡农民工的学习需求日益呈现出多样化和个性化的特点，因而创业培训应当尊重他们的意愿，共性培训与个性培训相结合，突出个性培训。

一是共性培训。针对返乡农民工创业培训中共同的学习需求，可以集中实施共性培训，奠定全面参与市场经济的基本能力。其内容主要包括：强化返乡农民工的创业意识；进行基本的创业知识、创业方法和创业流程介绍等普及性培训；加深返乡农民工对市场经济规律的理性认识，如供求规律、规模经营理论等；了解企业管理的一般常识，如品牌管理、市场营销、财务管理等；普及与企业发展密切相关的法律法规，如合同法、公司法、个人独资企业法、反不正当竞争法、消费者权益保护法等。

二是个性培训。一方面要根据返乡农民工打算创业或者已经开始创业的产业领域和组织形式等分类分层培训，提高培训的针对性和实用性；另一方面建立短期集中培训与长期分散指导相结合的培训机制，形成专家与学员的长期互动关系，及时了解和掌握学员的创业动态，并针对不同情况实施个性化的跟踪服务和个别指导，切实增强创业培训的实效性。

（三）以问题为中心，强调实用技能

针对返乡农民工即学即用、重视解决实际问题的学习倾向，创业培训应当体现"问题中心"而非"学科中心"，以"问题域"来组织开发教材、进行教学，强调实际技能的掌握和运用，提高返乡农民工的问题解决能力。"学习者的'问题倾向'意味着，任何学习活动的开头，都应当指向学习者参加学习活动时头脑中存在着的问题，指向他们关心的东西"。返乡农民工创业培训的内容应当精练，遵循实用性原则，切合返乡农民工的实际需求，增强针对性和可操作性。教学内容主要包括两个方面，一是如何成功开办企业和进行企业的有效运作，例如，如何通过互联网了解市场、发布信息，如何才能得到小额贷款解决资金问题，如何进行成本核算和投入产出评估等；二是创办企业必须具备的实用专业技能，例如，农产品储藏保鲜与加工技术、温室大棚技术、水产养殖技术、秸秆炭化技术等。

（四）注重素养教育，开展心理辅导

自主创业是一项复杂、艰苦的事业，涉及广泛的知识和技能，对创业者的综合素质要求很高。针对返乡农民工群体文化素养较低的实际，创业培训在重视实用知识和技能掌握的同时，还要立足长远，注重返乡农民工的文化素养教育，使他们学习必要的文化知识，提高综合素质，增强自我发展能力。要注意对返乡农民工进行信息素养教育，提高他们收集、处理、加工和有效利用信息的能力，顺应时代发展潮流。另外，创业培训也要针对返乡农民工容易产生学习挫折感的特点开展学习心理辅导，引导他们正确认识成人学习的特点及其规律，帮助他们找到适合自己的学习方式和学习风格，做好心理疏导工作，从而提高学习效率，增强自我效能感，树立学习自信，享受学习快乐。

（五）丰富培训方式，突出实践本位

返乡农民工创业培训要立足实践，结合返乡农民工的学习特点，运用灵活多样的方式，增强培训效果。

（1）案例分析。在教学过程中通过对某一典型案例的分析和讲解，将理论知识融会贯通于其中，这更能激发学员的学习热情。注意收集当地比较典型的创业成功或者失败的案例，通过对发生于学员身边的、真实的案例进行分析，总结经验教训，让返乡农民工在潜移默化中开阔视野，学到知识，提高能力。

（2）现场指导。把课堂搬到田间地头、工厂车间，由专家进行现场示范和讲解，实践性和说服性都比较强，也有利于实现"做中学、学中做"，切实提高返乡农民工的实践能力。

（3）实践锻炼。建立创业实验园，使创业培训与项目建设相结合，筛选投入小、见效快的项目，让返乡农民工通过切身实践感受创业行为，获取创业经验，提高创业能力。另外，也可以联系企业，建立创业孵化基地，让返乡农民工到企业参观考察，参与生产经营全过程，在实践中积累经验，提高能力。

（4）模拟练习。创业计划书是创业的重要依据和指南，编写创业计划书是返乡农民工创业培训的重要一环，也是检验其学习成果的重要手段。在创业培训中，应要求返乡农民工根据自身实际，运用所学知识和理论完整编制创业计划

书。授课专家要对返乡农民工的创业计划书进行论证、点评，帮助他们修改和完善。这种模拟练习有利于深化返乡农民工对创业知识的理解，提高其创业能力。

五、创新维权服务　降低返乡创业风险

接过县劳动保障监察大队送来的钱，农民工杨明友激动地说："真没想到，才 1 天时间，你们就把拖欠的 6000 元工资要了回来，我代表 10 位工友谢谢你们！"这是永新县整合工会、司法、劳动保障等部门力量，全力联手织就"维权网"，精心为农民工创优创业服务环境的一个生动实例。

将服务创业的"触角"延伸至各个角落，让创业者处处感受温暖。永新县通过调查摸底，对全县困难职工建立档案，实行动态管理，多渠道筹集资金，通过政府无偿划拨 300 多平方米，投入 150 万元，在工业园区兴建"职工之家"，免费给企业职工提供劳动维权、就业培训、创业洽谈等一系列服务；县总工会大力宣传发动，吸引农民工入会，形成了乡镇（街道）、村（社区）、企业三级工会组织网络。同时，将法律援助打磨成农民工创业维权的"利器"。永新县用足、用活 5 万元法律援助专项经费，通过编发资料、发放联系卡、拍摄专题片等多种形式，将法律送进企业、送入农民工心中，让百姓享受实实在在的法治成果。

资料来源：永新县为农民工精心织就"创业服务维权网"［EB/OL］．［2012-02-03］http://www.jiangxi.gov.cn/ztbd/jgxnjs/gzdt/201002/t20100203_196041.

农民工在社会中相对处于劣势的地位，因此，在创业过程中，政府需要加强公共服务，维护合法权益。

（1）建立健全农民工维权服务机制，宣传农民工返乡创业的相关优惠政策。在各社区社保所设立返乡创业农民工保障监察举报投诉站，依法及时维护返乡创业农民工的合法权益。

（2）建立返乡创业农民工联席会议制度，着力解决返乡创业农民工突出问题，严格执行相关政策，解决好返乡创业农民工融资贷款、优惠政策落实等方面的问题。

（3）切实解决返乡创业农民工的后顾之忧，及时研究解决农民工返乡创业出现的各种新问题。建立返乡创业农民工子女义务教育指定学校，推进农村寄宿制

学校建设；促进土地流转，保护返乡创业农民工的土地权益，启动"安居乐业"试点工作，对返乡创业农民转移户籍退出宅基地和承包土地的，给予奖励和补助。

（4）切实保障返乡创业农民工民主政治权利。借鉴奉节的做法，奉节目前在做好北京、江苏宜兴、四川成都、山西临汾四个已建支部工作的同时，在广东惠州、湖北荆州新建两个外出创业群体党支部。在农民工党员相对集中的永安镇等地建立"农民工党员管理服务示范区"。积极开展主题实践活动，充分发挥外出创业党员先锋模范作用和服务城乡统筹发展的作用。

（5）做好返乡创业农民工公共卫生、文化生活、进城安居、子女教育及出行方面的公共服务工作，确保农民工安心创业、放心创业、尽心创业。

由于农民工回乡创业的支持体系涉及面广，它需要全社会的参与，但首先必须坚持以政府为责任主体，农民工为责任客体和社会第三方服务组织为责任相关者的原则，只有主客双方加上社会第三方的协调一致，才能比较系统地构建起具有可操作性、可持续性、可协调性的全面支持网络。此外，构建农民工回乡创业的全面支持体系应该有针对性地解决与创业有关的金融、管理、文化、培训、信息、社会等问题，只有这样才能从理论依据上和实践构建上合理地制定农民工回乡创业服务支持体系，促进农民工创业的成功。

在金融危机的影响还没有完全消散，我国经济增长总体缓慢的形势下，要实现经济又好又快发展，保增长、保就业是目前工作的重中之重，而鼓励和吸引农民工创业是实现这一目的的有效途径。我们应该针对部分农民工强烈的创业和致富愿望，有预见性地出台相关政策，积极提供帮助，拿出切实可行的措施，为农民工创业营造良好的发展环境，进而掀起新一轮全民创业的热潮，推动我国经济跨越式发展，促进社会和谐稳定。

第四章

下岗职工创业　开拓崭新征程

随着我国经济体制改革的进一步深化，社会主义市场经济已基本取代了原有的计划经济。原计划经济管理体制下长期积累的矛盾在新的历史条件下暴露了出来，其中下岗职工问题尤为突出。下岗失业人员的再就业涉及千家万户，是我国目前面临的一个重大社会经济问题。从经济上讲，下岗职工再就业问题会给社会造成负担，影响经济的协调发展；从资源上讲，下岗失业人员长期待业是我国人力资源的一个重大浪费。因此，做好下岗失业人员的再就业工作，关系到改革的成败和社会的稳定。面对这个严峻的挑战，国家出台了包括鼓励下岗失业人员自主创业、鼓励企业吸纳就业、开发公益性岗位安置就业困难人员等一整套有中国特色的再就业政策体系，使得数千万的国有企业下岗职工实现了再就业，并形成了公共就业服务体系，下岗再就业工作取得了一定成绩。其中，一部分下岗职工积极转变就业观念，改变"靠政府，等安排"的惰性心理和期望，投身于自谋职业、自主创业中，并取得了一定的成绩，但是由于下岗职工自身的特点使他们的创业带有明显的摸索性和盲目性。所以，要使下岗职工顺利走向创业，还须为下岗失业人员自主创业创造有利的条件和良好的社会氛围。就业可以解决下岗失业人员的个体再就业问题，然而，创业不仅能解决其个体就业问题，还能以创业带动更多人就业，解决群体再就业问题。因此，创业是解决下岗失业人员就业的最有效途径。

第一节
正确认识自我　直面平淡人生

　　每个人的经历都是一本书，至于写得好写得坏、写得厚写得薄、写得精彩写得平庸，全看你自己如何下笔，别人没有办法代替。俗话说"条条大路通罗马"，下岗职工面对下岗的事实，应该积极转变就业观念，正确地认识自我，努力去开拓属于自己的另一片天地。

一、剖析创业特点　把握创业方向

　　根据近几年下岗职工整体创业形势，我国下岗职工创业凸显以下几个特点：

（一）创业盲目跟风性较强

　　由于下岗职工的年龄多数是四五十岁，观念比较落后，且在原单位工作时间比较长，再加上学历比较低，又没有创业经验，很多下岗职工挣钱心切，在创业之前没有做市场调查，也没有根据自身的优势去选择创业项目和创业方式，仅仅是看别人干什么挣钱自己就不假思索地跟着干，盲目地跟从。到后来，别人赚钱了，而"跟路"者却很可能赔本。

　　下岗职工要想真正创业成功，单靠政府和社会的帮助是远远不够的，关键还是要靠自己，根据自己的实际情况去寻找创业项目，去开创新的征程。创业机会稍纵即逝，迅速行动是必须的。不过，在看到创业机会时，创业者还要有相应的准备。创业前，进行必要的市场调查，在对一个行业有了基本了解时，切忌头脑发热，人云亦云；要学会找冷门，勤动脑，多到市场走一走，去寻找一些投资不大又未被别人发现的冷门生意做，或者在传统领域找一些比较新鲜的创业项目，如彩球气模庆典产品出租店、无水汽车清洗店、家政服务等。这样才能减少风险，一举成功。

（二）选择项目技术含量低

下岗职工自谋职业多数是做小吃、维修车辆、小买小卖、个体贩运等餐饮服务行业或商业流通领域。正因为这些行业投资少、见效快、技术要求不高，吸引了不少下岗职工。但是这样的领域由于门槛低，容易进入，且比较容易模仿，如果不及时创新，很可能因为不具备竞争力而被挤出市场。所以，下岗职工在激烈的市场竞争中应唯先是夺，敢闯市场，敢做餐饮、商业以外的建筑、加工、种植、养殖等行业，眼光放长远些，不要仅盯在一个方面、一个行业和几个行业上，而应走多业并举，全面自谋职业的道路。俗话说"活到老，学到老"，下岗职工只要肯学，肯下功夫，选择有一定技术含量的项目创业也不是不可能的。

（三）投资规模小

下岗职工家庭人均收入在 300~500 元，对于自有资金不足，又急于挣钱养家的下岗职工，要一次性投资很大的项目难度比较大，并且很多下岗职工中不乏出现夫妻双双下岗的现象。由此，下岗职工创业中，大都是以家庭为单位，夫妻两人一起创业，并且投资规模比较小。如早餐车、特色小吃、小杂货店等，这些投资小，风险低的创业项目，解决了一部分下岗职工的生活问题。

二、全面审视自我　做好创业准备

有一只小老鼠咪咪，终日里闷闷不乐，它深感自己气质不佳，形象不好，本领又小，生活在动物世界的最底层，受尽了委屈。看着到处巡逻的猫，小老鼠咪咪想，要是能够做只猫，该是多么威风的一件事啊。于是，小老鼠来到佛祖面前，一再哀求恩典，将它变成一只猫。佛祖禁不住它的祈求，就答应了它的要求。于是，小老鼠如愿以偿地变成了一只猫。

可是没过几天，又出现了新的问题——原来猫是怕狗的呀。小老鼠咪咪又去再三哀求佛祖，将自己变成一条狗。佛祖又答应了。于是，小老鼠又如愿以偿地变成了一条狗。

让小老鼠咪咪诧异的是，狗还怕狼呢，于是它又跑去乞求佛祖让自己变成了狼。就这样，老鼠一路请求一路变化，终于变成了森林之王——大象。志得意满

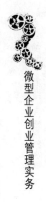

的咪咪昂首挺胸，在森林里逐步巡游，威风凛凛。动物们见了它都卑躬屈膝，咪咪心中别提有多高兴了。但好景不长，咪咪又失落了——它万万没有料到，大象最怕的竟然是老鼠。这时它眼中最伟大的形象又变成了老鼠，于是小老鼠咪咪又跪倒在佛祖的面前。

这个寓言告诉我们，每个人都有别人无法比拟的优点和长处，尽管有时很不突出甚至连自己也无法发现，但只要认识到了自己的长处，并把它充分发挥出来，就是别人所无法比拟的。因此，创业之前，创业者必须全面审视自我，分析自己拥有的创业有利条件及待加强的环节，做好充分的心理准备和条件准备，根据自身的特点去选择创业项目。每个人都有自己的优势和劣势，在创业过程中要充分发挥自己的优势。同时，面对自己的劣势，下岗职工不能一味地沮丧，正确看待自己的劣势的同时，尽力把劣势转化为优势。在创业过程中脚踏实地，只有这样才能更好地创业。

（一）下岗职工的优势

第一，宝贵的经验。下岗职工虽然年纪较大，但他们的人生经历是宝贵的、不可复制的，几十年的经历，使他们无论是在生活经验上、工作经验上还是社会经验上，都要比其他创业群体有更明显的优势。这些经历绝对不是简单的堆砌，而是一个人智慧的积累和能量的储备。从这个意义上说，无论是愉快的经历、艰苦的经历，还是漫不经心的经历，都蕴含着许多可供利用的有价值的东西，是一笔人生的财产。如果你想进入市场找赚钱的门路，却又势单力薄，财力匮乏，那你就更要重视自己丰富多彩的经验，从你感受最甜、最苦、最涩、最深切的开始，去寻找、领悟、抽取蕴含其中的商业机会，然后加以发挥、拓展，最后获取谋生、创业的成功。[1]

第二，难得的人脉。中国，是一个十分重视人情关系的国度。各种关系纵横交错，如同学关系、师生关系、战友关系、同事关系、老乡关系、亲戚关系等，这些关系里都蕴藏着一座座金矿。而且近几年，国家大力推出各种政策以促进、鼓励、扶持下岗职工创业，如果善于挖掘，巧妙利用，定能创造出不菲的收益。

---

① 佚名. 下岗职工如何创业 [J]. 致富之友，2003（2）.

下岗职工在工作、学习、生活中结识了许多朋友，拥有丰富的人脉，这些都是其创业路上的财富。俗话说：多一个朋友多一条路，多一个敌人多一面墙。多交朋友，善于交朋友，你会从朋友那里得到很多有用的信息，得到很多有益的启发。

第三，良好的素质。下岗职工中，许多人不幸遭遇多次下岗，对就业的艰辛体会颇多。他们大多干的是别人不愿介入的冷门，出力多，赚钱少。但是，在毫无退路的情况下，他们昂然挺进，不怕苦，不惧累，风里来，雨里去，他们的能量也得到了极大的释放；他们脚踏实地，一步一步地干好每一件微不足道的小事，积跬步而成千里；他们诚实守信，不管情况多么艰难，始终能够坚守经商底线。

（二）下岗职工的劣势

第一，年龄偏大，中年人居多，家庭压力重。下岗职工主要集中于四五十岁，正处于家庭负担最重、最需要有生活保障的阶段，他们的子女多数在读中学或大学，学习阶段仍然要为他们提供大量的学费和生活费。同时，在受教育阶段，对子女大量的教育投资也使他们承受着较大的经济压力。此外，多数家庭都需要赡养退休老人，责任重大。对于下岗的家庭来说，由于长期低工资，他们基本没有储蓄来应付失业后的困境。[①]

第二，学历偏低，就业压力大。下岗职工中，初中及初中以下文化程度的比重近 2/3，学历水平整体偏低。在科技日益进步的今天，尤其是在新生代农民工和毕业生人数连年增加的形势下，再就业对于他们来说异常艰难。20 世纪 90 年代以来，中国社会结构逐渐显露断裂迹象，新的技术革命打造出的饭碗与传统产业的下岗职工越来越无缘，可见，在再就业的道路上，中国下岗职工面临的是来自自身和外界多方面的挑战。

第三，技能单一，创业风险高。下岗前他们绝大部分是生产第一线职工，长期从事着简单的重复劳动，技能比较单一，在创业的过程中没有广泛的技术经验积累和创业经验积累。就创业来说，他们没有富余的储蓄作为投资的本钱。此外，在贷款方面，国家的小额贷款需要公务员或事业单位干部担保，但他们社会关系单一，很难找到为其提供贷款担保的对象。缺乏创业经验、创业资金不足、

---

① 胡解旺. 下岗职工与大学生毕业创业问题 [J]. 人才开发，2003 (1).

生活压力较大等，使下岗职工创业的风险增大，一旦创业失败，创业者在心理和身体上很难承受这样的打击。

第四，就业观念落后。目前一些职工的观念仍然停留在计划经济时代，还把就业看作是政府大包大揽的事情。有的职工虽然有创业的想法，但没有启动资金，选不准创业项目，不敢承受创业风险，致使其创业的步伐受阻。

【延伸阅读】

政府促进就业政策的正义性分析

我国政府促进就业政策的实质正义性，包含如下几个方面：

首先，就业权利平等性。就业制度要切实保障全体劳动者的就业权利，平等对待全体劳动者，没有某一劳动者比别人享有更多的权利。对此，十六届六中全会强调"就业是基本的人权"，说明就业是我国公民的一项基本权利。就业作为一项基本权利，意味着人们有就业的主张和要求；就业也是一种道德权利和法律权利，就业者可以按个人意志去选择或放弃某种就业机会。公民要具备享有和实现其就业利益、主张或资格的实际能力或可能性，必须借助于国家和政府的积极作为，这既是公民对国家和政府公共权力的要求，同时采取积极措施帮助公民实现就业权，也是政府义不容辞的责任和义务。对于就业困难群体尤其重要，如果不能保障他们的就业权利，那么，他们就难以分享社会经济发展所创造的机会与成果。

其次，就业机会平等性。政府促进就业政策强调保障劳动者平等的就业机会的获得，而且就业机会向全体劳动者开放，每位劳动者凭借个人能力和实际水平参与竞争，且能获得最大限度发挥个人潜力、实现自身价值的就业机会，使就业歧视现象不断弱化。

再次，劳动报酬差别合理性。就业制度要保证收入分配公平，绝对的平等、平均主义都不是真正的公平，我国长期以来实行的按劳分配制度体现了按劳动者贡献大小获得不同的收入，政府促进就业政策也一直致力于实现和保护这种差别合理状态下的收入分配公平。

最后，劳资关系协调性。就业制度要合理配置劳动关系双方的权利和义务，强调双方的权利和义务对等，使劳资关系协调，避免资强劳弱现象的发生。随着我国就业促进法的颁布和实施，对劳资关系的权利和义务有了更加明确的规范，有利于促进劳资关系良性发展。

资料来源：龚浩宇，徐濛漪. 政府促进就业政策的正义性分析 [J]. 齐齐哈尔大学学报（哲学社会科学版），2013（1）.

三、远离创业误区　踏实创业道路

下岗职工中很多人对创业认识不够，定位不准确，容易陷入创业的误区。下面对下岗职工可能存在的创业误区进行分析，让创业者对创业有更加清醒的认识。

（一）资金等于一切

在很多创业者眼中，资金是创业成功的"灵丹妙药"，认为只要有充足的资金，那么创业就一定能成功。并且从政府出台的一些政策来看，其在鼓励下岗人员创业方面也主要是放宽创业资金额度，提供创业贷款等。然而，大量创业者的失败案例表明，他们失败的原因是项目、管理、市场方面的问题，而不是资金问题。

应当承认，资金是创业成功非常重要的条件，当前资金不足仍然是自主创业的一大障碍。但是，拥有足够资金却不一定能成功创业。现实情况表明，如果企业创业初期资金过于充分，常常会造成安乐感和类似被宠坏的孩子的症状，随意的、缺乏约束的花费通常会导致严重的问题，以致失败。钱对于创业者而言就像是颜料和画笔对于画家一样，它是没有生命的工具，只有被适当的手所掌握，才能创造奇迹。看看身边的一些创业者，有资金而创业不成功的并不鲜见。走进创业时代，决定创业成功的关键因素是创业者的素质，所以下岗职工再创业的过程中应该不断地提高自己的创业素质，而不应局限于资金的不足。

（二）梦想一夜暴富

创业者在初涉投资时，易受眼前利益驱动。然而，投资是一项系统工程，创业者要克服急功近利的思想，不可杀鸡取卵、竭泽而渔。正所谓"天下没有免费的午餐"，创业的道路上也没有快速发财的事情，如果你想在创业的过程中取得成功，真正需要的还是务实和努力。在创业开始阶段，能多赚钱当然好，但是一

开始赚不到钱也不用着急，因为这是一个学习的过程。在这个过程中，你可以学到很多东西。一旦你对行业有了一定的了解，积累经验，那么你就有了下一步发展的基础。

（三）不能量力而行

生意上贪大求新，野心很大，排场不小，但是却往往超过了自己的经济承受能力。贪大求全，几乎是创业投资者的共性，殊不知种种危机就潜伏其中，一不小心就可能爆发。在具体投资时，应留有余力，以防风险发生，更应防止手中无资金周转，以致满盘皆输。

一个成功的人，一定要有赚取第一桶金的创富信念。财富是可以从小本钱投资经营而累积起来的，拥有小本钱的创业者，只要你努力，只要你坚持，一样可以在未来的某一天成为坐拥百万财富的大赢家。跻身世界 500 强的戴尔刚开始创业时，只有 1000 美元的资本；个人财富排名世界第一的比尔·盖茨当初开始创业时，也仅投入 1000 美元的资本。不在于本钱小，只要你做得好，每一个小买卖里都蕴藏着无限的商机，任何小事都包含着做成大事的种子。

（四）只有年轻才能创业

年轻人独有的特征是创业优势，显然有助于创业的成功，但年龄绝不是创业的障碍。创立高潜力企业的创业者，其平均年龄是 35 岁，六十几岁才开始创办企业的创业者为数也不少。例如，联想的创业元老柳传志就是"半路出家"，中年创业，虽然期间经历过挫折，但最后取得了成功。并且，在中关村科技园区创业的多是中年人，平均年龄为 38 岁，其中 40 岁以上者所占比例最大，达到 58.01%。[①] 因此，创业并不是年轻人的专利。

① 胡忻，张玲玲，黄琳钫. 近六成企业家认为四十岁以后再创业 [J]. 就业与保障，2012（1）.

第二节

寻求稳中求胜　投资三思后行

成功需要天时、地利、人和以及足够的运气。不要小看运气，如果时运不佳，再出色的企业家也得在困难中挣扎。华人首富李嘉诚的投资思维模式讲究"不为最先"，一般情况下，最新、最热则先不进入，等过一段时间之后，市场气候更明朗，消费者更易接受，自己的判断决策才会更准确，此时采用收购的办法介入，成本是最低的。李嘉诚的经商理念是"稳健中寻求发展，发展中不忘稳健"。投资大师"股神"巴菲特也有这样一个习惯，不熟的股票不做，因此，他永远只买一些传统行业的股票，从来不去碰那些高科技股票。

创业是个系统工程，在创业过程中必须认真走好每一步；创业不等于冒险，所以在创业之初要做到"稳中求胜，三思后行"。

一、挖掘创业机会　选准创业项目

俗话说："好的开始，是成功的一半"，把这句话用在选择创业项目上再合适不过了。下岗职工面临上要养老、下要养小的生活压力，在选择创业项目上需要更加小心。相对而言，他们的创业风险要比其他创业群体的风险更大，一旦他们创业失败，可能全家都无法正常生活，甚至连累亲朋好友。那么下岗职工应如何选择创业项目呢？在选择项目过程中应该注意哪些方面呢？任何事物的选择都要从主观与客观两个方面考虑，选择创业项目也不例外，下面结合创业项目和创业者自身特点两个方面来分析如何确定创业项目。

（一）开展市场调查，了解市场实际需求，找出符合市场需求的项目

市场调查就是通过收集有关资料及数据加以研究和分析，以为市场的预测提供可靠的依据。在根据自己对某个行业的喜爱程度和熟悉程度初步确定了创业项目之后，即使资金准备就绪也不可急于办理工商税务登记等事宜，要有目的、有计划地做好市场调查，即研究那些非创业者本身能控制的可变因素。例如，自己

的项目准备满足哪些顾客和顾客群的需要；把自己准备提供的产品或服务列一张清单，并记录顾客需要的产品或种类，这些顾客是男士、女士还是儿童；哪些人有可能成为自己潜在的顾客，把所有可能影响自己的项目构思的想法写下来；顾客想要产品或服务的类型；每个产品的哪方面最重要是尺寸、颜色、质量还是价格；顾客对每个产品或每项服务的期望价格；顾客一般消费的时间和地点；顾客购买的数量以及数量是否在增加、能否保持稳定；顾客购买某种特定的产品或服务的原因，他们是否在寻找有特色的产品或服务；顾客的购买力和购买力如何；哪些地方最适宜经营；至少需要多少经营所需的流动资金；供应商在哪里；等等。

经过市场调查后，下一步就要进行项目选择，项目选择上需遵循以下三点：

首先，要选择政府鼓励的、有前景的行业。想要创自己的事业，就要知道哪些行业是国家政策鼓励和支持的，哪些是允许的，哪些是限制的。在上海，政府鼓励的非公小企业主要有：科技型小企业；为支柱产业化（钢铁、汽车、通信设备、石化、电话设备、家用电器、生物、医药、信息）配套服务的小企业；服务型小企业。目前，国家大力鼓励农村发展农业、养殖业、畜牧业。同时还出台了一系列优惠政策，对于资金有限的下岗职工，可以选择维修、快递、家政、清洗、保健等便民的服务行业的项目；选择餐厅、面店、小百货店、文具店等餐饮或商业；选择承包农田、养殖鸡鸭等；选择加盟连锁经营企业。

其次，要进行市场调研，以适应社会的需求。有的创业者认为，做生意就是为了挣钱，什么行业赚钱、热门，就去哪凑热闹，这种想法是不正确的。创业者应该树立这样的观点"哪里有需求就去哪里"，如果你选择开餐馆，那么你就是为了满足顾客吃饭的需求；如果你开小百货店，那么你就是为了满足顾客对日用品的需求、是为了方便顾客。初次创业一定要详细了解市场需要，不能盲目跟风，别人在这个行业赚钱，后来者不一定也赚钱，也许该行业正处于需求下降的行业，即夕阳行业。等你真的做好准备进入这个行业的时候，它已经不能满足顾客的需求而被淘汰了，这个时候你就没生意做了。

为了成功开店创业，识别机会的一个好办法就是倾听周围的人们对现有的商品和服务的不满、抱怨和困难。人们所抱怨的每一个问题都可能意味着一个潜在的商机，越是难以解决的问题，带来的机会可能越大。如果能解决普通人抱怨的问题，关注社会特许群体的困难，那么成功的可能性就越大。

最后，要坚持创新做出特色。创新是创业成功的关键。如果自己只是一味地模仿别人，没有一点自己的特色，那么你又凭什么能比别人成功呢？要有所创新我们可以从以下几个方面入手：新开辟一个市场，别人在大城市做这行生意赚钱了，我们可以考虑去大城市周围的城市发展（要做充分的市场调查，发现某城市有市场才可行）；也可以将老产品改造或生产类似的新产品；或者找新的供应商。当然新的供应商的价格要比竞争者低，只有具有自己的特色才能在市场上赢得自己的一席之地。

（二）评估个人资源，理清自身创业的优势

个人资源包括无形资源和有形资源，无形资源主要是指创业者个人的专业能力、经验、爱好和人脉资源；有形资源主要指存款、可借用到的贷款、设备等物质资源。

第一，要从自己感兴趣的行业入手，做自己喜欢的事，当所从事的工作是自己喜欢的事情时，人们在工作时就会投入巨大的热情，也就容易取得成功。试想如果你选择的项目不是自己喜欢的，当创业过程中遇到困难、挫折时你会怎么样？能坚持下去吗？无数的创业经验告诉我们答案是否定的。所以在创业项目的选择上，创业者一定要考虑以下问题：我喜欢做老板吗；我喜欢现在选择的项目吗；如果选择创业我能坚持下去吗。现实生活中有些人就是不喜欢做老板，就是喜欢有份安稳的工作。

第二，要做自己熟悉的事。如果自己仅仅是喜欢这个行业，而对这个行业的行情一无所知，那么建议大家还是不要冒这个险。下岗职工大部分都有工作经验和生活经验，例如，具备某一类的商品知识、制造技术与从业经验；懂得某种服务性行业的服务要求和服务方法以及相关技术，还具备相应的经营管理能力与经验；懂得供应商的供货方式；特别是十分清楚顾客群体的基本情况；等等。这些都是其他创业群体所没有的资源，下岗职工可以好好利用这些年自己的所见所闻，发掘创业项目。

创业仅仅靠热情是远远不够的，因为创业是个艰难的过程，不是每个人都适合创业，也不是每个人都有能力创业成功。在创业的初期，创业者对项目的喜爱程度很重要，但生意能否做下去，在很大程度上还取决于创业者对这个项目的熟悉程度。广州话说"做生不如做熟"、"吾熟吾做（不熟就不做之意）"说的就是这个道理。创业之初会遇到很多困难，诸如资金不足，客户不多甚至没有客户，对

生意场上的复杂性估计不足等。如果从事自己不熟悉的行业，那么开业后亏本甚至倒闭的可能性就比较大。除非创业者有资本能雇到一个十分可靠而且胜任这个行业的经理，否则去从事缺乏相关知识，又无实际经验的工作确实很难成功。

第三，要量力而行。所选的项目投资一定要与自己的实际能力相符，如果你选择一个需要一次性投资 100 万元的项目，而自己的实际能力只有 10 万元，这是打肿脸充胖子，最终只会在创业路上半途而废。

第四，要从小事做起。从门槛比较低的行业做起。创业是一种有风险的投资，必须遵循量力而行的原则，创业者可以将为数不多的资金投资到风险小、规模也比较小的事业中去，先赚小钱，滚动发展。古今中外，许多企业家开始做的都是不起眼的小本买卖，然后不断发展。微软的比尔·盖茨起步时只有 3 人，1 种产品，年收入 1 万多美元；苹果公司刚起步的时候只有 2 个人。在我们身边，从不起眼的小事做起，逐渐积累而致富的人比比皆是。

只要有尚未被满足的需要，就会有创业的机会，人们的欲望又是无限的，因此商机也是无限的。据悉，现在世界市场上的商品有 100 多万种，而国内仅仅 18 万种左右。目前，我国供求平衡或供大于求的是实物商品，而在服务领域存在着许多"供不应求"的现象。只要创业者留心，善于观察，善于创新，机会就在创业者的身边，路就在脚下。同时，在创业过程中需要注意，不要对他人尤其是亲密朋友的意见过度信任，切忌认为朋友的话即代表了市场的真相，自己无须再对市场进行调查，不然容易导致投资失败。毛主席曾说过，"要想知道梨子的滋味，就要亲自尝一尝"。这是万古不渝的真理，投资者更要牢记在心。①

（三）寻找商机要做到三个"不"

一是投资不能大，门槛不能高。大多数下岗职工所处的年龄阶段是其一生中经济压力和精神负担最重的时期，体能开始下降，经不起人生大起大落。因此，不可选择资金大、技术门槛高的行业，如健身中心、大中型餐饮、品牌时装代理等，同样一些专业性太强的行业如专业美容、电器维修、汽车修理也不太适合。

二是体力负担不能过重。中年人体能已经开始下降，不可以选择强度较高的体力操作项目。

---

① 韩梦佼. 如何选择适合自己的创业项目［J］. 成才与就业，2009（10）.

三是流行性不能太强。中年人敏感度不如青年人，同时创业寿命短，可能又会面临重新选择，要选择市场空间大并且可以稳定发展的行业。

有专家表示，中年创业最好以选择服务业为主，而且服务业中加盟连锁体系正走向成熟，加盟企业也比较多，选择机会相对多；同时，创业者可以借助加盟总部的技术、管理、品牌支持将成功模式进行复制，如特色餐饮、专卖店、便利店、干洗连锁店等。

二、抓住小本项目 迈向致富之路

小本，一般指资金少。但小本并非不可创业，因为资金少不代表资源少，如果资源够的话，比如好的项目、设备资源、技术等，没有多少现有资金，也是可以创业的。下岗职工根据自己的特点、资金、资源情况，在创业前期，可以选择小本创业，甚至是无本创业，这样即使你的投入没有回报，也不至于完全亏本。小本创业需要创业者花费很大的经历去维护自己的投资，需要创业者投入大量精力来扩充自己的专业知识。创业宜选择自己熟悉的行业，不要涉足自己是门外汉的行业，否则会浪费自己大量的精力。任何类型的创业都是技巧和风险并存的，只有合理运用技巧，巧妙规避风险，才能更好地创业。

（一）小本创业技巧

想到小本生意，大家很容易就会想到什么路边卖早点的小摊、开网店做代理之类的。其实小本生意所涵盖的范围是很广泛的，有的小本生意也可以做得灵活体面，很轻松，像现在比较受欢迎的"定制"店，就是抓住了人们追求个性时尚的心理。那么要怎样才能把小本生意做好、做大做强呢？总结起来是四个字："活"、"专"、"多"、"利"。

第一，"活"。"活"是指随机应变，快速灵活。生意经营过程中环境常常是瞬息万变的，市场行情此一时彼一时，而小本生意经营优势就在于可以随时观察市场的变化，并及时做出相应的反应，正所谓"船小调头快"。在生意经营过程中，谁的反应速度快，谁更能适应市场的变化，谁就能赢得时间，争得经营主动权。具体而言，可以根据国家政策环境变化，迅速转变经营方针调整产品结构；可以根据顾客要求的不断变化进行柔性化的贴身服务，以特殊、个性的产品服务与大

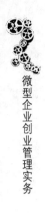

企业进行差异化竞争；可以根据市场的快速变化，推陈出新，快速更新产品，不断满足个性、品位多元化的市场需求。只要经营者时刻保持清醒的头脑，及时对市场变化做出灵敏快捷的反应，抢先抓住稍纵即逝的商机，一定能够实现小本大利。就像"变形金刚"进入中国市场时，最早获知信息的都是一些小商人，他们迅速与生产企业建立起了稳固的经销关系，投资不多但都获利颇丰。"变"反映的是小本经营者的应变能力，这是小本经营取得成功的一个重要因素。

第二，"专"。"专"指的是精益求精，专项冠军。这里的"专"包括两层内涵：一是技术要专；二是市场要专。首先，技术层面上，要集中物力、财力专注于别人没有的技术，做到"人无我有、人有我优、人有我新、人新我变"，这样才可以在激烈的市场竞争中做到出奇制胜。小本经营者如果被动地随波逐流，可能永无出头之日。其次，市场层面上，面对莫大的市场，如果不加选择盲目进入，取得成功的可能性则会非常小，所以应该专注于一两个细分市场做足文章。做好"专"的这两个层面，就可以在生产经营中避免许多盲目性，从而提高了他们的成活率，使其更具有发展潜力。

第三，"多"。"多"指的是要不怕吃亏，服务周到，让顾客满意。有时商家为了促销，有的打价格战走薄利多销之路，有的给顾客赠物返券，有的搞抽奖回报，有的借媒体之势大做广告，可谓费尽心机想尽办法，但这些司空见惯的促销手段效果往往都不是太好，不但顾客的心没有抓住，创业者还有可能面临赔本的风险。作为创业者，在服务方式上应该做到多样化与创新化，同时，不能过多考虑短期利益，要从长远考虑，才能持续经营。

第四，"利"。"利"指的是为顾客提供便利。"利"字考验的是小本经营统筹规划的能力，要从全局高度为顾客提供便利。无论是小本生意还是大生意，创业者都要全心全意经营，处处从客户的角度考虑，随时调整经营方式和方法，这样才能把生意做好。

（二）小本生意风险规避

虽然小本经营"船小调头快"，但是在经营过程中难免陷入困境，学会规避风险对创业者来说也是一门重要的学问。

第一，慎选项目——不要哪儿热闹往哪儿挤。小本经营应以小博大，经营者先要考虑经营项目的冷与热。小本经营最忌"别人做啥我做啥"，因为此路往往不通。趁热去追风的结果，常常不是去面对一个同行业的市场巨人，就是去收拾人家已无油水的残羹剩饭。小本经营者应避热趋冷。

第二，见缝插针——巧占市场盲点。小本经营者如果被动地随波逐流，拾人牙慧，则永无出头之日。其实，经济越发达、社会越进步，人们的需求就越多样越细化，一个个大市场之间一定存在着大资本无兴趣、无暇顾及或无法顾及的缝隙市场。它非常适合小本经营。因此，小额投资者应该跳出固有、狭窄、僵化的思维定式，从更长远的时空上把握市场运作规律，深入研究消费需求，独辟蹊径，巧占市场盲点。

第三，快速应变——"船小调头快"。经营环境常常瞬息万变，市场行情此一时彼一时。时间抓得紧，商品可增值；时间抓不紧，黄金也贬值。因此，谁的反应速度快，适应市场的动态变化快，谁就能赢得时间，争得经营主动权。小本经营"船小调头快"，只要时刻保持清醒的头脑，及时对市场变化做出灵敏、快捷的反应，抢先抓住稍纵即逝的机遇，便有可能实现小本大利。

第四，主动上门——急客户所急。资本雄厚的大企业经营重"守"，做小生意的小本经营要重"走"。资本雄厚，可以通过各种媒体发布促销广告，利用自身优越的经营环境、齐全配套的商品和服务等客上门，而做小生意的固城守池也是不可能有所作为的。流动摊档的商品一般要求是日常生活用品，每家每天都得用，如果能迎合顾客的需求，与顾客建立稳固的联系，提供送货上门的服务，就能稳稳当当挣钱。

第五，薄利多销——"三分毛利吃饱饭"。俗话说得好："三分毛利吃饱饭，七分毛利饿死人。"小本经营资金相当有限，最怕造成商品积压，资金周转不了，成为死钱，包袱严重，影响下一步的经营，形成恶性循环。应利润微薄，价格降低，在竞争中形成比较优势招引顾客，实现薄利多销赚钱的目标。

第六，有利即为——赚钱不要太心切。赚大钱是许多人的梦想，但大多数人终其一生，却难以梦想成真。这是什么原因呢？是因为他们赚钱心太急切，小钱不想赚，大钱挣不来。曾有位百万富翁说过："小钱是大钱的祖宗"，只有在创业过程中抓住赚小钱的机会，才能江河汇集成浩瀚的海洋，最终赚大钱。

(三) 小本创业项目

小本创业项目主要有摊贩型、居家型、业务型、网络开店型四种。

第一，摊贩型。摊贩型创业主要类型有两种，一种是以摊车的形式出现，所售商品以餐饮为主，如烧鸡、熟肉杂食、早点等；另一种则是用大布巾或大箱子，将商品摆在地上或特定的地方陈列出售，此类的商品包罗万象，如衣服、发饰、眼镜、皮具等。要加入摊贩的行列，耳聪目明、身手敏捷是必备的条件。创业者如果还有口若莲花的本事，相信业绩绝对可以呱呱叫。不过摊贩经营相当耗费体力，而且要注意流行性，因此除非所卖商品是以本人手工生产的商品为主，否则从事摊贩这行业还是身强体壮的年轻人比较适合。

第二，居家型。居家型创业的工作地点就在自己家中，所以不会有人监督，也不易和人比较，因此对于本身的惰性要有足够的克制力，避免被家中电视、家人的嬉笑玩闹诱惑而耽误工作。居家型的创业者，需要自己去开拓客户，随时都会有碰壁或断炊的情形出现，因此必须要有积极乐观的态度。

第三，业务型。业务型的创业者一般都是以加盟或代理的方式创业。创业者要投入此模式创业，最重要的就是要注重服务质量，因为创业者很难掌握商品的品质，相对地，服务品质就容易掌握许多。只有提升其他的附加值服务，才能吸引新客户，才能让客户产生信赖感，建立忠诚度。除此之外，此类的创业者需要大量的客户来源，因此创业者必须不怕生、善于沟通，还要多参加一些团体活动来扩大人脉。

第四，网络开店型。网络开店主要有网络拍卖、网络店铺两种。此类创业方式除了对计算机、网络运用有基本的认识之外，贩卖的商品也要具有独特性和吸引力；同时，一定要深入市场调查，了解自己和别人的货源有什么不同。只有把这些都学习透，才可能会成功。

第三节

激发自我潜能　快速走向成功

随着市场经济的建立和不断完善，我国经济结构正发生巨大变化，因而就业结构也将随之变化，下岗、失业、上岗、再就业，已成为众多职工共同面临的问题。目前，我国中小企业已占企业总数的97%，新增就业机会中，大约有80%来自中小企业，可是，中小企业的就业岗位却未能得到很好的开发和利用，其中一个重要原因就是缺少有经营头脑、有管理能力、有胆识、有魄力的创办者和经营者。以上数据及大量的创业成功与创业失败的经验表明，创业者要想成功应具备以下素质：敏锐的创业意识、良好的创业心理品质和扎实的创业知识。[①]

一、培养创业意识 发现创业商机

任建军从一家木工机械厂下岗。但是他善于发现商机，自强不息，看到货物的集散流动极为频繁，并带动了货物配载运输业的快速发展。于是，他把目光放在了物流行业，积极关注物流行业的发展动向。他平时注意收集客户资料，积累基本经验。经过一番深思熟虑，一个货物配载运输企业的雏形在任建军的脑海里初步形成。随后，他开始积极筹划创办企业。公司选址、车辆配置、员工招聘，每一个环节他都亲自参与。不久，南通佳丽货物配载运输服务有限公司正式成立了。创业之初，企业发展面临诸多困难和压力，而当务之急是要尽快熟悉业务，开拓市场。白天，任建军奔波于市区的相关单位，宣传公司，联系业务；晚上，他挑灯夜读，学习有关物流方面的知识，掌握行情，还抽空到上海、苏州等地拜师取经，走访客户，联系业务。经过半年多的努力，公司开始陆续接到业务，经营走上了正轨。现在，他的公司业绩蒸蒸日上，很多客户都慕名前来洽谈业务。

资料来源：从下岗职工到创业明星［EB/OL］.［2012-09-25］http://career.youth.cn/cygs/201209/t20120925_2465459.htm.

要想取得创业的成功，创业者必须具备自我实现、追求成功的强烈的创业意识。强烈的创业意识，帮助创业者克服创业道路上的各种艰难险阻，并将创业目标作为自己的人生奋斗目标。创业的成功是思想上长期准备的结果，事业的成功总是属于有思想准备的人，也属于有创业意识的人。

能够发现创业机会是成功创业者必备的特质之一，是成功创业的起点。从某种意义上来说，它意味着创业已经成功了一半。在现实生活中，发现创业机会看起来简单，其实并不是一件容易的事，但也不是高不可攀，其中有一定的规律可循，有一定的技巧可用。创业者可以借助于以下四条前人总结出来的经验，在现

---

① 张如良. 论教育与下岗职工的创业培训［J］. 就业培训，2000（10）.

实生活中有意识地加强实践，培养与提高这种能力，从而使创业成功的概率更大。

第一，留意未被覆盖的空隙中蕴藏着的市场机会。未被覆盖的市场空隙，是商业巨头们不屑一顾的地方。企业的存在就是为了获得最大的利益，企业势必会在能为自己带来最大利益的市场上打拼，而那些既要花费企业精力又无法为企业带来理想利润的市场，就是大企业不愿和不屑涉足的地方。但是，对商业巨头们不值一提的利润，在刚开始创业的开拓者眼里，也许就是一座金山，有着十分巨大的吸引力。很多成功的企业家在创业之初都是这样挖到第一桶金的，然后靠这个资本进行积累，继而得到更快的发展。

第二，留意市场发生改变的地方的商业机会。事实上，市场发生改变的地方对创业者来说都蕴含着许多商业机会。改变不仅是指市场环境的变化，在意识和观念方面的改变给市场带来的机遇通常更显著。人们透过这些改变，会发现新出路，找到创业方向。著名管理学大师彼得·德鲁克把创业者定义为那些能够"寻找变化，并积极反应，将它当作机会充分利用起来的人"。可见，变化对创业者而言就是天籁之音。

第三，留意新政策中的商业机会。在创业过程中，政府制定的政策规定和法律法规等都有可能直接或者间接影响创业者的创业活动。政府部门包括地方政府年年都会有一些政策出台。而新政策的出现或旧政策的改进都会赋予创业者新的机会。伴随着社会的不断发展，以前制定的某些政策和法律法规势必会出现与社会不相适应的情况，此时政府要通过不断调整自己的政策来管理整个社会。比如，以前政府允许做的某些事，现在不允许做了；以前政府不允许做的某件事，现在允许做了；以前做了就表示触犯法律的某件事，而现在则是在法律的许可范围内；以前在法律许可范围内的某件事，现在却成了违反法律的行为，这样机会就出现了。再如，以前政府重点扶持的某件事，而现在已经不再是重点；以前政府不够重视的某件事，现在却成了备受关注的大事。既然是重点，政府必会在一系列的媒体上对它进行宣传，号召大家关注；而且也会出台一系列的政策为这件事提供优惠或优先权；政府也会更好地把精力投入其中，一些困难或者阻碍会及时被解决。

第四，留意产品或技术创新中带来的机会。要知道，社会的发展总是伴随着产品或者技术的创新。通常来说，产品与技术的创新具体表现在以下三个方面：一是新技术代替旧技术。当在某个领域出现了新的科技突破与技术，而且它们足

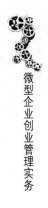

以代替某些旧技术的时候，创业的机会就来了。二是实现新功能和创造新产品的新技术的出现。无疑，这会为创业者带来新的机会。三是新技术带来的新问题。大部分技术的出现对人类都存在着利与弊的两面性，这就会迫使人们为消除这种技术的某些弊端而去开发新的技术并让它商业化，这就会带来新的商机。

二、提升创业品质　促进创业成功

作为一名下岗职工，叶恒文凭着一股不服输的韧劲，开始了艰辛的自主创业之路。下岗后，叶恒文学过裁缝、卖过早点、开过小饭馆……可是都因种种原因没做长久。一个偶然的机会，他得知兔肉胆固醇低，瘦肉率高，营养价值高，市场旺销，但有价无货。他决定走养兔的创业之路。夫妻俩从此住在兔舍，夜以继日地照管兔子。功夫不负有心人，1 年后，兔子的数量增加到 300 多只，人却快累垮了。

因为疏忽，他在市场上买了一只特大的青紫蓝肉兔，却没想到这是只瘟兔，放到兔舍不到两天，所有的兔子全都死了，他欲哭无泪。在掩埋了病兔后，怀揣着创业梦想的叶恒文通过 8 个月的打工，筹集到资金 4000 元。他向畜牧专家虚心求教，在专家的热情帮助下，先后在海南省椰恋农牧科技园、山东省莱州市獭兔研究所、河南兰考獭兔养殖基地边打工、边学习企业管理、饲料加工、兔皮兔肉深加工、开辟营销市场相关知识。学成归来后，在家人的资助下，新的兔场又开办起来了。目前，养殖场已为 1000 多名大学生提供了实地教学场地。

资料来源：佚名.叶恒文——下岗后自主创业不服输［N］.西宁晚报，2011 年 5 月 8 日.

创业是一个艰辛的历程，是创业者运用自己有限的资源，自发性地利用市场机遇发展事业所面对的一场硬碰硬的战争。这场硬仗打赢了，固然可以带来财富，但创业者在实施的过程中还有许多随之而来的东西，包括心理的压力、焦虑、挫折、喜悦、无助，成功的满足感，付出代价时的痛苦等，酸、甜、苦、辣是每个创业人所必经的历程，所以创业者仅仅具备敏锐的创业意识是不够的，还应具有良好的创业品质，譬如叶恒文的坚韧与执着。良好的创业品质在创业实践过程中可以对人的心理和行为起调节作用，它与一个人的固有气质、性格有密切关系，而其核心则是情感和意志。创业品质的构成要素：独立性、敢为性、坚韧

性、克制性、适应性、合作性，这六个方面之间相互制约，交互作用，共同形成创业者应具有的自尊独立、开拓创新、不怕挫折、求真务实、敢想敢为、承担责任等个性特征。

（一）自尊独立

自尊是既不向别人卑躬屈膝，也不允许被别人歧视、侮辱。如果一个人对自己不恰当的行为不知道惭愧，不感到难为情，那就是不知羞耻，这样的人不会有自尊。独立是指依靠自己的力量去做某事，不依赖别人。如果一个人整天想着怎么样依赖别人，想着怎么样靠别人养活自己，遇到难处理的事情时，第一时间不是想着自己怎么处理，而是想着别人是否能帮自己处理，那么这样的人永远都不可能自主创业。缺乏独立的人更倾向于安于现状，即便有创业的想法，也不可能付诸实际行动。

（二）开拓创新

开拓创新的本质是进取，是推动人类文明进步的激情，是我们事业不断发展壮大的动力和保证，离开了开拓创新，不以敢为人先的精神状态去大胆地闯、大胆地试，创造性地开展工作，而是安于现状、不思进取，就只能导致停滞不前，甚至倒退衰败。设想，如果我们的祖先没有任何创新，那么，人类至今岂不还处在茹毛饮血的洪荒时代。人们的消费观念在逐日提高，那种"一招鲜、吃遍天"的陈旧经营哲学已经不能适应千变万化的市场，唯有不断创新才能以变应变，才能在同行中脱颖而出。

（三）不怕挫折

挫折是指人们在有目的的活动中，遇到无法克服或自以为无法克服的障碍或干扰，使其需要或动机不能得到满足而产生的障碍。创业者不怕挫折是指在创业过程中遇到困难或创业失败、失利时不退缩，具有坚持到底的品质。张海迪曾说过："即使跌倒一百次，也要一百零一次地站起来。"毛泽东也说过："要想不经过艰难曲折，不付出极大努力，总是一帆风顺，容易得到成功，这种想法只是幻想。"这些名人名语无不表达了人生的艰难，创业更是要面对生活无常的变故，这更是要求创业者要不怕挫折，才能真正走向成功。

创业失败了，可惜；把反败为胜的机会丢掉了，更加可惜。因为在创业失败的过程中，已经使用了很多资源，已经积累了很多经验教训，本来只要再坚持一下，再改换一点思路，再深入研究一步，就会峰回路转。但在有些时候，创业者就是因为缺少了"一下、一点、一步"，才与成功失之交臂。只有经历过反败为胜，你的创业才真的成熟。

（四）求真务实

求真务实，它要求我们想问题、办事情和做工作，都要从实际出发，遵循客观规律，说真话，办实事，求实效。对于创业者来讲，求真务实就是要从现实出发、从自己的身边熟悉的事物中去发现商机，并根据创业者自己的实际承受能力选择创业项目，脚踏实地，从小事做起，一步一个脚印，稳步走向成功。

但凡创业者，谁都想在短期内创成大业，谁都想自己的企业快速发展。但是，创业不是赌钱，不是炒股，创办企业都是由小到大逐步成长的。风险投资家有一句古老的格言：柠檬只要两年半就成熟了，但珍珠需要 7~8 年才能孕育成功，几乎没有一家新企业可以在少于 3~4 年的时间里打牢基础。欲速则不达，一口吃不成胖子。有的人开酒馆，几个月就想收回成本，结果半年不到，从宰客开门到无客关门。创业的成功，发展的加快，无一不是靠扎实务实、诚信诚实、开拓创业来实现的。市场不相信大话、空话和豪言壮语，贵在求真务实。

（五）敢想敢为

敢想敢为，形容做事不怕畏惧。在市场经济大潮中，机会与风险共存；只要从事创业活动，就必然会有某种风险伴随，且事业的范围和规模越大，取得的成就越大，伴随的风险也越大，需要承受风险的心理负担也就越大。立志创业，必须敢闯敢干，有胆有识，才能变理想为现实。只要瞄准目标，判断有据，方法得当，就应敢于实践，敢冒风险。对瞄准的目标敢于起步，对选定的事业敢冒风险的心理品质又称敢为性。

具有敢为性的人对事业总是表现出一种积极的心理状态，不断地寻找新的起点并及时付诸行动，表现出自信、果断、大胆和一定的冒险精神；当机会出现的时候，往往能激起心理冲动。敢为不是盲目冲动、任意忘为，不能凭感觉冲动冒进，而是建立在对主客观条件科学分析的基础上的。成功的创业者总是事先对成

功的可能性和失败的风险性进行分析比较，选择那些成功的可能性大而失败的可能性小的目标。

（六）承担责任

一位伟人说过："人生所有的履历都必须排在勇于负责的精神之后。"勇于负责的精神是改变一切的力量，它可以改变你平庸的生活状态，使你变得杰出和优秀；它可以帮你赢得别人的信任和尊重，从而强化你微弱的人际关系。

勇于负责是一种积极进取的精神。当一个人想要实现自己内心的梦想，下定决心改变自己的生活境况和人生境遇时，首先要改变的是自己的思想和认识，要学会从责任的角度入手，对自己所从事的事业保持清醒的认识，努力培养自己勇于负责的精神，这才是成功的最佳方法。勇于负责就要踏踏实实地把事情做好。道口烧鸡全国有名。在道口，烧鸡店林立如云，竞争十分激烈。在道口的一个农贸市场里，人们却对"老王头烧鸡店"情有独钟，到附近烧鸡店买熟食的人大部分都买老王头烧鸡。老王头烧鸡何以独受消费者青睐呢？原来，老王头烧鸡以信誉取胜，保证"一活二鲜三可口"，不卖隔夜烧鸡。他们店总是把当天卖不出去的烧鸡白送给邻近的人家，这样虽然亏了点，但邻居是最好的证人，最好的宣传者，最好的活广告。"不卖隔夜鸡，剩了白吃"，这样的原则使老王头烧鸡店名气非常大，生意越做越好。

千里之行，始于足下。任何伟大的工程都是始于一砖一瓦的堆积，任何耀眼的成功也都是从一步一步中开始的。不管现在所做的事情多么微不足道，都应该且必须以高度负责的精神做好它。改变态度，努力培养自己勇于负责的精神，你将会产生无穷的力量，积极为自己的梦想和事业努力奋斗。

三、积累创业知识　夯实创业基础

李月潭，出身于一个贫穷的家庭，读完高中后就到黄县大修厂当了一名机械维修工。在工作中，他脑子活，勤钻研，掌握了熟练的技能。在全厂，他的聪明劲儿得到了大家的认可。1998年，由于多种原因，在大修厂干了20多年的李月潭含泪告别了工友，抛下了他曾经热爱的机械工具。与大多数下岗职工相比，李月潭是幸运的。正当他在苦闷中寻思着以后的出路时，在外开电子配件厂的姐姐和姐夫来到他家，请他到企业去上班。但对于干维修工的他来说，与电子产品打交道可谓隔行如隔山，原来的老手艺派不上用场了。此时，他真切地感受到知识的匮乏和学习的重要，于是，他买来了电子科技书籍，决心补上这一课。同时，他参加了当地劳动部门组织的创业培训班。通过培训，他越来越认识到这样一个道理：知识就是力量。

2001 年，姐姐和姐夫将企业交由李月潭来管理和经营。接手后的李月潭决定，在原先从事生产电子配件的基础上，将产品提升为科技含量高的电子产品，这样，产品才有竞争力。于是，同年，在原龙口市伍洋电子技术研究所的基础上成立了龙口市伍洋电子有限公司，从事数字监测仪的研制和开发，为图书馆、新华书店、药品超市、服装超市安全提供保障。目前，该产品畅销全国 30 个省市，出口非洲、东南亚等国家和地区。

资料来源：知识就是力量——失业职工李月潭靠科技创业记［EB/OL］.［2011-01-19］http：//www.sdggcyfw.com/news/NewsContent.aspx? id=2498&maxtype=14.

下岗职工自主创业人数比率小，很大一部分原因在于不了解创业，提到创业感觉无从下手。一位哲学大师说：学习是毕生的事情，不懂、不会，可以学，学无止境。

当今社会，是一个知识爆炸的时代。昨天的先进知识，今天可能已经落后，只有学习先进的知识，了解更多的信息才能使自己更专业、更主动。学习专业知识，学习营销知识，才能更清楚所处的位置，明确竞争格局，明确自己的方向，以便制定更为科学合理的策略和计划。金六福的老总是做房地产起家的。他靠着好学上进，与著名策划公司合作，开创了白酒贴牌经营和买断代理的新模式，开创了夕阳产业、朝阳模式的新天地，造就了白酒业的一颗耀眼明星。俗话说："三百六十行，行行出状元。"只要勤于学习，充分思考，善于合作，对自己所处环境有正确的认识和准确定位；只要巧于整合各种资源，持之以恒地去做，踏踏实实地去做，成功离你不远，赚钱也不再困难。

认真学习创业知识，在创业过程中可以少走很多弯路，也可以避免不必要的上当受骗。具体来说创业知识包括：合法开业知识、营销知识、货物知识、资金及财务知识、服务行业知识、经济法常识等。

第一，合法开业知识。合法开业知识主要是有关私营及合伙企业、有限公司

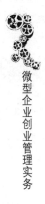

的法律法规；怎样进行验资；怎样申请开业登记；哪些行业不允许私营；哪些行业的经营需办理有关行业管理手续；怎样办理税务登记；纳税申报有哪些规定和程序；如何领购和使用发票；银行开户程序和有关结算规定；成为一般纳税人有哪些条件；你应该交哪些税费，如何交纳；怎样获得税收减征免征待遇；怎样进行账务票证管理；国家对偷税等违法行为有哪些制裁措施；增值税率及计征方法；工商管理部门怎样进行经济检查；行业管理部门如何进行管理和检查。

第二，营销知识。营销知识是指市场预测与调查知识；消费心理、特点和特征知识；定价知识和策略；产品知识；销售渠道和方式知识；营销管理知识。

第三，货物知识。货物知识主要指批发和零售知识；货物种类、质量和有关计量知识；货物运输知识；货物保管储存知识；真假货物识别知识。

第四，资金及财务知识。资金及财务知识是指货币金融知识；信用及资金筹措知识；资金核算及记账知识；证券、信托及投资知识；财务会计基本知识；外汇知识。

第五，服务行业知识。服务行业知识是指服务行业管理的法律法规；各专业服务行业的行业规则、业务知识。

第六，经济法常识。一般自主创业需了解的经济法常识有：税务人员违反《税法》应当承担的法律责任；买卖基金应该如何办手续；不按时办理纳税申报要负哪些法律责任；哪些个人应当缴纳个人所得；农业税收征解会计地位和作用是什么；经营者不得从事哪些有奖销售；消费税有哪些免税、减税、退税规定等。

第四节

巧用各种资源　促进创业成功

扩大就业，促进再就业，不仅是重大的经济问题，也是重大的社会、政治问题，如何解决下岗失业人员的再就业，已经成为我国改革、发展、稳定全局的大事。必须千方百计扩大就业，为下岗失业人员自谋职业、自主创业创造有利的条件和良好的社会氛围。为了鼓励自谋职业、自主创业，国家出台了税收减免政策、社保、岗位补贴政策、社会保险补贴政策，并制定工商登记、缴纳税费、贷款等方面相关优惠政策咨询、开业指导及职业培训服务。这些都是创业者的机遇，创业者应好好把握这些机遇，促进自己创业成功。

一、创业培训项目　提高创业成功

40 多岁下岗，年近半百，怀揣 2 万元在家里"搭"起了 1 家保洁公司。三四年间他的业务已经做到了常州，做到了上海……

丁全福此前的 9 年间经历了失业、再就业、创业的艰辛历程。在人生最低谷的时候，政府帮了他一把。下岗后，他偶然间听到了人力资源和社会保障部门开办免费技能培训班的消息，他就马上报了名。他每天坚持上课，从不缺席，最终顺利完成了"物业管理"专业的技能培训。"碍于面子，很多中年人都半途而废了，好在我坚持了下来，现在想来这是为我成功创业积累起的第一笔财富。"丁全福笑着说。

通过培训他学会了怎样核算成本，知道及时掌握政策的重要性，这大大激发了他的创业热情。为了节约创业成本，丁全福将办公地点设在了家里，怀揣着全家仅有的 2 万元积蓄，购置了部分清洁专用设备，聘请了 3 名保洁员，踏上了南来北往寻找客户的创业之路。凭借着勤劳的双手，干着最苦、最累、最脏的保洁工作，走出了一条成功的创业之路。如今，丁全福创办的沧浪区明全保洁服务公司一共吸纳下岗失业人员、残疾人员 50 余人。昔日的下岗大龄职工，今日成了创业明星。

资料来源：佚名，下岗工 2 万元起家，做保洁三年成创业明星 [N]. 城市快报，2010 年 5 月 16 日.

下岗职工下岗前，他们绝大部分是生产第一线职工，长期从事着简单的重复劳动，技能比较单一，在创业的过程中没有广泛的技术经验积累。他们大多已经错过了创业的最佳时期，单凭自己一个人的力量创业会遇到很多意想不到的困难，对下岗职工进行创业指导，创业培训可以增加他们创业的信心。

有些下岗职工人员无法接受下岗的这种事实，自尊心受到打击，丧失了自信心和竞争力，无法从下岗的情感波动、焦虑不安、烦闷沮丧中解脱出来。长期的忧虑和不满逐渐形成对社会的敌意，轻者引起不满和心理障碍，重者造成家庭和社会不稳定，严重者引起社会行为。所以有必要通过创业指导，使下岗失业人员认清形势，理顺情绪，转变观念，发掘潜能，走向市场，树立正确的择业观，从而顺利地跨过从下岗失业到再就业人生关口，实施创业指导对国家可以缓解就业

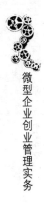

压力，促进劳动力的合理利用；对求职者，可以起到恢复自信心，提升竞争力，实现自我价值；对劳动部门，可以促进劳动市场合理运行，有效开发利用劳动力资源。[①] 创业培训是指对准备自谋职业，特别是创办小企业的人员开展的创业能力培训。创业培训不仅可以帮助受训者自身就业，还可以带动其他人员的就业，是一种重要的培训形式。创业比其他的就业形式需要更多的创业知识、风险意识和主观能动性，对于有创业愿望和创业能力的劳动者，政府应采取针对性的培训鼓励失业人员自主创业。例如，上海市招募社会各方专家组建了专门为下岗失业人员创业服务的"智囊团"——开业指导专业志愿服务团，定期为创业者提供项目定位、项目分析、开业贷款、开业政策等全方位的创业咨询，完善和强化对创业者全程性的培训，制订完整的创业项目培训计划，对初创业者进行心理素质、创业要素、经营管理技巧的强化训练，在开业准备和后续经营管理等方面进行跟踪辅导。同时，推出了"40、50项目运作体制"，政府搭台，各方参与，通过项目开发链上的设计人、出资人、招标人、执行人和监理评估人，实行专业化、社会化的项目开发，动员社会各种利益主体用市场化的方式产生更多的创业项目，从而发挥创业人才的就业乘数效应。石家庄市通过实施"三年三万"再就业培训工程每年培训1万人，增强下岗失业人员的就业技能；通过实施再就业帮扶工程，扶持一批创业带头人，实现了"一人创业带动一批人就业"的乘数效应。

为进一步推动"创办小企业，开发新岗位，以创业促就业"，国家发改委针对小企业在全国各地以创办创业基地为载体开展创业辅导服务。创业基地为入驻企业提供全方位的创业辅导服务，以增强初创企业的竞争力，促成初创企业的高成活率和高成长性。创业基地主要提供政策咨询服务、信息共享、市场拓展、人力资源协作、公共技术、融资担保、管理咨询、法律支援、后勤保障。目前，这种创业平台已初步形成规模，发挥效益。深圳市为促进软件类中小企业走规模化、集约化、产业化经营之路，2003年筹办了中小企业（软件）创业辅导基地。浙江省中小企业局最新统计显示，截至2012年6月，浙江省（除宁波外）10个地市已有省市两级小企业创业基地211家，其中省级基地143家，市级基地68家，入驻企业数量为13836家。另外，还有81家集中建造一批标准厂房作为创业基地。2011年基地内企业收入956.6亿元，上缴利税92.11亿元，总就业人数

---

① 李艳红，崔亚军，赵小宁.下岗职工自我心理调适问题研究［J］.天水师范学院学报，2005（2）.

达 43.12 万人，并已累计孵化成功 2242 家企业。

二、小额担保贷款　点燃创业激情

随着 2010 年新一轮小额担保贷款政策的出台，扩大了小额担保贷款发放范围，增加了小额担保贷款额度，由过去的下岗失业人员扩大到复退伍军人、大中专毕业生、残疾人、回乡创业农民工和失地农民。对符合条件的个户贷款，贷款额度由过去的 2 万元增加到个户贷款额度一般不超过 5 万元；首次合伙经营或组织起来就业实体人均贷款 5 万元，最高额度由过去 10 万元增加到最高额度不超过 50 万元；对符合条件的劳动密集型中、小企业贷款由过去一次性贷款总额一般控制在 100 万元之内，增加到贷款总额最高不超过 200 万元。

2010 年，符合小额担保条件的个户和经济实体申请的户数在急剧增长。加之 2009 年部分符合条件的人员和经济实体申报后在等待发放，担保基金不足和需求量的矛盾依然突出。各级劳动保障部门和担保机构，要积极争取同级政府财政支持，及时安排注入担保基金，壮大小额担保贷款发放规模，使符合条件的人员和经济实体都能享受到新一轮小额担保贷款政策的扶持，充分发挥小额担保贷款政策促进创业和带动就业的功能作用。

资料来源：落实小额担保贷款扶持政策　促进下岗失业人员自主创业 [EB/OL]. [2010-01-13] http://www.luan.gov.cn/zfxxgk/contents.php? id=63945.

下岗职工选择自谋职业、自主创业，资金是首要问题，由于下岗职工的收入普遍偏低，生存压力较大，大部分下岗职工面临上有老、下有小的生活现状，创业资金十分短缺。因此，国家为了鼓励下岗职工自主创业促进下岗职工就业推出了小额贷款担保政策。

小额贷款担保是根据中发〔2002〕12 号文件精神，为帮助下岗失业人员自谋职业和自主创业，对于诚实守信、有劳动能力和就业愿望的下岗失业人员，针对他们在创业过程中缺乏启动资金和信用担保难以获得银行贷款的实际困难，由政府设立再就业担保基金，通过再就业担保机构承诺担保，向银行申请的专项再就业贷款。自 2002 年开办以来，小额担保贷款得到了各银行业金融机构的广泛响应和高度重视，各行从实际出发，采取了一系列行之有效的支持措施。

目前，小额担保贷款已取得初步成效，发展势头良好。一是许多银行业金融机构已开办了下岗失业人员小额担保贷款业务。一些地方还结合本地实际，制定了下岗失业人员小额担保贷款管理的实施细则，进一步降低了小额担保贷款的门槛，较好地解决了相当数量下岗失业人员在创业过程中面临的融资困难问题。二是加大对劳动密集型中小企业的信贷支持。各银行业金融机构在直接对下岗失业人员发放小额担保贷款的同时，加大对劳动密集型中小企业的信贷支持，重点支持吸纳下岗人员达到一定比例的中小企业，充分发挥中小企业吸纳就业的辐射带动作用。三是各银行业金融机构简化贷款手续，提高工作效率，不断改进银行服务。一些商业银行建立了"创业贷款"中心，专门为下岗职工再就业提供金融服务，还有一些商业银行针对下岗失业人员的资金需求，进行产品创新，推出了个人生产贷款、个人投资经营贷款和个人助业贷款等新产品。总体上看，银行业金融机构开展小额担保贷款业务，不仅有效地促进了下岗失业人员再就业，而且推动了银行业金融机构资产业务的创新，扩大了银行业金融机构的客户范围，拓展了银行业金融机构的经营空间。

为进一步扩大就业规模，推动以创业带动就业，财政部、国家税务总局发布了《关于支持和促进就业有关税收政策的通知》，规定自 2011 年 1 月 1 日起至 2013 年 12 月 31 日实施新的支持和促进就业优惠政策。通知以现行下岗的职业人员再就业税收优惠政策为基础，进行了调整和完善。对持《就业失业登记证》人员从事个体经营（除建筑业、娱乐业以及销售不定产、转让土地使用权、广告业、房屋中介、桑拿、按摩、网吧、氧气吧外）的，在 3 年内按每户每年 8000 元为限额依次扣减其当年实际应缴纳的营业税、城市维护建设税、教育费附加和个人所得税。①

为了更好的创业，下岗职工应及时了解政府扶持政策，并整合政府资源，其途径主要有：

一是上政府公网查询。密切关注政府公报信息，定期浏览政府公共服务网站，查看是否有新政策出台或者是否有项目申报通知。

二是委托政策服务公司提供政策咨询。政策服务公司比较关注政策变化，与

---

① 关于支持和促进就业有关税收政策的通知［2011–03–01］. http://www.chinatax.gov.cn/n8136506/n8136593/n8137537/n8138502/9945490.html.

政府有关部门关系密切，不仅了解政策，也知道如何帮助下岗职工享受政策。寻求政策服务公司帮助，需要支付一定的中介费，但相对而言是非常合算的。

三是注意与有关部门保持密切的沟通。每一家企业都要与一些政府部门打交道，要注意配合你经常打交道的政府部门的工作，并注意定期向这些部门咨询政策。与政府部门保持密切的关系，可以充分利用政府政策，寻求更快的发展。

四是条件允许的话，可指定专人负责有关政策信息的收集。让员工了解并注意收集与其工作有关的政策信息，及时跟踪政策的变化。特别是在有疑问时，一定要咨询清楚，并及时解决。

任何知识的运用都需要一定的技巧和方法，那么下岗职工在了解了政府政策之后，在利用政府政策时应注意哪些方面呢？上海市开业指导服务中心副主任杨永华建议，创业者用好、用足政策，要特别注意以下三个要点：

一要理性看待创业政策。创业政策是个人创业的助推剂，但不是个人创业的"万能药"，任何人都不能仅仅依靠政策来创业，任何人也不是为了享受政策而创业，这是用好创业政策必须树立的理念。

二要对症下药选择合适政策。每个人的创业方向、创业特点各不相同，每项创业政策的适用范围和对象也不同。个人在运用创业政策时，要选择适合自己的政策，即要适合自身的创业条件，要适合自身的创业行业，要适合自身的创业类型，也要适合自身的创业过程。

三要发挥政策实际效用。在选择了适合自身的创业政策后，要切实发挥好政策的实际效应，使政策的运用能真正降低经营成本，改善经营状况，提升经营能力，一定对实现企业的发展壮大有实际作用，使企业走上长期发展的道路。

【延伸阅读】

小额担保贷款具体流程及针对下岗职工的各种小额无抵押贷款

（一）下岗职工创业贷款可办理当地的小额担保贷款具体流程[①]

（1）准备证件。证件包括劳动保障部门核发的《就业失业登记证》或失

---

① 下岗工人怎样申请创业贷款？[EB/OL].［2013-01-18］http://www.hbrc.com/news/view_899468.html.

地证明或乡镇（街道）劳动保障站出具的返乡创业证明。

（2）提出申请。向本人创业所在地社区劳动保障服务中心或乡镇劳动保障站提出。

（3）填写表格。填写《促进就业小额担保贷款申请审批表》（一式两份）。

（4）通过初审。劳动保障机构进行初审，并将初审合格者向县级以上担保机构推荐。

（5）通过评审。担保机构审查贷款对象资格，评审其再就业项目，签署意见，并提供《促进就业小额担保贷款项目评审意见书》。

（6）办理贷款。申请者持以上资料到商业银行申请贷款。商业银行自收到贷款申请之日起，于 10 个工作日内完成贷款调查、审查手续，符合贷款条件的，及时发放贷款。

（二）邮政银行也为下岗职工创业贷款开通了绿色通道，申请邮政商户小额无抵押贷款条件①

（1）申请人年龄 18~60 周岁，身体健康，具有当地户口或者在当地居住满 1 年；有工商部门办法并年检合格的营业执照；正常经营满 3 个月以上；主要经营场所在市（县）区范围内。

（2）担保条件：贷款金额 1 万元以下（不含），您只需要找一位担保人，且须为国家公务员、事业单位、大中型企业正式职工或老师、医生等相对稳定收入的人群。贷款金额在 1 万~10 万元，您需要找两位担保人，其中一位必须为国家公务员、事业单位、大中型企业正式职工或老师、医生等相对稳定收入的人群，另一位担保人必须有固定的职业或稳定的收入。

（3）需提交的材料：申请人和担保人身份证原件及复印件；担保人个人经济收入证明；工商部门颁发并年检合格的营业执照原件及复印件和邮政银行要求提供的其他材料。

（4）贷款办理流程：寻找担保人—网点申请—提交资料—填写申请表—

---

① 申请邮政商户小额无抵押贷款条件［EB/OL］.［2010-08-23］http://news.9ask.cn/dydb/dksf/201008/852184.shtml.

接受调查—等待审批—签订贷款合同—发放贷款。

（三）邮政储蓄银行针对两个客户群的小额贷款[①]

（1）针对农户，要从事养殖和种植业，要已婚的，找一到两个担保人最多可以贷款5万元。

（2）针对商户，要有工商营业执照，要正常经营3个月以上，而且要找一到两个担保人，最多可以贷款10万元。

（四）特殊贷款[②]

贷款金额1万元以下只需1个担保人，1万元以上需要两个担保人，不需要任何抵押。此项贷款的对象为农民、城镇个体经营者和微小企业主（包括个人独资企业主、合伙企业合伙人、有限责任公司个人股东等），农户最高贷款金额为5万元，商户最高贷款金额为10万元。申请贷款可选择保证或联保两种方式，保证贷款担保人必须有固定的职业或稳定的收入，两人担保的，其中1人须为公务员、教师、医生、事业单位或大中型企业正式员工；联保单款可由3~5个贷款人组成联保小组，相互承担连带责任。

三、良好人脉关系　拓宽创业道路

大部分下岗人员长期在国有、集体企业工作，受过良好的政治教育，有一定的政治素质。下岗职工社会经验普遍比较丰富，处理问题比较成熟老练。相对而言，社会上朋友也比较多，相当一部分朋友、同事、同学中已经建立起互相信任互相依赖的关系。我们都知道，创业经商需要涉及多方面的问题，比如工商、税务、质检以及银行等部门，要善于和他们打交道。此外，进货、销货、拓展市场以及广告宣传等，也需要和各种各样的人打交道。因此，良好的人际关系能够有

---

① 申请邮政商户小额无抵押贷款条件 ［EB/OL］.［2010-08-23］http：//news.9ask.cn/dydh/dksf/201008/852184.shtml.

② 邮政银行小额贷款怎么操作 ［EB/OL］.［2009-04-01］http：zhidao.baidu.com/question/91919350.html.

效地增大创业成功的概率。

　　一名高中毕业生，从来没有想过自己有一天会当老板，在求生计的情况下选择自我创业，结果竟出乎意料的好。4 年过后，他不仅解决了生存问题，而且创办了一个拥有 200 名员工、年销售额过千万元的工厂。这个人就是深圳下岗职工郭大宝。

　　郭大宝下岗后的创业成功离不开他的两个特别要好的老乡，一个事业有成，另一个在深圳塑料行业多年，手里有好项目。朋友都劝郭大宝自己干，有钱的朋友出资 7 万元，另一个朋友提供创业项目信息，由郭大宝具体做。郭大宝朋友手里现成的项目就是专为出口高档鞋定做鞋模。接过项目的第一个月，郭大宝就赚了 1 万元，接下来 3 个月价格控制得不好，又赔了。接连 3 个月每月赔 8000 元。朋友有点儿想撤资，郭大宝向大舅子借了 3 万元继续干。3 个月后生意开始好转。郭大宝正式买了设备，租了厂房大干起来。三位朋友也各自明确了股份，郭大宝是第二大股东。如今，群博实业已经是业内较大的鞋模供货商，每月鞋模订单达 30 万~40 万元。

　　资料来源：高中生下岗后创业，办起自己小工厂 [EB/OL]．[2010-09-25] http：//www.studentboss. com/html/news/2010-09-25/53662_1.htm.

　　一个篱笆三个桩，一个好汉三个帮；多栽花少栽刺，多个朋友多条路；在家靠父母，出门靠朋友；朋友就是财富，关系就是生产力，人脉就是钱脉，这些都说明了人际关系的重要性。同样创业也离不开人际关系。在创业的过程中，能够在精神上和物质上起到指导和帮助的各种人际关系都是创业中的人力资源。在这里，我们将人际关系分为血缘亲属、朋友关系、同学关系、战友关系、同事关系和业务关系六种。

（一）血缘亲属关系

　　血缘关系可以说是人际关系的根据地。由于其独一无二性、不可复制性，以及发展受限的性质，这种关系是很坚固的。在这种关系中，帮助甚至是必须的、义务的、不能推卸的。而我们每个人生下来，上天就赋予了我们这些关系，即使你想改变也不可能。在我们人生的道路上，无论解决什么问题时，往往首先想到的就是血缘关系。

在血缘关系中，由于血缘的浓淡不同，在创业过程中，起到的作用也不一样，特别是父母，他们对儿女的付出和帮助是无私的，不求回报的。在创业中，有时来自父母的帮助最大，爱人也是身边最亲的人，这些都是创业中的基石。子女对大多数创业者来讲，也起到了作用，哪个父母不希望自己的子女过好，这是精神上无穷的动力。

（二）朋友关系

亲属关系是先天血缘形成的，而朋友是自己通过一定时间磨合，通过一些事情考验，互相帮助建立起来的。我们在创业过程中，离不开朋友的帮忙，他们在资金、经验等很多事情上都会帮上忙，甚至有时是在企业的生死关头帮你渡过难关。在创业过程中，难免会遇到这样或那样的问题，缺钱了，行政上遇到困难了，或者在技术上遇到难题时，创业者就会想到朋友，或者直接找朋友。而且每个人都有不一样的资源优势，同时可能有着不一样的朋友圈。这样"朋友的朋友"连起来，资源优势就大了。

（三）同学关系

每个人都有过学生时代，同学时代建立的友谊很纯洁、很真挚。毕业后大家在不同的岗位，无形中就形成了一个同学社会关系网，这也是创业时无形的同学股金。创业过程中，同学也能起到在资源上帮忙的作用，在资源上形成互补，在信息上互相交流，困难时更能得到感情上的支持。

（四）战友关系

战友关系并不是每个人都有的，只有那些参过军的人才有。战友关系一旦建立，有时要比同学感情还要深厚。我国对部队转业回到地方的都有安置政策，特别是一些干部级别的，大多到行政部门或事业单位或企业从事管理工作，这些都是战友间的宝贵资源。

（五）同事关系

同事关系就是在一个单位共过事的人，可以是上级、平级，也可以是下级。

虽然在一起工作有时也会钩心斗角，争权夺利。但是在一起工作久了，也会在爱好、感情利益上形成好同事圈子，其中也有些创业有所成就和已经成功的。他们在经验上、资金上、技术上、社会关系和对商业机会上的判断都很强，如果能在创业过程中得到他们的帮助，肯定能受益匪浅。

一个在市交通局开车的司机，因为从领导那里得到一个信息，省公路局和市公路局准备近期在当地修建一条高等级公路，这启发了一个赚钱的门路。这位司机的家乡附近就有一座适合生产石子的大山，而修建公路又需要大量的石子。这位司机就马上买下了当地山石的开发权。此后不久，公路开始修建。他生产的石子源源不断地运往工地。这一次，他狠狠地赚了一笔。

（六）业务关系

业务关系是由工作涉及、相互业务建立起来的关系，一些外向性工作会拥有更多的这种关系，如公司经理、业务员、技术服务员。这些人活跃在商业的第一线上，本身就有很多资源优势，如客户、产品、信息、销售渠道、市场机会等。这些资源都能在创业时提供很有效的帮助。业务关系在创业中能起到提供物资、资金的作用，在销售上，开发客户会给予帮助；在信息上，市场机会会给予帮助；在困难上，客户会给予经验技术的支持。

以上六种人际关系，都不是孤立的，人从出生，到学习，到工作，再到生活，这些关系都处处存在。在这些人际关系交往中，自己一定要保持一个好的人品，用真诚赢得真诚。特别在对方有困难的时候，要给予一定的帮助，即使什么也帮不上，也要有一句安慰的话，只有这样，大家才互相往来，时间久了，深厚的友谊和感情自然就建立起来了。如果你从来不借钱给别人，你又凭什么要求别人借钱给你呢？吝啬的人，身边是没有朋友的。只有大方为人处世，身边的朋友才会越来越多，朋友才会把他的朋友介绍给你，别人才会注意你，想结识你，这样人际关系网就能以点带面，越来越大。

第五章
适应时代变迁　重现军人风采

作为一种特殊职业，军人肩负着维护国家政权稳定，保障人民安居乐业，保卫国土安全，巩固国防力量，抵御外来侵略的职责，但这些无疑都带有鲜明的时代特征。在不同年代，军人有着不同的特点和追求。21 世纪是一个个性时代，是一个和平与发展的世纪，是一个经济高速发展的年代，社会整体格局的变化对现代军人提出了新的要求。目前的创业大军中，不容被忽视的是许多的创业者都是军人出身。军人创业潮，他们逐渐成为主流，但现实非常残酷，他们要适应从军队到社会的转变特别困难。但事实证明，他们要转变过来适应市场后，都大有作为，如联想集团创办人柳传志、海尔集团首席执行官张瑞敏、深圳华为创办人任正非、万科地产创办人王石、华远地产董事长任志强、三九集团创办人赵新先、金融街网站 CEO 宁君等。无疑，这些军人出身的创业者作为最具成就的企业家为退伍军人树立起了良好的榜样。

第一节
突破就业安置难　以创业带动就业

目前，退伍军人的就业安置问题直接关系到国家经济的繁荣稳定，关系到国防建设等相关问题，所以应充分重视退伍军人的就业安置。退伍军人是一个较大的群体，包括退伍义务兵、复员干部、转业干部、离退休干部等。退役安置的特

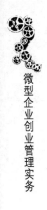

点是双重从属性，涉及范围的广泛性，安置工作的严肃性，安置时间的急迫性。可以说，退伍军人就业安置是一项艰巨的任务，这项工作的好坏直接影响着现役官兵的工作积极性，影响着社会舆论对军人社会地位的评价。为了更好地安置、扶持退役军人自谋职业，2004 年，国家颁布了《国务院办公厅转发民政部等部门关于扶持退役军人自谋职业优惠政策意见的通知》，这一举措体现了国家在军队人员安置上的人性化，而退役军人积极投身自主创业更是对军旅生涯中钢铁精神的沿袭。退役军人在创业中有着得天独厚的性格优势。首先，作为在军队中摸爬滚打出来的士兵，在面对创业困难上会比其他人更有意志力；其次，在部队中所保持的军人作风和诚实守信、苦难实干、心想百姓的品质更是退役军人创业路上的宝贵财富。同时，通过创业之路，人民军队的光荣传统和优良作风将会更多地影响着这个社会。

一、审视当前形势　透析就业难题

目前，由于国家对转业军人实行的是安排式就业而不是技能性融合，许多一次性安排的转业退伍军人又面临着二次或多次再就业。加上经济结构调整和产业升级加速，许多职业逐渐消失，退伍军人就业安置已然成为一个社会问题。退伍军人主要面临的难题有：

第一，安置法规政策改革进度与市场经济体制改革的速度不相适应。国家退役士兵安置政策经历了一系列渐进式的改革和调整，但与快速发展的市场经济相比，安置政策仍具有相对滞后性。这主要体现在：一是随着国家机关、事业单位的精简和国有企业减员增效政策的实施，接收退役士兵的空间逐年减小。二是现行政策对自谋职业士兵，对城镇退役士兵的吸引力不够。目前，我国社会保障体系还不够健全，社会就业与滞后的社会保障体系矛盾日益突出。在城镇退役士兵的医疗、养老、住房等方面尚未得到较好的保障的情况下，通过领取一次性补助金将退役士兵推向社会，必然会引发退役士兵的后顾之忧。三是对分配到非国有经济单位就业的退役士兵的保护政策和措施及各种优惠政策规定不具体。

第二，退伍军人就业困难。现役军人中的士兵级士官大都是初中、高中学历，在部队服役两年或更长时间，在人生最美好的时光选择了参军，保卫祖国。但是这几年时光，同龄人可以进行更高层次的学习深造以及工作经验的积累，可能退伍时别人都已经小有所成。退伍军人中还有一部分是军官,这部分人大多拥有大学学历,但是军官退伍时年纪大多在三四十岁,年龄较大,在从事地方工作时需要适应等一系列情况,也使得退伍军官就业较复杂。热血男儿在黄金年华里每日刻苦训练,忍受远离亲人的孤独寂寞,为祖国流血流汗,保卫着全国人民的平安。一旦退伍,社会地位却大大下降,军人的牺牲值得我们思考。在其退伍后,社会应该能够为其安排适当的工作,使这一群体尽快融入社会。在失业率扩大的当下,大学生就业、农民工就业、弱势群体就业等问题异常尖锐,在复杂多变的情况下,退伍军人就业困难程度更大。

第三,就业岗位与心理预期落差过大。由于长期的部队生活,使部队官兵的专业技能与社会需求相脱节,导致退伍官兵的就业心理受挫折,退伍人员大多青睐政府事业单位,而这类单位就业岗位有限。长期的部队生活使得官兵有一定的优越感,军人社会地位也较高,而退伍之后由于种种原因,导致可以提供的工作岗位与退伍军人的心理预期差距较大。目前,退伍军人有许多人去做保安、跑销售等工作,不仅辛苦,而且处于社会底层,使得相当一部分军人难以适应。

第四,对新工作岗位难以适应。退伍军人中走上工作岗位的群体,普遍感觉新工作较难适应,一些是由于军队不同的运作模式,使得长时间与社会脱节的军人适应不了。比如地方的工作看重效益,追求经济利益,工作节奏很快,知识更新节奏也很快,这都需要员工有很强的自我学习能力,知识的自我更新能力。而军人由于工作性质的关系,更善于执行命令,执行上级的指示,遵守命令和条例的工作,在转业之初可能要面临一定的问题,但是军人有坚强的意志,吃苦耐劳的品质,这些有助于军人尽快地适应新工作,并取得杰出的成就。①

二、帮扶退伍军人　推动自主创业

市场经济时代,就业问题的解决不能由政府大包大揽,还要遵循市场规律。为了减轻政府就业安置压力,促进社会和谐安定,增加政府税收,改善复转军人的创业就业环境,各省市的党委和政府也都在积极号召并探索转业退伍军人的创业之路。同时,现在的退伍军人的思想也有着很大变化,并非完全依赖国家给予

① 牟海侠,张强. 退伍军人就业安置的社会政策构建 [J]. 佳木斯教育学院学报, 2010 (4).

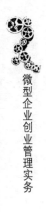

安置工作，而是积极开拓自己退伍之后的发展之路。在驻滇某部满服役期战士中间，对于"退伍了打算找什么样的工作"这一问题，38%的战士选择个人创业，很多战士拟制了"创业计划"，有明确的创业目标。老兵们的创业理想尽管五花八门，但大都是有的放矢。如今的军营已不再是封闭的世界，信息化军营的建设带来了军营与社会的信息同步，通过广播、电视、网络等媒介，官兵们实时感知着社会动态，不会再"慢人一拍"，因此创业目标也能紧跟时代步伐。尽管复转军人创业已经朝着好的趋势发展，但我们要真正做到帮扶退伍人员，还需要做到如下：

第一，激发退伍军人创业热情，鼓励退伍军人创业。为进一步发挥退伍军人在建设家乡和服务促进经济社会发展中的生力军作用，中央及各省市出台了多项措施，并进一步优化创业环境，积极引导和鼓励退伍军人转变就业观念，激发退伍军人的创业激情，提高其创业能力，努力实现退伍军人从被动安置向主动创业的转变，使更多有创业意愿和创业能力的退伍军人成功创业并带动社会就业。

第二，严格落实政策，认真完成退役士兵安置创业任务。严格落实国家、省、市各项安置政策，从维护稳定大局、构建和谐社会的高度出发，充分发挥政府的宏观调控和主导作用，采取安排就业和创业相结合的安置方法，多渠道、多途径、创造性地做好工作，确保按时完成工作任务。继续加大政府调控力度，对拒绝接收安置任务和完成不了安置任务的单位，必须采取行政的、经济的、法律的等一切可以利用的手段，促使退役士兵创业，依法维护退役士兵的权益。

第三，加强服务保障，着力为退役士兵搭建创业平台。积极协助劳动就业和工商、税务等相关部门为退役士兵创造就业条件，推荐就业岗位。各级安置部门协助劳动就业部门建立本市（县、区）退役士兵创业信息网络体系，在劳动就业服务大厅设立退役士兵创业服务窗口，建立退役士兵个人求职信息档案，及时掌握退役士兵的创业意向和市场用工需求，通过多种方式为退役士兵和用人单位搭建信息沟通的桥梁。

第四，加大技能培训，提高创业成功率。为了使更多有志创业的复转军人将来的退伍创业之路走得更顺利，应为其举办创业培训班，将退伍军人技能培训纳入职业教育和职业技能培训规划，对有培训需求、符合培训条件的退伍军人进行技能培训，旨在帮助他们学习创业基础知识，培养广大官兵创业意识，开拓创业视野，激发创业热情，深挖创业潜能，形成创业想法。许多退伍军人转业后，虽然他们具备脚踏实地、勤奋务实、吃苦耐劳的精神，具有很高的情商素质，但是他们没有进过高等学府，不具备较高的文凭和劳动技能，因此为了举办创业培训班，对退伍军人进行技术培训等，可以帮助他们今后顺利走上社会而创办企业，早日走上致富之路，实现人生价值，在创业路上开创一片新天地。

第二节

发扬军人作风　成就创业辉煌

自 20 世纪 50 年代著名作家魏巍的一篇《谁是最可爱的人》后，"最可爱的人"成了军人的尊称。如今，对于退伍军人的安置成了国家比较注重的一个热点话题，国家也制定了相关规定政策给予退伍士兵自谋职业一定的补贴优惠。在经济转轨、社会转型的大环境下，商场如战场，对他们而言，从某种程度上来说，做生意和当军人并无太多不同，需要全身心的投入，需要超人的毅力和拼搏的精神。那么，退伍军人创业，有哪些优势呢？又有哪些经验可供借鉴？要注意些什么呢？

一、挖掘独特优势　支撑自主创业

很多退伍军人退役后选择了自主创业，并做出令人瞩目的成绩，其中不乏一些普通的退伍士兵。他们将退伍军人自身的优势发挥到极致，令人敬佩。他们的优秀品质是其成功的潜在因素，同时也有很多成功创业经验值得我们去借鉴。尽管有些品质不是军人所独有的，但军营将他们强化了。他们取得创业的成功具有如下优势：

（一）艰苦奋斗的精神

吴会科从小出生在一个贫苦农民家庭。当他在万源中学读高中三年级的时候，其姐姐也就读于该校，其弟在白沙中学读初中，本不富裕的家庭当年父母劳累过度身体不好，整个家庭陷入困境。1992 年，他得知万源考兵的消息，为了减小家庭经济负担，就悄悄离开了学校参加了考兵的测试，并幸运地考中而离开

学校去参军了。到了部队之后，他时刻没有停止学习，并不断利用休息时间去为自己充电。退伍之后，他选择创业，创办了自己的"吴氏副食"。他说："经商和带兵打仗许多方面是相通的，只要选准'进攻'方向，不怕困难，不怕吃苦，就没有过不去的坎。"几分耕耘，几分收获，吴会科经过了3年多的奋斗，生意逐步走上正轨，经营的副食门店已在居民小区达到了60%的市场占有率。吴会科军人特有的艰苦奋斗的精神和精干的行动告诉世人：军人照样可以成为搏击商海的好汉。

资料来源：军人本色——万源市退伍军人吴会科艰苦创业纪事［EB/OL］.［2009-03-30］http：//www. wybstv.com.cn/news/wyxw/20090330/386.html.

艰苦奋斗是党和军队的一大传家宝，是战胜一切艰难困苦的巨大精神力量，是推进事业发展的强大精神力量。它是一种不怕艰难困苦，奋发图强，艰苦创业，为国家和人民的利益乐于奉献的英勇顽强的斗争精神。在部队艰苦的环境下，军人永远有不少苦头吃，高强度的训练和经常遇到的恶劣自然环境培养了军人"吃大苦、耐大劳"的精神。回到地方，这种特别能吃苦的精神便演化为特别能战斗的生产力。退伍军人在创业初期也是以"在部队什么苦没吃过"来自勉，靠这种信念，他们渡过了很多难关——"艰难困苦，玉汝于成"。艰苦奋斗历来是与辉煌成就联系在一起，奋斗就会有艰辛，艰辛孕育着发展。

（二）顽强的作风

李明阳是高新区米庄镇清河村的一名退伍军人，尽管只有20多岁，但是在他的身上，可以看到同龄人少有的吃苦耐劳、顽强拼搏精神。他退伍后选择自己创业，创办了襄樊毅德新型建材公司，该公司年生产4000多万块新型节能砖，产值达1500万元，利润300多万元，安置就业人员达50多人。谈及自己成功的原因时，他说："如果没有在部队军营锤炼的顽强毅力，就不可能取得今天的成功。"在部队的两年时光中摸爬滚打、刻苦磨砺，练就了他特别能吃苦、特别能拼搏的顽强作风，正是这顽强的作风让他在创业的道路不断开拓进取，从而取得了今日的成功。

资料来源：退伍不退色 创业为奉献——高新区退伍军人李明阳自主创业事迹［EB/OL］.［2010-10-11］http：//www.xfmz.gov.cn/newweb/news.asp？id=8229.

选择自主创业，不可能一帆风顺，要有迎接困难和挫折的心理准备。军人在部队艰苦的环境中已经磨炼了自己，贪图安逸、坐享其成的思想很少，不畏艰难、艰苦奋斗的精神较足。尤其是军事训练过程中摸爬滚打，抢险救灾，出生入死，不但锻炼了他们强健的体魄，更培养了顽强的斗志，坚强的性格。

（三）严谨的法纪观念

作为城镇退役士兵。许春雷1992年冬退伍回乡后，被安置在肥东县建委下属的1家单位工作。由于其工作能力强，不久就被提拔为公司的负责人。上任后，许春雷运用先进的企业管理体制，制定了严格的工作责任制，短时间内就将一个谁也不愿意接手的烂摊子收拾得有条有理，企业效益蒸蒸日上。

肥东县建委为了顺应旧县城改造的需要，需要新成立一家建设公司来承担拆迁改造任务。军人出身的他，办事认真，雷厉风行，被大家推选担任新公司的老总。行伍出身的许春雷，早就练就了不屈不挠的性格以及不达目的绝不罢休的工作作风并形成了严谨的法纪观念。几年下来，他不负众望，所承担县城内的多处改造工程，不仅质量优良，还起到了突击队和排头兵的作用，为包公故里肥东县城的建设树立了良好的形象。

资料来源：郭伟，许春雷. 退伍军人的创业典范［J］. 新闻世界，2009（8）.

市场经济是高度法制化的经济活动。而部队是最讲纪律的地方，守纪律是军人最基本的职业素质，军人经常要接受法制和纪律教育。部队科学的编制体制，严格的军事训练，统一的行政管理，紧张的生活节奏，培养了退伍军人严格的时间纪律观念和较强的自我约束能力。组织内的个体如果缺少纪律性，该组织就是一盘散沙，遵守纪律，本质也是遵守游戏规则，没有老板会喜欢以破坏游戏规则为乐的员工。

（四）强烈的竞争意识

28岁的杨嵩的身上充分凸显了不甘于给别人打工，具有较强竞争意识的退伍军人形象。2001年，杨嵩退伍以后，先后在私企、外企打过工，但他一直认定"给别人打工不如给自己打工"。杨嵩先后在网上卖衣服，接着选择拿出退伍费在闹市区租了间办公室兼仓库做生意。不久，有大学生搞活动找他做赞助，他就乘势而上把自己的店铺推广做到大学校园，很快就有大学生来找他做校园代理，专门负责校园的销售。短短3年的时间里，他主营自主品牌负责连锁销售以及外贸服装批发，拥有了自己的"南京吾的服饰店"。

资料来源：四名退伍军人创业典型说"坚韧"[EB/OL].[2009-08-03] http://career.youth.cn/cypd/cygs/200908/t20090803_975852.htm.

公平竞争是市场经济的重要特征。战场上的殊死搏斗，逼着军人不甘平庸、不能服输，培养了锐意创新，不断进取的品格。平时频繁的比武竞赛，那种争第一、夺金牌的氛围，无形中强化了军人不甘落后、敢于拼搏的意识。这在人们所说的商场就是战场、竞争就是战争的市场经济环境中，无疑是前进的动力。

（五）较好的谋划能力

夏日炎炎，在马路上，每天都可以看到风尘仆仆、一脸汗水的司机，徐中良便是其中1位。他只有42岁，但看上去比实际年龄要老。他的脸上有很多皱纹，皮肤黝黑发亮。"常年在外边跑，晒得太黑了。"徐中良不好意思地说。

17岁的时候，徐中良在山东潍坊某部队当兵。退伍后，回到家乡的他一直思索着今后的人生方向。考虑到自己有驾驶技能，他四处借钱，买了一辆大客车，常年在亳州市区和周边县区之间跑生意。为了节省开支，他自己充当司机，妻子当售票员。

"每天早早地便起床了，晚上要到七点才能收车，没有休息日。一天三顿饭都是在外面吃的，基本上是盒饭或者方便面。"徐中良告诉记者，虽然很辛苦，但挣钱不少。如今他的几个孩子都成家、立业了，日子过得都很好，这让他心里备感安慰。

"孩子们的生活平稳有序，我心里的大石头放下了，接下来就该想想自己的事情了。"徐中良告诉记者，跑车那么多年，他手里攒了些钱，下一步打算再买辆车，雇用几名司机，自己当"老板"。

"经过那么多年，能熬到当老板，我自己感觉不容易。自己能坚持下来，最主要的原因是保持着部队里养成的吃苦耐劳、自力更生的优良传统。"徐中良说，创业要成功，少不了吃苦。只有持之以恒，才有可能成功。

资料来源：军人退伍不褪色 自主创业显身手[EB/OL].[2013-08-05] http://www.anhui.cc/news/20130805/973465.shtml.

谋略筹划是军人在部队必上的一门必修课程，退伍军人经过几年的学习和培训，具备了较好的谋略能力，这是一般的社会人所不具备的能力。虽然军事与经济属于不同的领域，但军事谋略在市场经济领域同样适用。一个合格的军人同一个优秀的企业家之间，并没有不可逾越的鸿沟，军事谋略是在激烈的市场竞争中把握先机，赢得主动，抢占"制高点"的制胜法宝。曾经有人说过，将军与总裁思考和处理问题的方法是相通的，只是换个地方实施而已。

（六）果断的决定能力

张智鹏于 2007 年退伍回到家乡，按政策规定，他得到一份稳定的安置工作，一辈子端"铁饭碗"。但是退伍之后，他发现这份安置工作并不是自己想要的，于是很果断地决定辞去这份工作。他把自己的想法告诉了家人和亲朋好友，他们都表示反对，一些讥讽和反对的话接踵而来。但是，通过几年的部队教育和锻炼，让他对自我的认识非常清楚明白，顶着家人的反对和亲友的不理解，还是很果断地走上了创业之路。最终，通过实践证明他的决定是正确的。目前，他所创办的工厂有生产厂房 1000 平方米，年生产 10000 余套汽车坐垫，年利润达 20 万元。他也感到，一个人只有自强自立，勇于拼搏，才能赢得尊重，实现人生价值。

资料来源：退伍军人张智鹏：开办座垫厂年赚 20 万元〔EB/OL〕．〔2010-05-29〕．http：//www.wljt81.net/thread-83233-1-1.html.

该出手时就出手，突如其来的变化和措手不及的事态发展需要军人用霹雳手段果断定下决心，优柔寡断、犹豫不决只会使事情更糟。果断是适时地作出深思熟虑的决定，并彻底执行这一决定，没有任何不必要的踌躇和疑虑。

作为成功创业的退伍军人，在他们的身上还有着更多后天锤炼的优秀品质，如奉献精神、责任感、自制力、重感情、注重细节、团队精神等。在市场经济的时代，任何一个企业家对党和国家的路线方针以及政策的正确把握对制定自己的发展战略具有重大意义。因此，退伍军人只要调整了心态就能慢慢在这个社会大家庭中找到自己要扮演的角色。创业，只要迈出了第一步，下一步就会知道怎么走了，距离创业成功也就不远了。

二、正视自身"短板" 争取成功创业

与社会生活相对分离的独特背景，形成军人创业的"短板"，主要表现在以下两方面：

第一，知识结构仍显单一。个体业已具备的基础知识体系和专业知识体系，是择业的重要条件。然而，退伍军人在部队服役期间，大部分的军人获得的都是军事、马克思主义等专业知识，对管理、法律、经济、计算机网络、外语等知识了解较少。而在当前知识经济时代，计算机、法律、经济、外语、管理等方面的知识成为各类人才必备的基本知识，而退伍军人对此的掌握却相对缺乏，能够熟练掌握的只是其一或其二，表现为知识结构相对单一。走出部队后，在与社会经济建设接轨的过程中，难以适应知识经济对人才多元化的需求。

第二，管理理念的分歧。因为创业时利益的驱动，而非关系驱动，这种商场上赤裸裸的利益追求和部队文化相互抵触。军人的目标导向明显，军人出身的企业家也会时不时指派任务给下属，并且要求他的员工有进无退，无条件完成任务，任何时候都不能说不。重罚不重赏，完成任务是应该，不完成任务就得受军法处置，这样的管理会打击员工的积极性和主动性。对于企业的管理有两种，一种是父亲式的严格要求，强调严师出高徒的管理理念；一种是慈母式的管理，强调关心照顾，用呵护式的管理让员工进步。退役军人创办的企业多采用父亲式的严厉而缺少母亲式的关爱，老板和员工之间交流困难，员工只能自己去摸爬滚打，而有时得不到及时的指导。

第三节

响应政策号召　把握良好机遇

就业是民生之本，做好促进就业工作，对加快经济、社会发展，维护社会稳定具有十分重要的战略意义。坚持以邓小平理论和"三个代表"重要思想为指导，全面贯彻落实科学发展观和构建社会主义和谐社会两大战略思想，以创建国家级创业型城市为契机，坚持政府促进、社会支持、市场导向、自主创业的原

则，通过进一步放宽政策、搭建平台、优化环境，构建全民创业支持体系，激发复转退役军人创业激情，挖掘复转军人创业潜能，提高复员退役军人创业能力，加快全社会营造崇尚创业、鼓励致富的良好氛围，形成积极参与创业的生动局面。为进一步贯彻落实国家级创业型城市工作，全力促进复转退役军人就业，为复员退役军人寻找出路，各级兵役机关要把组织发动退伍军人创业发展作为重要职责，不断强化对退伍军人创业工作的组织领导，并把它作为造福国防建设、建设小康社会的一项长期的、经常性的工作，进而抓紧抓好。要努力营造退伍军人创业的良好社会氛围，积极协调党、政、军各部门给予政策、资金、立项等扶助、优惠。

一、获得政策扶持　落实税费优惠

汪友军从部队退伍后，在他前面就出现了两条路可选择，一条是由政府安置单位，另一条是自谋职业。经过权衡分析，汪友军最终选择了自谋职业。回到南川，汪友军通过网络查阅了许多创业投资的项目，最终汪友军决定到北京学习人造门技术。汪友军揣着政府发给的 18000 元自谋职业经费，又借了几千元，毅然决然地踏上了前往北京的路。回到家乡，汪友军开始了自己的创业之路。创业路并非一帆风顺，汪友军遇到了厂房建设审批困难、资金短缺、专业技术人员缺乏、销售经验不足、市场难以打开等一系列困难。区、乡两级政府和相关部门给予了鼓励和扶持：房管部门为汪友军优先考虑了厂房建设审批问题；社保所、信用社为汪友军提供了无息贷款；工商、地税为汪友军减免了税费。其间，区委谭书记以及人大、政府、政协、民政、工商、劳动等部门的领导多次前往调研，也给予了汪友军极大的鼓舞。在各级部门的支持下，在部分业内朋友的帮助下，汪友军的金凤凰门厂逐步走向了正常发展的轨道。

资料来源：汪友军：退伍军人自助创业致富 [EB/OL]. [2011-07-25] http://china.toocle.com/cbna/item/2010-02-08/4995709.html.

"找政府不如找市场，讲待遇不如讲奉献"，在减免税费、贷款优惠等一系列优惠政策的鼓励、引导下，不少退伍军人像汪友军一样开始自谋职业，纷纷走上了自主创业的道路。转业军人创业，受到政府扶持，可享受如下税收优惠政策：

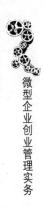

(一) 退伍军人创业可办理减免税

国家在针对退伍军人创业提出了一系列税收优惠政策，在 2004 年政府出台的《关于扶持城镇退役士兵自谋职业优惠政策的意见》中就有明确指出，在 2011 年的《退役士兵安置条例》第二十三条又一次明确提出，从事个体经营的退役士兵，按照国家规定给予税收优惠。

(二) 退伍军人税收优惠政策

根据政府意见和安置条例，财税〔2005〕18 号文规定：《财政部、国家税务总局关于自主择业的军队转业干部有关税收政策问题的通知》(财税〔2003〕26号) 第一条、《财政部、国家税务总局关于扶持城镇退役士兵自谋职业有关税收优惠政策的通知》(财税〔2004〕93 号) 第三条。国家对退伍军人自主创业的税费优惠具体体现在缴纳营业税、企业所得税、个人所得税、城市维护建设税四个方面。

1. 营业税

第一，军转干部创业免税。从 2003 年 5 月 1 日起，从事个体经营的军队转业干部，经主管税务机关批准，自领取税务登记证之日起，3 年内免征营业税。

第二，从 2003 年 5 月 1 日起，为安置自主择业的军队转业干部就业而新开办的企业，凡安置自主择业的军队转业干部占企业总人数 60 %（含 60 %）以上的，经主管税务机关批准，自领取税务登记证之日起，3 年内免征营业税。

第三，为安置自谋职业的城镇退役士兵就业而新办的服务型企业（除广告业、桑拿、按摩、网吧、氧吧外）当年新安置自谋职业的城镇退役士兵达到职工总数 30% 以上，并与其签订 1 年以上期限劳动合同的，经县级以上民政部门认定，税务机关审核，3 年内免征营业税。

第四，对自谋职业的城镇退役士兵从事个体经营（除建筑业、娱乐业以及广告业、桑拿、按摩、网吧、氧吧外）的，自领取税务登记之日起，3 年内免征营业税。

第五，对自谋职业的城镇退役士兵从事农业机耕、排灌、病虫害防治、植保、农牧保险和相关技术培训业务以及家禽、牲畜、水生动物的繁殖和疾病防治业务的，按现行营业税规定免征营业税。

2. 企业所得税

第一，军转干部就业免税。对为安置军队转业干部而新开办的企业，凡安置军转干部占企业总人数60%及其以上的，经主管税务机关批准，自领取税务登记证之日起，3年内免征企业所得税。

第二，安置自谋职业的城镇退役士兵就业而新办的服务型、商业零售企业。自2004年1月1日起，对为安置自谋职业的城镇退役士兵就业而新办的服务型企业（除广告业、桑拿、按摩、网吧、氧吧外）、商业零售企业当年新安置自谋职业的城镇退役士兵达到职工总数30%以上，并与其签订1年以上期限劳动合同的，经县级以上民政部门认定，税务机关审核，3年内免征企业所得税。企业当年新安置自谋职业的城镇退役士兵人数不足职工总数30%，但与其签订1年以上期限劳动合同的，经县级以上民政部门认定，税务机关审核，3年内可按计算的减征比例减征企业所得税。减征比例=（企业当年新招用自谋职业的城镇退役士兵人数÷企业职工总数×100%）×2。

第三，安置自谋职业的城镇退役士兵就业而新办的从事商品零售兼营批发业务的商业零售企业。自2004年1月1日起，对于新办的从事商品零售兼营批发业务的商业零售企业，凡安置自谋职业的城镇退役士兵并与其签订1年以上期限劳动合同的，经县级以上民政部门认定，税务机关审核，每吸纳1名自谋职业的城镇退役士兵，每年可享受企业所得税2000元定额税收扣减优惠。当年不足扣减的，可结转至下一年继续扣减，但结转期不能超过两年。

3. 个人所得税

第一，军转干部就业免税。从2003年5月1日起，军队转业干部从事个体经营的，自领取税务登记证之日起，3年内免征个人所得税。

第二，退役士兵自谋职业免税。对自谋职业的城镇退役士兵从事个体经营（除建筑业、娱乐业以及广告业、桑拿、按摩、网吧、氧吧外）的，自领取税务登记证之日起，3年内免征个人所得税。

第三，转业干部自主择业免税。从2003年5月1日起，从事个体经营的军队转业干部，自领取税务登记证之日起，3年内免征个人所得税。

4. 城市维护建设税

对为安置自谋职业的城镇退役士兵就业而新办的商业零售企业，当年新安置自谋职业的城镇退役士兵达到职工总数30%以上，并与其签订1年以上期限劳动

合同的，经县级以上民政部门认定，税务机关审核，3 年内免征城市维护建设税、教育费附加。

对自谋职业的城镇退役士兵从事个体经营（除建筑业、娱乐业以及广告业、桑拿、按摩、网吧、氧吧外）的，自领取税务登记证之日起，3 年内免征城市维护建设税、教育费附加。①

（三）办理减免税的注意事项

退役士兵作为符合政策性减免税条件的纳税人办理减免税手续，应先向主管税务机关提出申请，征收机关按审批权限审批。在办理减免税时应注意以下几点：

（1）纳税人持申请报告、税务登记证（副本原件及一份复印件）到主管征收机关大厅领取《减免税申请表》一式三份，按规定要求如实填写后，报送到主管征收机关办税大厅，同时按要求提供有关证明、资料。

（2）主管征收机关对纳税人的《减免税申请表》及有关证明、资料进行调查核实，提出初审意见，并根据分局分管领导审批意见，属审批权限范围内的，无论同意与否均拟文答复纳税人。属权限范围外的，应填写《减免税呈批表》报市局审批。经市局审批同意减免税的，由征收机关将《减免税申请表》和同意减免税的批复文件送纳税人一份。经同意减免税的企业，在减免税期间应按期填报纳税申报表向税务机关申报经营收入的情况。

（3）减税、免税期满，应当自期满次日起恢复纳税。享受减税、免税条件发生变化的，应当自发生变化之日起 15 日内向税务机关报告；不再符合减税、免税条件的，应当依法履行纳税义务；未依法纳税的，税务机关应当予以追缴。

二、利用财政支持　取得创业资金

随着我国经济的不断发展，再加上近几年我国各种原材料价格的一路走高，以及人工成本的增大，创业初期所需要的启动资金必然会随之升高。在这种情况下，小额贷款、申请创业补贴对于推动创业发挥着越来越重要的作用。因而，了

---

① 转业退伍军人税收优惠政策［EB/OL］．［2011-12-02］http：//www.mod.gov.cn/policy/2011-12/02/content_4321559_2.htm.

解自主创业可以享受的贷款、补贴优惠政策对退伍军人来说是非常必要的。

2004年1月20日，国务院办公厅转发民政部等部门《关于扶持城镇退役士兵自谋职业优惠政策意见的通知》，《通知》指出，自谋职业的退役士兵从事个体经营或创办经济实体，经营资金不足时，可持退役士兵自谋职业证向商业银行申请贷款。符合贷款条件的，商业银行应优先予以信贷支持。各省、自治区、直辖市人民政府可根据本通知规定制定具体实施意见。

各省、自治区、直辖市制定具体优惠政策不一样，详情应当咨询当地财政、民政、信贷等相关部门，现将义乌市优惠政策举例如下：

(一) 退伍军人自主创业可享受的财政优惠政策

（1）行政事业性收费减免，在工商部门首次注册登记之日起3年内，免收管理类、登记类和证照类等有关行政事业性收费。

（2）小额担保贷款贴息，可申请额度不超过5万元、期限不超过2年的小额担保贷款贴息。

（3）创业补贴，初次申领营业执照并稳定经营，依法纳税并参加社会保险满6个月以上的可申请3000元的创业补贴。

（4）培训补贴，通过职业培训取得相应职业资格证书的，可据实申领一次性培训补贴300~2000元。

(二) 申请小额贷款的具体条件及程序

创业需要大量的资金投入，虽然政府有一定的补贴和税费减免，但是毕竟金额有限。大多数创业的创业资金来源就只能是银行贷款，这在退伍军人创业过程中发挥着举足轻重的作用。

申请小额贷款的具体条件为：在法定劳动年龄以内的本市户籍登记失业人员、复员转业退役军人、毕业2年内未就业的普通高校毕业生，从事个体经营、自主创业或合伙经营与组织起来就业的，其自筹资金不足，均可申请小额担保贷款。对当年新招用符合小额担保贷款申请条件的人员达到企业现有在职职工总数20%以上（超出100人的企业达10%以上），并与其签订1年以上期限劳动合同、为其缴纳社会保险的劳动密集型小企业，也可根据经营需要申请小额担保贷款。

申请小额贷款的程序如下：

（1）个人申请。填写《小额担保贷款申请书》，附《营业执照》（创业项目证明材料）、《身份证》、《就业失业登记证》（毕业证书、退伍军人自谋职业证或退伍证），并提供反担保或联保人的相关资料，报户籍所在村（社区）初审。

（2）村（社区）推荐。村（社区）对申请人提供的资料及相关情况进行核实，对符合贷款条件的申请人，签署意见后推荐到市就业管理服务局。

（3）劳动保障部门审核。市就业管理服务局对申请人情况进一步核实审查，同意的签署意见后将申请人资料分送担保公司和贷款经办银行。

（4）联合调查。由担保公司会同贷款经办银行及相关机构进行项目评估和实地调查，提出担保意见。

（5）担保、核贷。对符合小额担保贷款条件的，由申请人到担保公司办妥相应的反担保或联保手续，并经担保公司担保后，由贷款银行审核有关资料后发放贷款。

三、关注多个方面　更快更好发展

除了税收和贷款政策方面的优惠，退伍军人还可以从其他角度出发，选取有用的信息来发展企业。应多关注地方出台的相关政策，充分利用服务窗口、培训等平台，发展壮大企业。具体如下：

第一，在部分地区人才市场会有退伍军人就业、创业服务窗口，给退伍军人及时提供就业、创业信息。部分地区还会组织人才交流，并建立自主择业军转干部和退伍军人人才交流网页。退伍军人可以根据不同的情况，充分利用这些信息，对其就业、创业会有一定的指导和帮助。

第二，现在的创业环境氛围对退伍军人来说是十分有利的。国家新的《军队转业干部安置暂行办法》出台以后，越来越多的退役军人选择了自主择业、自立创业。兵役机关发挥桥梁纽带作用，为退役军人创业铺路搭桥，并协调计划、人事、民政、劳动等部门，适时组织召开座谈会、洽谈会、协商会，向社会和用人单位介绍推荐主动创业的退役军人。对创业军人来说，这种良好的社会氛围无疑会使其创业之路更加畅通。[①]

---

① 中共中央国务院中央军委作出决定《军队转业干部安置暂行办法》颁布实施，国家对军转干部实行计划分配和自主择业相结合的方式安置 [J]. 西南民兵，2001（3）.

第四节

永葆军人本色　开创崭新天地

军人退伍后等于失业吗？答案为不是。

为什么会有这样的疑问，大家都认为，一个退伍军人在部队学到的东西大部分在退伍之后都用不上，那么退伍后在地方如何生存就成了一个非常关键的问题，继而就出现在军人退伍后等于失业的问题。

退伍军人，是党和国家的宝贵财富，是社会主义现代化建设的重要人才资源，是促进改革发展稳定的重要力量。他们经过多年部队培养，在政治、军事、思想、纪律等方面得到了锻炼，具有坚定的理想信念，高尚的道德情操，较强的创新意识，旺盛的工作干劲。我们国家历来对退伍军人的安排都是非常重视的，有句话说得好：不让英雄流血又流泪。国家提供各种各样有利于退伍军人创业的政策和支持，让退伍军人不但不失业，相反是一个新事业的开始。众所周知，在部队退伍的军人到地方后年龄一般都在 20 岁左右，正是创业的好时机。这个时候的年轻人拼劲十足，而且部队良好的生活习惯和作风会给他们很大的推动作用。我国在 20 世纪就提出了科技兴国的口号，需要现代化的人才，退伍军人除了在部队上学有专长外，也可以在退伍后学习一些新的技能用来创业，把自己打造成为一个国家高技能的人才，在社会上创业发展。

作为一名退伍军人，如何在较短时间内做到立足科学发展，实现从献身国防到创业的角色转换，以下从四个方面进行改变：

一、认清自己　端正态度

商界老总出身行伍者众多，任正非是其中一员。他 1944 年出生。1978 年从部队转业。1988 年创办深圳华为技术有限公司，其后公司发展迅猛，年销售额达 15 亿美元，成为中国市场 GSM 设备、交换机产品及接入系统的佼佼者。2000 年被美国《福布斯》杂志评选为中国 50 富豪第 3 位。其个人财产为 5 亿美元。

由于处世低调，任正非被媒体称为神秘人物，其个人公开资料甚少，但他领

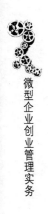

导的深圳华为技术有限公司却是赫赫有名。

任正非是军人出身，他经常和员工讲毛泽东、邓小平的英雄事迹，谈论三大战役、抗美援朝，而且讲得群情激奋。他讲到，在战场上，军人的使命是捍卫国家主权的尊严；在市场上，企业家的使命则是捍卫企业的市场地位。而现代商战中，只有技术自立，才是根本，没有自己的科研支撑体系，企业地位就是一句空话。因此，任正非选择了走技术自立，发展高新技术的实业之路。当时的中国交换机市场，大型局用机和用户机基本上都来自国外的电信企业和他们在国内的合资企业，在通信圈中的人都非常清楚这个行业的风险性。所以很多人不理解华为公司为何放着轻而易得的钱不赚，却去劳神费财地搞科研。

任正非不乏商人的精明，但更有军事家的雄谋大略。他认为：中国改革开放初期，为了加快发展速度，不断地用优惠政策吸引外资，引进技术，一时间合资合作浪潮此起彼伏，而当时中国还处在一个由计划经济到社会主义市场经济的转型时期，许多的政策法规还不健全，国内工业体制、技术改造尚未完成，在这种情况下合资合作的结果是让出了大片市场。这种以市场换技术的代价太大了！他说，外国人到中国来是为赚钱来的，他们不会把核心技术教给中国人，而指望我们引进、引进、再引进，企业始终也没能独立。以市场换技术，市场丢光了，却没有哪样技术真正掌握了。而企业最核心的竞争力，其实就是技术。

因此，任正非一开始就给华为定下了明确目标：紧跟世界先进技术，立足于自己科研开发，目标是占领中国市场，开拓海外市场，与国外同行抗衡。任正非自信地说："十年之后，世界通信行业三分天下，华为将占一份。"

资料来源：成功之路：看看中国十大硬汉企业家［EB/OL］．［2011-12-11］http://www.abler.cn/article/html/46927.html.

正确创业的开始是成功的一半，在创业领域，需要我们认清自己、端正态度、选好行业、抓对品牌，在知己知彼的基础上，做出有利于未来发展的正确抉择。作为个人，无论干什么事，只有对自己有一个清醒的认识和准确的定位，才能在纷繁复杂的形势变换中始终保持主动。

首先，要对自己的兴趣、爱好、素质、能力等有一个清晰的判断和定位。如是对服装更感兴趣，还是对酒类更懂行，有过哪些方面的培训经历和从业经验，自身对未来的预想怎样，希望自己在哪个领域发展，这些因素都要考虑清楚。

其次，要对自身现在的状态和处境、现有的资源和实力，做出理智的分析和判断，既不做那些由于过于简单、机械而使利润收益相对太少、不利于长远发展的项目，也不盲目贪大、好高骛远，做那些远远超出自己能力范围的事情。

再次，还要对自身潜力、未来可能的发展走向以及发展规模等做出一定程度的预测，只有想不到的事，没有做不到的事——从某个角度看的确有一定道理，经常限制创业者发展不是他们能力不够，而恰恰是他们的胆气不足。心有多大，舞台就有多大，当然前提是只有对未来有一个大致的设想和规划，才能在面对眼前的凌乱和庞杂时，任凭风浪起，稳坐钓鱼台。

最后，在听取这些评论时，创业者不应简单地予以言听计从，而应把自己的优势和不足与说这些话的人的现实处境两相对照，看一看这种判断在多大程度上与自己相符，应从自身实际出发，对之重新做出判断和定位，因为同一件事在不同人看来会有不同的说法和评价，哪怕他们都是错的。

退伍军人在部队为军队的现代化建设，为维护国家的繁荣昌盛和人民安宁做出过巨大的贡献，但不能始终沉醉在成绩和荣誉的辉煌中，而应该尽快端正态度、熟悉情况、适应环境、转换角色，要力戒骄气，实现自我成熟的突破。在部队取得的成绩只能代表过去，现在必须从零开始。要发扬部队优良传统，把吃苦耐劳的工作作风和乐于奉献的革命精神带到创业中，充分发挥军人的先锋模范作用，带动创业团队其他人员。

二、加强学习　提高修养

1993 年，经过 3 年部队生活的历练，康耀新光荣退伍。那年，正是改革开放深入发展，经济体制不断调整变化之年，许多复转军人需要到地方安置，国家和各级政府的安置压力很大。带着为社会分忧的责任感和为经济建设出把力的理想，康耀新毅然走上了自主创业的道路。

创业选什么项目？由于当兵时，部队很重视培养他们的一技之长，她熟练掌握了电脑打字、平面设计、排版印刷等技术，于是便萌生开办广告公司的想法。1998 年，她自己的公司成立。初期，康耀新东挪西借，凑资金、租场地，边学边干。2006 年世界杯前期，她接到一个客户邀请，要为其产品在世界杯期间的营销推广做策划方案，客户只给半个月时间，半个月后进行对比，方案优者胜

出。她不畏困难走遍太原市 20 多条主要街道，进出 10 多个商场，进行市场调研。最终，她的方案胜出，这个订单成为公司自开办以来，赚钱最多的一笔。此后，她拿出当年 15 天背熟号码的劲头，把 15 天作为她的精神向导，积极奋进，用一个个 15 天不断学习，提升自己，应对不同的挑战，为客户做出了一个又一个精彩的广告方案。

资料来源：佚名."全国优秀复员退伍军人"康耀新：自主创业的退伍女兵〔N〕.太原晚报，2011 年 7 月 6 日.

创业的成功不是天上掉下来的，而是勤奋努力来的。在通往成功的道路上，学习就是你的路标。不断学习行业相关知识和技能，学习管理的经验，学习与合作方及顾客的沟通交流技能是成功的基础。任何判断或者决定都来自你的知识和经验的积累，如果缺乏这种积累，那么你判断的依据就不足，得出的结论显然不是正确的，创业就会失败。

毛泽东说过："情况是在不断地变化，要使自己的思想适应新的情况，就得学习。"因此，作为军人应该向康耀新学习，树立终身学习的观念，做学习型的创业者。在部队的理论学习是对客观规律的总结，是我们认识世界的钥匙。理论使人聪明，使人精明，使人高明，我们应当注重对客观规律的认识，使之内化为处理日常工作的能力，并自觉做到理论联系实际，不断提升学习境界。同时，发挥部队养成的良好作风，注重勤学，汲取知识，细研提高能力，在思考和实践中使知识增值、能力提高，为创造性实现创业成功奠定基础。只有这样，才能把握住创业路上的各种机会，才能够迎头战胜创业路上的各种苦难，竖起创业成功的大旗。

三、强化沟通　拓展渠道

2002 年 12 月某日，京福高速，大雾突然而至。匆忙赶路中，在离家不远时，李保国遭遇了车祸。重重的撞击后，李保国的左腿需要截肢，否则将会烂掉。当遭此横祸，再强壮的身体也不堪一击，再坚强的心理也接受不了这种落差。出事后，同部队的战友们听到消息，从四面八方赶来，看望他，凑医疗费，没日没夜地照顾，使这个被判终身与床为伴的男人实现了生活基本能够自理的愿望。

　　因为手术，李保国欠下了10多万元债款。为了让家庭尽快走出困境，2011年底，几经考虑，李保国决定从事肉鸽养殖。养殖鸽子较为简单，不需要大劳动量，技术含量较高，市场前景好，李保国准备试一试。在战友们的帮助下，李保国在家中顺利建起了肉鸽养殖场，自己负责管理，哥哥负责干活。然而，养殖没多久，就有鸽子先后遭遇疾病，战友们为此给他送来专业书籍。随后，武装部为他带来了200多只肉鸽，并帮着他建鸽舍、提供养殖技术、扩大规模。一个原本破落、失去生机的农村小院，因为这些鸽子又恢复了活力，而坐在轮椅上的李保国对于未来，也仿佛插上了梦想的翅膀：不仅要把鸽子养好，以后还要做深加工，开发罐头，把自己的鸽子卖到北京、广州。李保国说，如果没有战友们的支持，他和他的家庭将会不堪设想，战友们是他一生宝贵的财富。

　　资料来源：德州退伍军人遭遇车祸　战友帮扶幸福创业［EB/OL］．［2012-04-26］http：//www.dezhoudaily.com/news/dezhou/folder135/2012/04/2012-04-26335815.html.

　　李保国从困境中走上创业之路离不开战友的帮助，战友之情对于任何退伍军人来说都是一辈子的财富。军旅生涯的艰辛与难忘，注定了他们是一辈子的亲兄弟，战友情深，血浓于水，不计付出和回报，结出了彼此之间最深厚的情谊果实。每个人的成长与事业的成功，都离不开他所处的人群及所在的社会，没有人能独自在人生的海洋中航行，朋友的重要性是不言而喻的。

　　作为退伍军人，在创业过程中除了战友的帮助外，还可以通过自身的努力在社会上广交朋友，这都将是创业路上的财源。但是，由于军人在人际交往中，总是伴随着种种心理因素，其中，有些对人际交往是有积极促进作用的，如对自我和他人的正确认知、开朗乐观的性格、宽容大度的胸怀等；有些对人际交往是起阻碍作用的，如羞怯、猜测、孤独心理等。对于人际交往起着阻碍作用的，就需要军人拾起交往的自信心，努力充实知识。俗话说得好，"艺高人胆大"，有了丰富的知识储备，掌握娴熟的交往技巧，在交往中自然就会应对自如。知识可以丰富人的底蕴，增加人的风度，提高人的气质，也是克服羞怯心理的良药。因此，要勤奋学习，努力拓宽知识面，掌握一些社交知识和技巧，通过知识的积累，增强交往的勇气。同时，加强交往能力的锻炼。由于军人在军营表现自己的机会不多，交往的范围较小，交往能力的发展受到一定的限制。因此，要充分利用一切机会积极锻炼自己。

四、牢记宗旨　服务人民

2009 年 10 月 25 日，全国优秀复员退伍军人表彰大会在北京举行，214 名优秀复员退伍军人接受了表彰，并受到了党和国家领导人的接见，立马控股集团有限公司党委书记、董事长章树根就是其中之一。

章树根 1970 年入伍，1976 年退伍，1985 年，章树根带领 198 名农民每人集资 1000 元创办"立马"。在搞企业"三通一平"时，当地不少农民拿着柴刀前来阻挠，但他没有被吓倒，而是排除干扰，举债建厂，工厂越办越红火。面对国际金融危机，他没有消极等待，做出了"主业水泥不动摇，次主业纺织强势发展，房地产等产业增强竞争能力，多业并举，互为犄角"的正确决策，确保了企业稳步发展。目前，章树根的企业拥有 3000 余名员工，总资产近 15 亿元，具有 8 家控股公司，涉足水泥、纺织、房地产三大产业。章树根成功了，但他不忘回报社会。"立马"每年上缴国家税收数亿元，是兰溪纳税大户和纳税先进企业。为解决兰溪国企下岗职工和失业人员就业问题，"立马"投资数亿元的纺织公司吸纳了1000 多人就业。这些年来，"立马"为慈善事业和社会公益事业的捐款达 3000 多万元。

资料来源：将"为人民服务"牢记在心［EB/OL］.［2009-12-29］http：//lxnews.zjol.com.cn/article/2009/1229/article_32746.html.

牢固树立全心全意为人民服务的思想，把多年的部队教育养成的良好奉献意识和服务意识转化为内在素质，树立服务大局的理念是一名优秀军人必备的优秀品质。退伍军人在今后的创业道路上，也应始终保持和发扬全心全意为人民服务的优秀品质，应该始终忠诚于党，模范执行党的路线方针；应该始终服务大局，以国家利益为重；应该自强不息，多创造财富，多奉献社会；应该永葆军人本色，做社会的道德模范。

参 考 文 献

［1］劳动科学研究所副所长莫荣谈"三个转变"：实现"三个转变"促进经济与就业协调发展［EB/OL］.［2007-06-01］http：//www.gxlz.lm.gov.cn/Show Article.aspx？ContentID=9677&ColID=8.

［2］刘平，李坚，王启业. 创业学——理论与实践［M］. 北京：清华大学出版社，2011.

［3］佚名. 你是什么类型的创业者［J］. 中小企业管理与科技（下旬刊），2008.

［4］初次创业者如何怎么选择行业和项目［EB/OL］.［2011-08-02］http：//www.cye.com.cn/chuangyexinde/201108020964443.htm.

［5］戴天岩. 未来成功创业者必读的十大要诀［EB/OL］.［2011-08-05］http：//www.cye.com.cn/chuangyexinde/201108050962823_2.htm.

［6］熊正安. 创业意识若干理论问题探析［J］. 武汉商业服务学院学报，2007（3）.

［7］唐靖，张帏，高建. 不同创业环境下的机会认知和创业决策研究［J］. 科学学研究，2007（4）.

［8］李瑞果. 提高创业意识的对策分析［J］. 新疆石油教育学院学报，2010（5）.

［9］张玉利. 创业管理［M］. 北京：机械工业出版社，2011.

［10］陆淳鸿. 创业机会识别与开发探讨［J］. 现代企业教育，2009（22）.

［11］布鲁斯·R.巴林格，R.杜安·爱尔兰，张玉林等. 创业管理，成功创建新企业［M］. 北京：机械工业出版社，2010.

［12］郑炳章，朱燕空，张红保. 创业研究——创业机会的发现、识别与评价［M］. 北京：北京理工大学出版社，2009.

［13］创业者如何挖掘并评估赚钱商机的方法和技巧［EB/OL］.［2011-08-12］http：//www.cye.com.cn/chuangyexinde/201108121081951_3.htm.

［14］吴振阳. 创业经纬［M］. 上海：三联书店，2005.

［15］迈克尔·波特. 竞争战略［M］. 上海：三联书店，1988.

［16］陈震红，董俊武. 创业机会的识别过程研究［J］. 科技管理研究，2005（2）.

［17］王方华，吕巍等. 战略管理（第二版）［M］. 北京：机械工业出版社，2011.

［18］胡大利，陈明等. 战略管理［M］. 上海：上海财经大学出版社，2009.

［19］陈翔. 浅析中小企业人员管理［J］. 南通盐业公司，2011（20）.

［20］李时椿. 创业管理［M］. 北京：清华大学出版社，2008.

［21］梁巧转，赵文红. 创业管理［M］. 北京：北京大学出版社，2007.

［22］吴照云. 创业管理学［M］. 北京：中国社会科学出版社，2007.

［23］刘霞. 基于性格与气质的职业选择模式探析［J］. 重庆工学院学报（社会科学版），2007（7）.

［24］吴文利. 气质与职业选择［J］. 山西教育（教师教学），2008（3）.

［25］胡文静. 我国中小企业成长动态分析——基于创业资源获取与整合的视角［J］. 现代商贸工业，2011（7）.

［26］小公司更依赖优秀人才［EB/OL］.［2009-06-20］http：//31.toocle.com/detail—4646222.html.

［27］该反思反省创业者自身素质了［EB/OL］.［2006-03-08］http：//www.gotoread.com/mag/11977/sarticle_18240.html.

［28］郁义鸿. 创业学［M］. 上海：复旦大学出版社，2000.

［29］黄帮华. 就业与创业指导［M］. 北京：电子工业出版社，2003.

［30］韩国文. 创业学［M］. 湖北：武汉大学出版社，2001.

［31］卢俊义，程刚. 创业团队内认知冲突、合作行为与公司绩效关系的实证研究［J］. 科学学与科学技术管理，2009（5）.

［32］资深技术团队助力九州通持续创新［EB/OL］.［2012-05-22］http：//

www.mie 168.com/read.aspx.

[33] 陈怀青. 论企业管理中的有效沟通［J］. 企业与文化，2007（4）.

[34] 李雪灵，万妮娜. 基于 Timmons 创业要素模型的创业经验作用研究［J］. 管理世界，2009（8）.

[35] 孙亚军. 私营公司创业之道［M］. 北京：企业管理出版社，2001.

[36] 葛宝山，董保宝. 动态环境下创业者管理才能对新创企业资源获取的影响研究［J］. 研究与发展管理，2009（4）.

[37] 创业者要善于储备社会关系［EB/OL］.［2011-12-06］http：//www.cyz.org.cn/blog-1515-6114.html.

[38] 创业者社会关系拓展应有哪些重点［EB/OL］.［2008-03-20］http：//www.cn21.com.cn/news/pager.php? id=5135.

[39] 杰弗里·蒂蒙斯. 创业学［M］. 北京：人民邮电出版社，2005.

[40] 做动漫服装靠创意［EB/OL］.［2010-12-18］http：//www.chuangyezg.com/html/chuangyejingyan/20101222/16202.html.

[41] 曾坤生. 管理学［M］. 北京：清华大学出版社，2009.

[42] 浅谈企业员工培训的重要性［EB/OL］.［2012-02-16］http：//www.glzy8.com/ceo/10161.html.

[43] 周三多. 管理学［M］. 北京：高等教育出版社，2006.

[44] 王芳. 关注员工的心理收入——浅议管理中的沟通［J］. 南钢科技与管理，2007（2）.

[45] 樊一阳，叶春明，吴满琳. 大学生创业学导论［M］. 上海：上海财经大学出版社，2005.

[46] 李良智. 管理学原理［M］. 北京：中国人民大学出版社，2007.

[47] 谈"信任"之三：平等尊重［EB/OL］.［2012-05-23］http：//www.mie168.com/read.aspx.

[48] 张玉利. 管理学［M］. 天津：南开大学出版社，2007.

[49] 李少兰. 浅谈沟通在思想政治工作中的重要作用［J］. 中国电力教育，2008（7）.

[50] 伍秋林. 大学生创业指导教程［M］. 广州：中南大学出版社，2007.

[51] 沟通障碍［EB/OL］.［2011-04-28］http：//www.frrc.com.cn/HRpd/HRpd_

FinalPage.asp？ArticleId=1317&categoriesId=10.

　　［52］信息收集［EB/OL］.［2010-06-30］http：//www.360doc.com/content/10/0630/09/1064184_36055859.shtml.

　　［53］企业信息获取的渠道有哪些［EB/OL］.［2011-09-20］http：//paper.hbjjrb.com/html/2011-09/20/content_107726.htm.

　　［54］信息收集渠道［EB/OL］.［2011-12-16］http：//www.yjbys.com/Qiuzhizhinan/show-125836.html.

　　［55］李良智.创业管理学［M］.北京：中国社会科学出版社，2007.

　　［56］周三多.管理学原理与方法［M］.上海：复旦大学出版社，2003.

　　［57］毕盛兰.网上信息的获取与知识产权保护［J］.晋图学刊，2000（2）.

　　［58］仇一，赵宇，张志英.从无到有拥有自己的餐饮店［M］.北京：机械工业出版社，2010.

　　［59］创业资金筹集渠道有哪些［EB/OL］.［2005-09-05］http：//www.tech-food.com/kndata/1003/0006410.htm.

　　［60］创业中小企业融资六种方案［EB/OL］.［2010-10-13］http：//www.gototsinghua.org.cn/wenku/zibenyunzuo/mba_7934.html？jdfwkey=qgjl11.

　　［61］大学生创业计划书的模板与摘要［EB/OL］.［2012-05-31］http：//info.china.alibaba.com/news/detail/v0-d1027234979.html.

　　［62］创业过程中所要面临的八大步骤［EB/OL］.［2005-07-19］http：//www.tech-food.com/kndata/1001/0003333.htm.

　　［63］创业的过程是什么［EB/OL］.［2012-02-12］http：//info.china.alibaba.com/news/detail/v0-d1023287318.html.

　　［64］创业者必须了解的法律法规［EB/OL］.［2011-09-22］http：//info.biz.hc360.com/2011/09/220006178168.shtml.

　　［65］论促进大学生创业的法律保障［EB/OL］.http：//www.jyjyw.gov.cn/main/newslist/jyjyw_news_20100101000605.asp.

　　［66］严格执行国家劳动安全卫生规程和标准［EB/OL］.［2012-03-22］http：//www.lgser.com/newdetail.aspx？PartNodeId=105&ArticleId=3126.

　　［67］创业必懂法之劳动合同法实施条例［EB/OL］.［2009-05-20］http：//elab.icxo.com/htmlnews/2009/05/20/1383012_0.htm.

［68］创业必懂法之特许加盟法案［EB/OL］.［2009-05-21］http：//elab.icxo. com/htmlnews/2009/05/21/1383305_0.htm.

［69］北大最新报告称，74.25%的小企业预计未来 6 个月没有利润或小幅亏损，专家建议让民间金融真正"阳光化"［EB/OL］.［2011-10-14］http：//finance.sina.com.cn/chuangye/investment/20111014/022210619384.shtml.

［70］国务院关于进一步支持小型微型企业健康发展的意见［EB/OL］. ［2012-04-26］http：//www.gov.cn/zwgk/2012-04/26/content_2123937.htm.

［71］财政部、发改委：免征小微企业 22 项收费［EB/OL］.［2011-12-26］http：//info.biz.hc360.com/2011/12/260830186472.shtml.

［72］新年收"大礼"政府采购扶持中小企业发展［EB/OL］.［2012-01-09］http：//paper.chinahightech.com/html/2012-01/09/content_26977.htm.

［73］中央财政助力中小企业发展［EB/OL］.［2012-02-07］http：//www. cfc108.com/zxjt/newsviews.action？newsinfokey=16048-132857791929858269.

［74］国务院扶持小企业减半征收所得税政策将延至 2015 年底［EB/OL］. ［2011-10-14］http：//info.biz.hc360.com/2011/10/140833180008.shtml.

［75］财政部、税务局印发《营业税改征增值税试点方案》［EB/OL］.［2011-11-17］http：//www.gov.cn/gzdt/2011-11/17/content_1996249.htm.

［76］银监会再出台措施支持银行改进小企业金融服务［EB/OL］.［2011-06-07］http：//news.xinhuanet.com/fortune/2011-06/07/c_121505019.htm.

［77］政策持续细化 发力破解中小企业融资难［EB/OL］.［2012-02-14］http：//www.bjmmedia.cn/show.aspx？id=10129&cid=11.

［78］侯一丹.浅谈大学生自主创业[J].科技致富向导杂志，2011(32).

［79］大学生创业时的心理起伏［EB/OL］.［2009-07-10］http：//www.studentboss.com/html/news/2009-07-10/33373.htm.

［80］创业创新项目推介会昨走进大学校园［EB/OL］.［2008-06-01］http：//zgkqw.zjol.com.cn/news/system/2008/06/01/010060480.shtml.

［81］陈林冲.论高职院校学生创业的问题及对策［J］.成才之路，2011(25).

［82］大学生创业的困难与优势［EB/OL］.［2011-12-19］http：//www.chinadxscy.com/news/html/20111219163433.html.

［83］大学生创业困难四重门［EB/OL］.［2011-08-16］http：//www.jd318.

com/html/61/n-561.html.

[84] 中国大学生自主创业现状 [EB/OL]. [2011-01-07] http：//www.3158.cn/news/20110107/16/86-50874733_1.shtml.

[85] 王荔. 大学生创业现状与对策 [J]. 中国集体经济，2011 (5).

[86] 给大学生创造一个宽松的创业制度环境 [EB/OL]. [2011-08-02] http://www.shgao.com/article/20110802/54716.html.

[87] 大学生创业的六个误区和五步流程 [EB/OL]. [2010-08-24] http：//www.easyrun.com.cn/article-59841.html.

[88] 大学生科研成果展馆应用——世博成就创业梦想 [EB/OL]. [2010-07-05] http：//expo.163.com/10/0705/08/6AQJJCSN00943RJS.html.

[89] 陈德铭. 电子商务为大学生创业提供了很好的舞台 [N]. 中国青年报，2012年3月4日.

[90] 朱群华. 特许经营：一种新的商业模式 [J]. 国际市场，2006 (7).

[91] 关于开加盟店的注意事项 [EB/OL]. [2011-10-20] http：//www.lian-suo.com/news/23965.html.

[92] 加盟连锁，开加盟店注意事项 [EB/OL]. [2012-05-03] http：//www.cct114.com/zfj/sjjz/2012/0503/917685.html.

[93] 张天桥，侯全生，李朝晖. 大学生创业第一步 [M]. 北京：清华大学出版社，2008.

[94] 大学生创业：理性是船　激情是帆　准确自我定位 [EB/OL]. [2007-01-14] http：//finance.ce.cn/macro/gdxw/200701/14/t20070114_10082846.shtml.

[95] 创业者必须具备的心理素质 [EB/OL]. [2012-02-11] http：//www.studentboss.com/html/news/2012-02-11/101489.htm.

[96] 宁泊. 俞敏洪如是说：中国教父级 CEO 的创业智慧 [M]. 北京：中国经济出版社，2008.

[97] 学习能力——成功领导者必备的素质 [EB/OL]. [2003-10-10] http：//www.southcn.com/tech/invest/guide/zysx/200310100897.htm.

[98] 刘振中. 为什么你勤劳却不富有 [M]. 广州：华中科技大学出版社，2009.

[99] 论当代创业者必备的九大能力 [EB/OL]. [2010-07-22] http：//news.

ifeng.com/gundong/detail_2011_07/22/7877351_0.shtml.

[100] 天津大学生创业成功率不足 1%资金成最大困难 [EB/OL]. [2010-02-04] http：//www.tianjinwe.com/tianjin/tjsh/201002/t20100204_497199.html.

[101] 浅谈大学生创业资金来源与获取 [EB/OL]. [2011-04-30] http：//www.qqwwr.com/staticpages/20110430/qqwwr4dbba11d-956235.shtml

[102] 邓超明，刘杨，代腾.赢道：成功创业者的 28 条戒律 [M].北京：清华大学出版社，2009（2）.

[103] 自主创业如何享受税收优惠 [EB/OL]. [2012-03-19] http：//www.zd-cy8.cn.

[104] 佚名.农民工创业是无奈也是逃避 [N].南方都市报，2010 年 6 月 1 日.

[105] 2012 年中国农民工总量为 2.6 亿 [EB/OL]. [2013-02-22] http：//news.163.com/13/0222/17/8OB7JGOM00014JB6.html.

[106] 农民工回乡创业现状的调查与政策建议农民工回乡创业问题研究课题组 [EB/OL]. [2009-02-05] http：//finance.people.com.cn/nc/GB/8751401.html.

[107] 韩俊，崔传义.我国农民工回乡创业面临的困难及对策 [J].经济纵横，2008（11）.

[108] 农民已成为浙江创业人群的主力军 [EB/OL]. [2007-07-31] http：//www.zj.xinhuanet.com/magazine/2007-07/31/content_10730226.htm.

[109] 农民工创业需要全面政策支持 [EB/OL]. [2009-04-28] http：//www.zgny.com.cn/ifm/consultation/2009-4-28/142929.shtml.

[110] 农民工回乡创业问题探讨 [EB/OL]. [2010-11-01] http：//www.scn-mjy.com.cn/Get/peixunluntan/2010-11/1/1011110484494169.htm.

[111] 深圳市新生代农民工素质教育调查分析及对策建议 [EB/OL]. [2011-07-11] http：//www.szass.com/newsinfo_402_11807.html.

[112] 晏水清.返乡农民工创业融资方式研究 [J].科技信息，2009（33）.

[113] 陈强.农民工回乡创业亟须政府扶持 [N].中国青年报，2009 年 7 月 6 日.

[114] 长子中.农民工创业需要全面政策支持 [N].农民日报，2009 年 4 月 8 日.

[115] 十七大以来政府和国家领导人鼓励创业方针及指示 [EB/OL]. [2010-

03-29] http：//jingji.cntv.cn/special/snzfby/20100329/103224.shtml.

[116] 中共中央、国务院关于加快发展现代农业进一步增强农村发展活力的若干意见 ［EB/OL］．［2013-01-31］ http：//news.xinhuanet.com/2013-01/31/c_124307774_4.htm.

[117] 国务院常务会要求：必须采取更加积极的就业政策高度重视农民工就业 ［J］．中国就业，2008（12）.

[118] 秦自洁，张静. 论农民工返乡创业现状及对策研究 ［J］．商场现代化，2009（32）.

[119] 肖陆军，陈亚东. 论农民工创业素质体系建构 ［J］．中小企业管理与科技（上旬刊），2010（2）.

[120] 农民工返乡创业的影响因素实证分析 ［EB/OL］．［2011-10-31］ http：//www.zgxcfx.com/Article_Show.asp？ArticleID=44400.

[121] 罗剑朝，李赟毅. 返乡农民工创业与就业指导 ［M］．北京：经济管理出版社，2009.

[122] 创业机会识别 ［EB/OL］．［2010-12-15］ http：//jy.heuet.edu.cn/wzde-tail.asp？wz=1743.

[123] 佚名. 新生代农民工如何选择创业项目 ［J］．农家女，2010（11）.

[124] 四千万新生代民工如何创业 ［EB/OL］．［2010-04-28］ www.chinavalue.net/Media/Article.aspx？ArticleID=57721.

[125] 费杰. 民工返乡创业的障碍因素及对策 ［J］．行政与法，2008（9）.

[126] 王丽慧，王玮，王璐. 河北省农民工返乡创业的障碍因素及对策 ［J］．商业时代，2010（28）.

[127] 姚永康. 创业环境建设的对策和建议——以镇江市返乡农民工创业为例 ［J］．经济研究导刊，2011（4）.

[128] 傅成殿. 对农民工返乡创业的调查与思考 ［N］．宿迁日报，2011年6月7日.

[129] 刘奉越. 基于返乡农民工学习特点的创业培训论略 ［J］．教育学术月刊，2009（8）.

[130] 周海燕. 再就业工作难点与分析 ［J］．今日科苑，2010（10）.

[131] 王丽平，李乃秋. 从巨人网络看企业的内创业 ［J］．企业管理，2010

(7).

[132] 王丽平，于志川. 心理距离对知识共享行为的影响研究——基于组织支持感的中介作用. 科学学与科学技术管理，2013（9）.

[133] 王丽平，钱周春. 基于扎根理论的科技型中小企业成长衍生扩散内生动力研究［J］. 科技进步与对策，2013（10）.

[134] 王丽平，许娜. 技术创新模式的代际转变：中小企业可持续成长的关键［J］. 科技进步与对策，2012（2）.

[135] 王丽平，许娜. 中小企业可持续成长能力评价及能力策略研究——基于熵理论和耗散结构视角［J］. 中国科技论坛，2011（12）.

[136] 王丽平，李乃秋. 中小企业持续内创业的动态管理机制研究——基于双元能力的圆形组织结构视角［J］. 科技进步与对策，2011（8）.

[137] 蒋映洪，敬鸿彬. 企业下岗职工再就业现状及其对策分析［J］. 康定民族师范高等专科学校学报. 2008（4）.

[138] 佚名. 下岗职工如何创业［J］. 致富之友，2003（2）.

[139] 胡解旺. 下岗职工与大学生毕业创业问题［J］. 人才开发，2003（1）.

[140] 舒心文. 下岗职工大盘点［J］. 中国就业，2000（7）.

[141] 伍立儿. 下岗失业人员创业之路［J］. 中山大学学根论丛，2003（5）.

[142] 孙景业. 全力打造下岗失业人员创业平台［J］. 企业导报，2004（9）.

[143] 胡忻，张玲玲，黄琳钫. 近六成企业家认为四十岁以后再创业［J］. 就业与保障，2012（1）.

[144] 佚名. 怎样选择创业项目［J］. 中国职业技术教育，2005（3）.

[145] 孙志刚. 浅析创业项目的选择［J］. 中国高新技术企业，2007（11）.

[146] 韩梦佼. 如何选择适合自己的创业项目［J］. 成才与就业，2009（10）.

[147] 徐本亮. 选择创业项目的五个"要"［J］. 成才与就业，2008（4）.

[148] 刘卫. 致富小窍门［N］. 农业科技报，2010 年 12 月 12 日.

[149] 蔡翔，李翠，郭冠妍. 微型企业的生命力［J］. 中国中小企业，2007（3）.

[150] 佚名. 小本创业咋避风险［J］. 农民文摘，2012（3）.

[151] 张如良. 论教育与下岗职工的创业培训［J］. 就业培训，2000（10）.

[152] 李艳红，崔亚军，赵小宁. 下岗职工自我心理调适问题研究［J］. 天水师范学院学报，2005（2）.

[153] 张欢. 论对下岗失业人员的创业指导 [J]. 包钢科技, 2004 (9).

[154] 浙江省小企业创业基地建设步入佳境　创业乐园领风骚. http://www.cztv.com/zspd/jjkx/2012/09/2012-09-143563222.html.

[155] 关于支持和促进就业有关税收政策的通知. [2011-03-01] http://www.chinatax.gov.cn/n8136506/n8136593/n8137537/n8138502/9945490.html.

[156] 唐双宁. 不断改善金融服务水平, 加大小额担保贷款力度 [J]. 专题报道, 2004 (4).

[157] 唐华山. 首先, 发现你的创业优势 [M]. 北京: 人民邮电出版社, 2009.

[158] 任宪法. 白手创业 [M]. 北京: 中国经济出版社, 2009.

[159] 牟海侠, 张强. 退伍军人就业安置的社会政策构建 [J]. 佳木斯教育学院学报, 2010 (4).

[160] 解读退伍老兵的 "创业计划" [EB/OL]. [2011-11-22] http://news.xinhuanet.com/mil/2011-11/22/c_122319000.htm.

[161] 张伟钢. 退役军人创业要警醒 [N]. 民营经济报, 2004 年 4 月 8 日.

[162] 转业退伍军人税收优惠政策 [EB/OL]. [2011-12-02] http://www.mod.gov.cn/policy/2011-12/02/content_4321559_2.htm.

[163] 义乌市人民政府关于进一步完善促进就业长效机制的若干意见 [EB/OL]. [2009-12-13] http://www.yw.gov.cn/zjyw/shjs/shms/ldjy/201105/t20110517_221441.shtml.

[164] 义乌市小额担保贷款实施办法 [EB/OL]. [2011-08-10] http://www.ywrl.gov.cn/zt/jyj/jyj_zcfg/201108/t20110810_87866.html.

[165] 中共中央、国务院、中央军委作出决定《军队转业干部安置暂行办法》颁布实施, 国家对军转干部实行计划分配和自主择业相结合的方式安置 [J]. 西南民兵, 2001 (3).

[166] 军人人际交往中不良心理克服. http://www.xuexila.com/eloquence/soldier/8205.htmlhttp://www.xuexila.com/eloquence/soldier/8205.html.

后　记

　　创业在当今就业形势不断加剧、就业压力不断增大的环境之下，不仅是促进经济持续发展的必然手段，也是解决当前就业问题的有效途径。面对广泛的创业主体，应普及创业基础知识，让创业主体更好地了解自身创业特质，有效把握创业商机，对促进创业者成功创业具有显著的现实意义。并且，国家为鼓励创新创业，近年来不断推出针对不同群体的创业优惠政策，各省、市、区结合当地特点，在中央政策的指引下，制定了当地鼓励创业的具体政策，我国全民创业迎来良好的发展机遇。

　　改革开放以来，我国不断掀起创业热潮。中国第一次自主创业高潮是在改革开放初期，以无业人员为主，通过前期积累，小商品贸易成就了改革开放的第一批领头人。中国第二次自主创业高潮是20世纪90年代初期，以离职国家公务人员和高科技高素质人才为主，俗称"下海"，成就了一大批轻工业和改制企业。中国第三次自主创业高潮是21世纪初期，这一时期创业主体人群有两类，一类是网络精英，一类是下岗人群。互联网技术的兴起与普及是互联网行业创业的基础，阿里巴巴、百度、搜狐等著名网站都在这一时期创业成功。现在及今后一个阶段，中国或许迎来第四次自主创业潮，由于学生过多进入劳动市场而导致就业岗位紧缺，使高校毕业生成为这一阶段自主创业者主体。

　　创业者多是迫于生计以及就业压力的社会人群，他们或者资金不足，或者缺乏系统的理论知识。宏观大环境给他们带来了机遇，但是依旧不可忽视创业的艰难性和风险性。由于特殊的国情以及创业者自身条件的限制，初创企业大多为小

微企业，小微企业更容易成长但也更为脆弱，更需要相关的理论经验以及实践来给他们以帮助，为此有了本书的创作。

在创作本书的时候，团队成员与想要创业或已走上创业之路的部分大学生、下岗职工、农民工、转业军人都有较为深入的接触，发现其中不少人开始创业只是因为心中怀有的激情与热情，而且由于农民工、下岗职工等所受教育程度的问题，他们对于自己从事的行业以及相关的政策缺乏了解。为此，在搜集材料整理此书的过程中，注重从他们所关注的不同群体创业流程、政策出发，希望能给他们以帮助，从而使他们在今后的创业过程中，通过更加系统的理论知识来尽量消除存在的问题，更充分发挥创业对经济发展及社会转型发挥的积极作用与影响。

就中国现阶段的经济发展趋势而言，正在形成有利于创业活动开展以及中小企业发展的良好环境。一方面，政府不断出台政策引导、鼓励、促进自主创业；另一方面，从工业时代到信息时代的社会转型，孕育着无限的商机。今后一个阶段，创业依然会以微型企业为主，但无论是创业流程还是创业政策都会更加的规范化和正规化，创业者要善于观察，发现良好的创业机会并抓住商机。

在本书写作完成的过程中，研究生何亚蓉、孙捷、赵飞跃、陈颖、曹营、韩二伟、黄娜、胡雪洁、钱周春、李利群、周龙、韩静静等同学付出了很多的辛苦，他们协助进行文献收集与整理，逐字逐句、反反复复地进行书稿校对与修改，在此，对他们精益求精的学习态度和工作精神表示赞佩，也希望这一团队成员再接再厉，多出好成果。